国家社会科学基金一般项目(16BYY040)成果

教育部人文社会科学一般规划课题(18YJA710039)成果

光明社科文库
GUANGMING DAILY PRESS:
A SOCIAL SCIENCE SERIES

·历史与文化书系·

清末康梁改良派在美国活动研究

秦素菡 | 著

光明日报出版社

图书在版编目（CIP）数据

清末康梁改良派在美国活动研究 / 秦素菡著 . -- 北京：光明日报出版社，2022.2
ISBN 978-7-5194-6459-2

Ⅰ.①清… Ⅱ.①秦… Ⅲ.①康有为（1858-1927）—生平事迹②梁启超（1873-1929）—生平事迹③辛亥革命—史料 Ⅳ.①K825.1②K257.06

中国版本图书馆 CIP 数据核字（2022）第 036396 号

清末康梁改良派在美国活动研究
QINGMO KANGLIANG GAILIANGPAI ZAI MEIGUO HUODONG YANJIU

著　　者：秦素菡	
责任编辑：许　怡	责任校对：张月月
封面设计：中联华文	责任印制：曹　净

出版发行：光明日报出版社
地　　址：北京市西城区永安路 106 号，100050
电　　话：010-63169890（咨询），010-63131930（邮购）
传　　真：010-63131930
网　　址：http://book.gmw.cn
E - mail：gmrbcbs@gmw.cn
法律顾问：北京市兰台律师事务所龚柳方律师
印　　刷：三河市华东印刷有限公司
装　　订：三河市华东印刷有限公司
本书如有破损、缺页、装订错误，请与本社联系调换，电话：010-63131930

开　　本：170mm×240mm	
字　　数：205 千字	印　　张：15
版　　次：2022 年 2 月第 1 版	印　　次：2022 年 2 月第 1 次印刷
书　　号：ISBN 978-7-5194-6459-2	
定　　价：95.00 元	

版权所有　　翻印必究

目 录
CONTENTS

第一章 绪 论 …………………………………………… 1
 一、选题目的与研究意义 ………………………………… 1
 二、研究现状与资料述评 ………………………………… 4
 三、研究方法与创新、不足 ……………………………… 10
 四、结构与主要内容 ……………………………………… 12

第二章 美国华侨参与保皇活动的历史背景 …………… 16
 第一节 中国早期赴美移民状况 ………………………… 17
  一、华侨早期移民美国的原因分析 …………………… 17
  二、"自由移民" ………………………………………… 30
 第二节 美国华侨社会变动与保皇派活动的关系 ……… 34
  一、美国华侨社团的建构与整合 ……………………… 34
  二、美国排华法案对华侨的影响 ……………………… 40
  三、华侨认同的改变 …………………………………… 45
 小 结 ……………………………………………………… 49

第三章 美国华侨早期对康梁保皇派的支持 …………… 51
 第一节 保皇会组织在美国的建立 ……………………… 51

  一、加拿大保皇总会的成立 …………………………………… 51
  二、美国保皇分会的成立与发展 ………………………………… 59
 第二节　美国华侨对保皇派的积极响应 ……………………………… 66
  一、政治上积极参与 ……………………………………………… 67
  二、经济上大力援助 ……………………………………………… 75
 第三节　保皇派在美国的主要活动 …………………………………… 81
  一、集会演说 ……………………………………………………… 81
  二、呼吁兴办教育 ………………………………………………… 89
  三、保皇会的其他活动 …………………………………………… 97
 小　结 …………………………………………………………………… 104

第四章　保皇派的商业活动 …………………………………………… **106**
  一、发行股票 ……………………………………………………… 107
  二、创办实业公司 ………………………………………………… 110
  三、商业活动失败对保皇事业的消极影响 …………………… 135
 小　结 …………………………………………………………………… 139

第五章　若即若离的合作：保皇派与革命派的前期接触 ………… **140**
 第一节　檀香山华侨与孙中山的革命活动 …………………………… 140
  一、檀香山华侨与兴中会 ………………………………………… 141
  二、檀香山华侨对孙中山革命派的贡献 ……………………… 147
 第二节　保皇派和革命派的接触与合作 ……………………………… 153
  一、戊戌前后的接触以及对美国华侨的影响 ………………… 154
  二、梁启超在檀香山的活动及其两面性分析 ………………… 161
 小　结 …………………………………………………………………… 174

第六章 分道扬镳：保皇派和革命派对美国华侨的争夺 …………… **176**
　第一节　不遗余力：在组织上争取华侨 ……………………………… **177**
　　一、在檀香山争夺华侨 ………………………………………………… **178**
　　二、对美洲洪门致公堂的争夺 ………………………………………… **185**
　　三、在美国大陆的角逐 ………………………………………………… **190**
　第二节　舆论争取 ……………………………………………………… **198**
　　一、保皇派报纸 ………………………………………………………… **198**
　　二、革命派报纸 ………………………………………………………… **202**
　第三节　保皇会的终结 ………………………………………………… **216**
　小　结 …………………………………………………………………… **223**

结　语 …………………………………………………………………… **224**

后　记 …………………………………………………………………… **230**

第一章 绪 论

一、选题目的与研究意义

本书的撰写经历了一个相当长的过程。自 2004 年 9 月始攻读博士学位，适逢导师高伟浓教授等人申请的国家清史纂修工程"华侨人物"获得批准立项。于是，我和各位师兄师姐有幸参与到该工作中。在查找有关清末华侨的资料时，发现当时康梁保皇派在海外的影响很大，很多知名华侨都参加了其政治组织——保皇会。2005 年年初，高教授赴美开始为期一年的学术访问和考察。在走访美国一些大学和公共机构的图书馆以及华人研究机构时，也发现了一些当时保皇派和革命派在美活动的重要资料。于是，在导师的建议下，同时主要是结合自己的实际情况和兴趣，我选择了美国华侨社会与保皇派的关系作为博士毕业论文的选题。2019 年 8 月—2020 年 8 月，我有幸作为国家公派访问学者赴美学习一年，其间实地走访相关高校、图书馆和博物馆，查阅到一些新的资料，更新了该书相关内容。

早期华人移民美国的历史是一部创业血泪史，也是一部积极支持和参与近代国内政治斗争的历史。鸦片战争以后的中国，内忧外患，广大人民生活在水深火热之中。从由上而下进行改革的洋务运动、戊戌变法，到孙中山领导的由下而上的民主革命运动，许多国内有志之士为了寻求民族的独立和富强而奋斗。早期的美国华侨也为推翻清朝封建专制统治、建立民主共和作出了巨大贡献，为民族复兴和革命事业承受了巨大牺牲，付出了惨痛代价。所有这些，向来为国内外学者所关注。

本书从19世纪末20世纪初美国华侨与保皇派的关系入手，对当时美国华侨为中国政治斗争所作出的贡献做了初步探索。保皇派，即由戊戌变法时的维新派或改良派归化而来，是19世纪末中国政治舞台上出现的一股较有影响的势力，主张在中国建立资产阶级君主立宪政治制度。1898年9月戊戌政变后，康有为、梁启超逋逃海外，在国外继续其改良救国活动。于是，他们的活动舞台便伸展到美洲及檀香山华侨社会，并跟当地华侨建立起密切关系。不同的是，他们把"改良"换成了"保皇"。他们首先在加拿大创立了"保救大清光绪皇帝会"（Chinese Empire Reform Association，简称"保皇会"），许多富裕侨商和华侨中的头面人物纷纷加入。接着，保皇会势力迅速扩展到美国，在那里很快形成海外保皇运动的中心。全世界保皇会最多时曾遍布200多个城市和地区，华侨会员达数十万人，其中美洲有86个分会，仅美国就多至58个（含檀香山）。当地的华侨自然成为其主要活动对象和争取目标。从捐款资助康梁，到参加保皇组织，美国华侨为保皇救国活动付出过高昂的代价。许多华侨一开始接受了保皇派建立君主立宪共和国的思想，一部分人加入了保皇派。后来，伴随着康梁保皇派逐渐走向消极，其"保皇"思想越来越不合时宜，经过孙中山先生为首的革命派的艰苦努力，美国华侨才认清了形势，逐渐同保皇派划清界限，集结在孙中山先生的革命旗帜下。

本书还把保皇派在海内外创办的国际性商业公司作为影响保皇会事业的一个重要方面来考察。保皇派利用华侨的捐款和支持，曾经设立了一个庞大的国际性经济系统。表面看来，这个经济网络实力雄厚，盛况空前，但是，投资实业并没有使保皇公司获得收益，相反，这些公司大都因经营不善或管理失当而最终倒闭破产。在经济利益的驱使下，康门师徒及保皇会会员因争权夺利而关系失和，不少会员对康有为和保皇会失去信心，很多华侨转而走上了支持孙中山革命的道路，保皇派事业最终走向没落。

本书对美国华侨的历史考察还涉及保皇派与革命派对华侨的争夺。孙中山革命派是19世纪末出现在中国政治舞台上的另一支影响深远的政治力量，他们主张在中国建立资产阶级民主共和的政治制度。为了推翻清政府的腐朽统治，建立中华民国，早在1894年，孙中山就在檀香山华侨社会中成立了兴中会，开始了其民族救国革命的理论宣传。1911年以前，孙中山先生曾先后多次到美国，在当地华侨中进行革命活动，并广泛宣传革命思想。很多华侨成了辛亥革命强有力的支持者，为中国革命和推翻帝制作出了重要贡献。与此同时，美国也是孙中山领导的革命派与康梁领导的保皇派海外斗争的主战场，广大美国华侨成了二者争夺的对象。美国华侨不但在经济上给予二者活动以帮助，而且还积极参与其中。孙中山先生曾经高度评价"华侨是革命之母"，"华侨有功革命"，中国"革命史上，无不有华侨"。笔者认为，这些评语在很大程度上也适合于康梁保皇派。然而，长期以来，对这些耳熟能详的至理名言在学术史上能够详细加以论证的却很少，对美国华侨与保皇派关系的研究更不能令人满意。

目前学术界对孙中山或辛亥革命与美国华侨关系进行论述的著作虽然不多，却已初见端倪，且日渐增多。但对华侨与保皇派的关系详细论述的著作还很少，有关这方面的专门研究在国内甚至很难找到。所以，选择美国华侨与保皇派的关系作为本书的研究领域，是一项带有开拓性的尝试。为了争夺海外华侨的支持，孙中山领导的革命派和康梁领导的保皇派在国外曾展开过激烈的论战。因此，要想对国外保皇组织详加论述，不涉及革命派在华侨中的活动是不可能的。截至目前，国内对此的研究现状仅限于华侨与辛亥革命、华侨与孙中山的关系等方面，而把保皇派、革命派与华侨的关系结合起来研究的著作还不多见。

考虑到国内目前对这一研究现状的薄弱，我选定了清末美国华侨作为研究对象。本书拟以19世纪末和20世纪初清末美国华侨与保皇派关系作为主线，从当时旅美华侨的关键人物入手，通过美国华侨参与保皇派的活动，着重分析保皇会当时在美国的影响。同时，以孙中山先生在美国华侨中创立革命组织，教育和领导美国华侨同保皇派进行针锋相对的斗争为背景，通过论述美国华侨为保皇派和革命派捐款助饷等一系列活动，借以反映华侨在二者斗争过程中的思想变化和政治趋向，同时也试图解释一些关键人物的政治思想变化。

二、研究现状与资料述评

美国华侨华人向来是海内外学者研究的一大热点，其研究著作主要有两大部分：

1. 现状研究

改革开放以来，美国华侨华人数量增长很快，目前美国华侨华人已成为中国乃至全世界学者研究的一大热点。国内对美国华侨华人的研究多集中在当代美国华侨华人的现状上，尤其是华人的生活方式、参政意识、思想观念、归化程度，以及美国华侨华人对中美关系的影响等。凡此种种，国内外参与研究的学者日益增多，其研究成果更是琳琅满目，数不胜数。随着美国华人数量的增多，美国国内的学者特别是华裔学者对这一研究的兴趣不断提升，且颇有优势，研究成果更是不断增多。

2. 历史研究

自鸦片战争到中华人民共和国成立的百余年间，华侨移民美国的历史充满了辛酸与磨难。与美国华侨史有关的著作，其内容更是丰富多彩，涉及方方面面，而华侨与中国早期救亡运动的关系便是其中的一个重要方面。具体到本书的选题——美国华侨与保皇派的关系来说，主要集中研究19世纪末到辛亥革命前的这段时间，旅美华侨如何在组织上参与保皇组织，在财力和精神上给予保皇党支持。国内有关华侨与辛亥革命方面的论著，相关成果比较丰富，但有关华侨与康梁保皇派之间关系的研究却极显薄弱。美国、中国港台等其他国家和地区也有比较突出的成就，但各有不同的侧重点。

就国内来说，对美国华侨与革命派和保皇派关系的相关研究主要有三大类：一是有关美国华侨与保皇派之间关系的著作，这类研究目前在国内非常薄弱，这也是笔者研究这一选题的重要原因；二是有关美国华侨与孙中山革命派关系的研究，如华侨与辛亥革命、华侨与孙中山、华侨与中国革命建设等专题；三是对美国华侨华人历史的研究。美国华侨华人的历史是一部血泪史、一部美国排华百年史，同时也是一部华侨华人同胞的艰苦创业史。对这些问题论述得较为详细、系统的主要是美国历史学家陈依范和中国台湾学者刘伯骥。以上三部分研究的成果都不同程度地与本书相关，故这里笔者对其目前的研究现状加以说明。

（一）国内研究概况

1. 有关美国华侨与保皇派的研究。正如上面所提到的，目前这类研究在国内大陆方面十分薄弱。从笔者所能查找的资料和著述来看，国内在这一方面的研究成果几乎是空白，除了周聿峨教授的论文《华侨与保皇会初探》（载《华侨史论文集》第二辑，暨南大学华侨研究所，1981）和任贵祥的新著《华侨与中国民族民主革命》（中央编译出版社，2006）略有涉及外，至今还没有发现其他的相关著作。任贵祥的《华侨与中国民族民主革命》，其中有一章专门介绍海外华侨与保皇会的关系，但因为其主题不在美国华侨方面，故对其一笔带过。周聿峨教授的文章《华侨与保皇会初探》，是国内少有的一篇专门论述华侨与保皇会关系的论文，文中对美国华侨与保皇会也有一些简单介绍。这些成果为本书的撰写提供了很重要的帮助。这一部分内容可以参考的比较重要的资料主要有：上海市文物保管委员会编写的《康有为与保皇会》，汤志钧的《康有为政论集》（中华书局，1981），方志钦的《康梁与保皇会——谭良在美国所藏资料汇编》（天津古籍出版社，1997），丁文江、赵丰田的《梁启超年谱长编》，康有为的《康南海自编年谱：外二种》。总的来说，所能参考的史料或资料不是很多，也很零散。其中，方志钦的《康梁与保皇会——谭良在美国所藏资料汇编》，是一本近期出版的史料汇编，是康有为在万木草堂的弟子，后任保皇会洛杉矶分会会长谭良保存的部分函牍。该资料虽然只是一些书信函牍，但为我们研究康梁保皇派在美国的活动内幕提供了第一手的珍贵史料，特别是对于本书的撰写有较大的帮助。

2. 有关海外华侨与孙中山领导的革命关系研究。目前学术界有关这一问题的研究著述，笔者所见到的主要有：就中国大陆方面而言，任贵祥的《孙中山与华侨》（黑龙江人民出版社，1998）和《华侨与中国民族民主革命》（中央编译出版社，2006），中山大学孙中山研究所编写的《孙中山与华侨》（中山大学出版社，1996），洪丝丝的《辛亥革命与华侨》（人民出版社，1982），杜永镇的《辛亥革命时期的华侨》（中国华侨出版社，1991），任贵祥、赵红英的《华侨华人与国共关系》（武汉出版社，1999），沈渭滨的《孙中山与辛亥革命》（上海人民出版社，1993）等一系列著作，均述及辛亥革命时期的华侨，对清末旅美华侨虽然论述不多，但大多均有述及。任贵祥的《孙中山与华侨》以大量的第一手资料为材料，对华侨不遗余力支持孙中山革命论述得较详细，对本书的写作有较大的示范作用。任贵祥、赵红英的《华侨华人与国共关系》一书，以华侨华人与国共之间的重大事件为脉络，主要论述华侨华人与二者之间的关系，书中对美国华侨支持早期孙中山活动有较简略的叙述。尤其是任贵祥的《华侨与中国民族民主革命》，是作者在 20 年相关研究成果基础上完成的,虽然某些地方与前面几部著作有些重复,但有关华侨与保皇会关系方面的研究则是其较新的研究成果。在这部著作中,作者系统深入地论述了近代以来海外华侨与祖国反帝反封建民族民主革命的关系,即华侨对中国革命的贡献,其中对华侨投身于康梁救国运动有初步的阐述,对华侨与孙中山领导的辛亥革命也有较为详尽的概括。这部新作对本书的撰写有较大的参考价值。沈渭滨的《孙中山与辛亥革命》以孙中山的思想和活动为脉络,以史实为基础,对孙中山的思想进行了分析,书中列出了诸多矛盾,有关革命派与改良派之间的矛盾是其中的重要内容之一,对本书也有一定的参考价值。厦门大学林金枝教授主编的《华侨华人与中国革命和建设》(福建人民出版社,1993)一书,将这方面的内容作为一个部分加以论述,即"华侨与中国革命";许肖生著的《华侨与祖国民族解放运动》(暨南大学出版社,1992 年版),对华侨与祖国革命建设也零零散散地有所涉及。但它们有关美国华侨对祖国革命事业的贡献以及与孙中山革命派的关系大都一笔带过,很少深入详细地加以论述。

3. 与美国华侨史有关的研究成果,国内方面还有李春辉、杨生茂的《美洲华侨华人史》,(东方出版社,1990),杨国标等的《美国华侨史》(广东高等教育出版社,1989)。两书均以时间为序,介绍了华侨在美国艰苦奋斗的历程以及华侨对美国的贡献和美国对华侨的迫害,同时都介绍了美国华侨与辛亥革命以及康梁保皇派的活动。就这一点来说,两书对本书的写作,特别是作为背景了解美国华侨都有很好的参考价值。陆国俊的《美洲华侨史话》(商务印书馆,1997)篇幅虽然短小(仅 189 页),但也涉及美国华侨对祖国革命的贡献,对于本书来说也有一定的参考价值。

就史料方面来说,值得一提的是,高伟浓教授 2006 年 4 月完成在美国的考察回国时,专门收集整理了有关保皇派当时在美国活动时留下的一些珍贵资料。如当时在纽约出版发行的保皇会机关报《中国维新报》、保皇会驻美骨干梁朝杰所著的《振华公司在美州招股始末真相》（现藏于美国加州大学伯克利分校族裔研究系图书馆）、伍庄的《美国游记》，以及有关干城学校的宝贵资料《驽约干城校草创章程》等，这些都是着实反映当时美国保皇会状况的第一手资料，在国内是很难找到的。本书作者也有幸见到过康有为的弟子、美国华侨谭良的外孙女谭精意女士，并得到其亲自赠予有关保皇会和谭良的珍贵资料若干。可以说，是这些弥足珍贵的资料使本书有了一定的史学价值。

4. 香港和台湾在近几十年来也出版了不少有关美国华侨以及华侨与中国民族革命的书籍，其内容丰富、翔实，与大陆相比有过之而无不及。主要有：刘伯骥的《美国华侨史（1848—1911）》（台北黎明文化事业公司，1982年第2版）和《美国华侨逸史》（台北黎明文化事业公司，1984）。长期以来，刘伯骥的这两本著作被学术界视为美国华侨史的权威之作，不断被学者所引用，对本书也有较高的参考价值。孙中山的孙女孙穗芳女士所著的《我的祖父孙中山》（台北禾马文化事业有限公司，1995），由于作者本人与孙中山先生的特殊关系，以及书中又提供了大量丰富、翔实的史料，所以该书也是本书所参考的重要著作。另外，黄福銮的《华侨与中国革命》（香港亚洲出版有限公司，1954），刘伟森主编的《全美党史（上册）》（中国国民党驻美国总支部出版，台湾海宇文化事业有限公司承印，2004）和《孙中山与美加华侨》（台北近代中国出版社，1991），《华侨革命史》编委会的《华侨革命史》（上、下）（台北正中书局，1981），郑彦棻的《华侨与中国革命》（台北东方文化，1988），黄珍吾的《华侨与中国革命》（台北"台湾国防研究院中国文化研究室"，1963），黄季陆等的《孙中山与辛亥革命》（台北"中华民国史料研究中心"，1981）等也提供了一些颇有价值的资料和观点。其中刘伟森主编的《全美党史》全名为《中国国民党历程与美国党务百年发展史》，共有565页，48万字，历史照片就有约200幅。全书按时间顺序共分八篇，每篇是国民党的一个时期，书中详细记载了国民党经历的每一个重大事件，其中第二篇为兴中会时期，第三篇为中国同盟会时期，第八篇为美洲党务的历史文献。该书真实而详尽地记述了孙中山初期在美国的活动以及美国华侨与之发生的关系，对本书来说有重要的史料价值。刘伟森的另一本论著《孙中山与美加华侨》，详细论述了孙中山在美国和加拿大的活动，以及美加华侨与孙中山的关系，特别可贵的是，书中还特别列出了对孙中山革命有突出贡献的美加华侨，如黄伯耀、李是男、郑占南等。书中虽然对保皇派在美加的活动涉及不够，但就了解美国华侨与革命派来说是很重要的参考资料。

（二）国外研究概况

国外与此相关的论著主要有：美国学者麦礼谦的《从华侨到华人——20世纪美国华人社会发展史》（香港三联书店有限公司，1992），这是一本颇有史料价值的著作，作者作为美国华人，利用居住在美国的便利条件，查找了大量有关美国华人历史第一手、丰富详尽的史料，并且对有争议的说法进行了考异，书中有关美国华侨与保皇党和革命党的关系提供了非常宝贵的参考资料，本书也引用了该书的某些说法。美国学者史扶邻的《孙中山与中国革命的源起》（台北谷风出版社，1986），是美国学术界研究孙中山与华侨的关系中较有影响的著作之一，书中引用的史料较丰富，为本书的撰写提供了重要的参考示范作用。

相关的外文资料主要有：Lai, H. Mark and Choy, Philip P 的 *History of the Chinese in America* （San Francisco：Chinese-American Studies Planning Group, 1973），Yong Chen 的 *Chinese San Francisco, 1850—1943：A Trans-Pacific Community*（Stanford University Press Stanford, California, 2000），Sai, Shih-shan, Henry, *China and the overseas*

Chinese in the United States, 1868—1911（Fayetteville：University of Arkansas Press），L. Eve Armentrout Ma 的 *Revolutionaries, Monarchists, and Chinatowns：Chinese Politics in the Americas and the 1911 Revolution*,（University of Hawaii Press, Honolulu, 1990）。这些论著对美国华侨的早期历史均有不同层面的论述。其中，L. Eve Armentrout Ma 的力作 *Revolutionaries, Monarchists, and Chinatowns：Chinese Politics in the Americas and the 1911 Revolution* 大量引用了在美国收集到的第一手材料，如《中西日报》，对当时在美国的孙中山革命派和康梁保皇派的活动做了较为详细的论述，虽然某些观点有失偏颇，但对研究美国华侨与二者的关系提供了背景与整体轮廓。颜清湟著、林金枝译的《华侨在辛亥革命中的作用》(《南洋资料译丛》，1983年第1、2期），也是一篇较有价值的相关论文。

综上所述，有关美国华侨与革命派和保皇派的关系，国内目前实际上尚无专门的学术论文对之做深入、细致、全面的研究。因此，从学术史上来看，这一研究有很大的学术探索空间。本书试图从各种内容庞杂的史料中挖掘第一手资料和发掘最新材料，从主要人物入手，对美国华侨作出全面的分析，以求有所突破，争取在美国华侨史研究这一领域里有所创新。

三、研究方法与创新、不足

（一）研究方法

本书最主要的研究方法为历史分析法，即尽可能收集到丰富的文献资料，对之进行考证、整理、分析，重构史实，尽可能地还原历史本相，在此基础上形成对研究对象的认识、见解。本书也综合运用其他学科如社会学等的研究方法和理论（如整合理论、认同理论等），同时广泛学习与本研究相关的学科知识，掌握研究本书内容所应具备的理论与方法。

（二）创新与不足

1. 创新之处

本书的创新之处主要有：

（1）角度新

目前有关美国华侨史、辛亥革命与华侨、孙中山与华侨等这一研究领域比较成熟，研究成果也较多，可谓汗牛充栋，琳琅满目。但在如此众多、内容庞杂的史学著述中，至今还没有专门论述美国华侨与保皇派关系的研究成果，稍微涉及一些的，又相当零散，不成系统，更谈不上深入。所以说，对美国华侨与保皇会的关系研究是一个比较新的研究领域，有许多内容值得开发、探讨。所以，从学术史来看，研究保皇派在国外的活动有很大的空间可以拓展。

（2）材料新

本书运用了在美国所收集到的珍贵资料，如在《中国维新报》、梁朝杰所著的《振华公司在美州招股始末真相》、伍庄的《美国游记》中还有一些如美国保皇会发行的股票证券的内容，虽然不是很多，但对本书的撰写有重要的参考价值。同时，又试图尽量从国内浩如烟海的资料中挖掘有关第一手材料，在分析史料的过程中，实事求是地对美国华侨和保皇派的关系做深入细致的研究，以求在前人的研究成果上有所创新。

（3）观点新

本书在对历史人物或历史事件的评价过程中，并不像前人那样直接给其贴上是对还是错的标签，而是用一种比较中肯的态度来对待。特别是对康梁在华侨社会中进行的保皇活动，进行了独到的分析和评价，对保皇派事业的失败原因也有系统的归纳和总结。

2. 不足之处

由于年代久远、资料不足等条件的限制,作者本人虽到美国进行实地考察并收集相关材料,但对有关保皇派在美国当时的具体情况及并美国华侨在当地实际发挥的作用很难有一个清晰的描述,所以本书难免存在一些不成熟或有待改进的地方。

四、结构与主要内容

本书主要由以下几部分构成:

第一章,绪论部分。主要对本书的选题目的与研究意义、研究现状与资料述评、研究方法与创新、不足,以及本书结构与主要内容等做了简单介绍,以求读者对本书的基本框架有所了解。

第二章,美国华侨参与保皇活动的历史背景。这一章主要介绍了华侨移民美国的背景以及参加保皇组织的渊源。大批中国人开始移民美国,与当时清政府对海外华侨的政策有关。鸦片战争后,清政府一向闭关自守的对外政策终被打破。一系列不平等条约的签订,严重损害了中国国家主权,但也使华侨自由出国谋生成为可能。后来,清政府出于维护自身统治和利用华侨经济资源的需要,对华侨的政策也从敌视、漠视华侨转变为用各种方法保护和争取华侨。19世纪中以后,华侨大批赴美淘金,但所到之处并非理想的天堂。他们在异国承担最繁重的体力劳动,从美国西部大开发到修筑横贯美国大陆的铁路,无不留下华工的足迹。但铁路修完后,不但没得到当地白人的丝毫回报,随之而来的却是对他们的歧视和迫害。面对美国排华势力猖獗的逆境,美国华侨的民族主义情绪被激发出来,且日益高涨,在19世纪末20世纪初达到一个高峰。康梁保皇派正是在这种情况下流亡到美国。康梁也看到,对他们来说,这是一个好机会。为争取美国侨众的支持,保皇派首先引导他们对祖国进行关注,通过华侨教育和华文报刊,以舆论的力量宣传自己的主张，从而使华侨在内心形成并加强了对中华民族的认同。这种认同最终促使华侨开始积极关注中国的政治局势，甚至直接参加中国的政治活动，从而使美国华侨对祖国有了共同的政治认同。

第三章，美国华侨早期对康梁保皇派的支持。戊戌政变失败后，康梁逃海外，但维新改良派并没有因为变法失败而灰心丧气，而是继续动员和团结广大华侨挽救祖国，在国外华侨社会中建立保皇组织，继续其未竟的事业。随着保皇会事业的扩大，美国后来实际上成为保皇会的活动中心。保皇会在海外华侨中尤其华侨上层中有着广泛的思想基础和群众基础，侨居在美国的很多富裕华侨都积极参与这一组织的活动。关心祖国命运的广大侨胞，当时也还普遍存在着中国封建社会的"忠君"传统思想观念。尤其是康有为所到各地，向华侨声称他藏有光绪帝命他救驾的"密诏"，具有更大的鼓动性；他向华侨宣传鼓动，只有光绪帝复位，才能救中国，救皇帝也就是救中国。这种宣传把"忠君"和"救国"联系在一起，得到了广大华侨的理解、同情和响应。保皇会也称自己为保商会，更是投华侨之所好。关怀侨胞是他们在海外活动获得支持的一大原因。

第四章，保皇派的商业活动。保皇会以保救大清光绪皇帝、保护国外华商之名，在短期内收到的海外捐款数目相当可观，康有为在利用华侨捐款进行政治活动的同时，也把其中的相当部分资金用来投资实业、兴办公司，进行经商赢利活动，以期获取更充裕的经费，以便开展保皇活动。但事与愿违，投资实业并没有使保皇公司获得收益，相反，这些公司大都因经营不善或管理失当而最终倒闭破产。在商海利欲诱惑下，康门师徒矛盾四起，债务纠纷接连不断，康门弟子及保皇会会员因利益纷争而关系失和，致使许多会员对康有为和保皇会失去信心。很多华侨也转而走上了支持孙中山革命的道路，保皇派事业遭遇极大的挫折。保皇党商业上的失败，对党务发展是一个严重的打击。外部环境的影响也是不可忽视的。中国国内形势的剧变，极大地削弱了他们在美洲华人社会中的影响力。随着革命形势的迅猛发展，最终成为不可遏止的燎原之势，康梁保皇派在与孙中山等革命党人争夺美国华侨的过程中逐渐失去了优势。保皇会的海外投资和保皇活动不能取得实效亦是当然之事。

第五章，若即若离的合作：保皇派与革命派的前期接触。保皇派与革命派在前期曾有几次试图合作。相应地，参加保皇组织的美国华侨也分成赞成合作的激进派和反对合作的保守派（或称温和派）。但出于种种原因，两派合作最终都没能实现。本章分析了二者最终不能合作的各种原因。笔者认为，造成两派合作最终破裂的真正原因是梁启超本人的思想变化。他赞成合作并表现出积极姿态，是因他那时接触到西方先进的政治制度，认为中国封建王朝已到了穷途末路，既然和平救国的道路行不通，用革命的手段推翻之也不是坏事。虽然与革命派合作的过程中被康有为遣往檀香山，但其合作的诚意还是有的，只不过他的思想总是随着环境而变化。所以，对梁启超与孙中山合作一事并不能简单说成是"骗子行径"。

第六章，分道扬镳：保皇派和革命派对美国华侨的争夺。双方合作破裂后，孙中山为建立革命组织和获得华侨的支持，不断向报界、工商界、致公堂等游说，但因其言论不能为华侨所接受，曾经收效甚微。而康梁俱为科甲出身，抱澄清天下之志。大多数华侨认为一旦光绪复辟，其支持者必位极人臣，故从之者众多，在当时的美洲风靡一时，致公堂会员也多加入。但是，康梁保皇派幻想通过腐朽到无药可救的清政府在中国实行开明的君主立宪制，发展资本主义，显然是不合时宜的。革命派的主张尽管还不够成熟，但却代表了历史发展的必然趋势，也是符合人心的。随着光绪皇帝的驾崩，保皇会后期由于内讧而日趋没落，保皇会的追随者们纷纷倒戈，投向孙中山革命派一边，保皇派的队伍日益缩小。

结语。首先对美国华侨支持保皇派的原因做了总结。本书认为，美国华侨支持保皇派，一方面主要是华侨出于爱国爱乡的热诚，康有为和梁启超分别作为三邑和四邑人，其保皇思想在美国华侨同乡中容易被接收；另一个原因是美国华侨认同的改变，华侨在康梁到来前可以说几乎没有民族意识，基本上是对宗族、同乡的认同，保皇派到来后，宣传了其保皇爱国的民族主义思想，这样，美国华侨从认同于同乡同族转变成了对祖国的政治认同。其次，对保皇派在美国华侨社会中的活动进行了中肯的分析和评价，认为保皇活动及其君主立宪的主张与政变前的变法维新运动是一脉相承的，同样具有进步性和积极性，并不是"开历史倒车"或阻碍中国的发展，更不能说成是退步和落后。最后，对保皇派事业的失败原因进行了系统的归纳、总结。

第二章　美国华侨参与保皇活动的历史背景

大批华侨移居美国始于清朝末期，即鸦片战争以后。在此之前的旅美华侨，屈指可数。鸦片战争以后，中国大门被迫打开，清朝一直奉行的海禁政策也随之被取消，大批生计无着的华工纷纷出国谋生。与此同时，美国作为一个新兴的资本主义国家，开发资源时需要大批廉价劳动力。在家乡生活在水深火热中的华侨便纷纷出洋，来到美国"淘金"。他们在美国居住下来后，为了自身的生存，便通过血缘、地缘和业缘等关系，逐渐形成各种各样的华侨社团，这些社团为华侨社会，特别是为乡侨自身在当地的立足和发展发挥了一定的作用，但同时也屡经分化、整合。不过，华侨来到美国并未能使他们摆脱厄运。早期的旅美华侨受尽了白人的歧视和迫害。在这种情况下，他们希望自己的祖国富强，摆脱在海外受压迫受奴役的局面。于是，改变国内的政治现状，便成为美国华侨越来越迫切的愿望和要求。在这种情况下，康梁保皇派因戊戌政变辗转流亡来到美国，在华侨社会中成立保皇会，宣传其变法救国主张，自然很容易得到广大华侨的热烈响应。

<<< 第二章 美国华侨参与保皇活动的历史背景

第一节 中国早期赴美移民状况

一、华侨早期移民美国的原因分析

美国是华侨移居较晚的国家和地区之一。华人横渡太平洋移居美国，始于19世纪30年代。清朝末期，大批中国人开始移民美国。这之中，既有内部原因，也有外部原因。就国内来说，鸦片战争后，西方列强为了进一步掠夺中国，发动了数次侵华战争。加上清末赋税苛重，城市经济衰落，农村自给自足的自然经济被打破，人民流离失所，生活无以为继，很多人于是冒险出国，寻找生路。另外，鸦片战争以后，中国被迫打开大门，清朝一直奉行的海禁政策也随之取消，国人的乡土意识也逐渐发生变化，他们大都改变了世代居守乡里的习惯。鸦片战争以前的旅美华侨，只是零星的移民。但是，在美国加州发现黄金的消息传到中国后，越来越多的中国人产生了冒险旅美的意欲和行动。当时的美国又是个新兴的资本主义国家，各种资源有待开发，急需大批廉价劳动力，赴美华工乃应运而生。于是，他们万里迢迢，漂洋过海来到美国。但所到之地，并非梦想中的遍地黄金，而是受尽了歧视和折磨。一部美国华侨史，既是华侨的创业史，也是华侨的血泪史。

1848年加利福尼亚的淘金热和西部开发激发了第一次大规模的中国移民潮。"其时加利福尼亚省与太平洋沿岸一带，急待开发，需用工人正殷，华人之来，彼致欢迎。"[①] 这些移民绝大多数来自广东各地生计无着的下层民众，到美后大都从事采矿业、建筑业和兴建铁路。据美

---

① 伍庄. 美国游记 [M] //旅美三邑总会馆史略（1850—2000）: 178-182.

国移民局统计报告，华工入美数目在1853年只有42名，而1854年一年就有13,000名。他们中绝大多数是为开掘金矿而来。后来由于金矿业逐渐衰落，工人需求因之减少，1855年到1865年，每年华人入美数目只有数千人不等。1869年以后，由于美国开发西部筑路需要工人以及《蒲安臣条约》的签订，平均每年华人入美皆在万名以上。直到1882年，即美国国会通过排华法案那一年，华人入美人数突然猛增到39,579人。[①] 1882年到1962年（排华时期），每年入美的华人则屈指可数。

（一）国内原因

这一时期到美的华工大部分来自广东省，早期移民美国的中国人，以广东四邑（台山、新会、开平、恩平）人占大多数，四邑又以台山县为最，美国早期华侨60%来自台山（1914年前称为新宁），有"美国华侨半台山"的说法。[②]

19世纪50年代，发生在广东三邑和四邑地区的天地会起义和土客械斗是导致华侨被迫出国的重要原因。天地会是清初康熙时活跃于闽粤一带的一个民间秘密结社组织，最初以"反清复明"为宗旨，后来在清兵的围追堵截下基本上处于休眠状态。鸦片战争后，由于社会危机加深，天地会组织又在广东省迅速发展，后至"数万余人"，"使清政府殊堪骇异"。[③] 天地会起义爆发后，清政府对天地会众进行了血腥镇压。据记载，从1855年到1857年两年多时间内，两广总督叶名琛在广东共杀人40余万。为躲避清政府的迫害，大量天地会会员"相携持，以自鬻于蕃舶者"，流落海外。[④]

[①] ［美］沈己尧. 海外排华百年史［M］. 北京：中国社会科学出版社，1985：21.
[②] ［美］宋李瑞芳. 美国华人的历史和现状［M］. 北京：商务印书馆，1984：11.
[③] 清实录［M］（道光朝）：7402.
[④] 骆宝善. 太平天国时期的广东天地会起义述略（下）［J］. 中山大学学报（哲学社会科学），1982（1）：59.

>>> 第二章 美国华侨参与保皇活动的历史背景

在统治者别有用心的挑唆下，随之又发生了土客械斗。这里所说的土、客是指广东"土著人"（世代居住广东的居民）和客家人（由中原迁徙而来的居民）。四邑地区"地广人稀""荒地甚多"，因而，迁入的客家人较多。仅台山一县"计由雍、乾始迁，以迄咸丰初仅百余年"，所迁来的"客民人口已不下30万"，"各县土客相处百余年向无猜嫌"。① 从咸丰四年到同治六年，土客经历了14年的漫长械斗，双方伤亡惨重，"当日土、客交绥寻杀至千百次，计量下死亡数至百万。甚至彼此坟墓亦各相掘毁，以图泄忿"，"彼此暗相袭击，焚劫掳杀之事，无时无之，亦无地无之"。② 土、客双方的俘虏，很多成为猪仔贩子的渔猎对象，仅大嶆岗客家人被围一役中，客人"有为土人所掳获者，于杀戮外，则择其年轻男子悉载出澳门，卖往美洲、秘鲁、古巴等埠做苦工"。而且，连年动乱和仇杀逼得无以为生的人民大量寻求出国，甚至有客民"自到澳门卖身，往埠做工"。③

正是上述原因，迫使广东四邑和三邑地区的人民纷纷出国，到美国谋生。天地会会众到美后，又联合起来在美国各地成立了秘密会社组织——洪门致公堂，在华侨中互相扶助，互相提携。后来这个组织先后受到保皇派和革命派的重视，二者为了对之利用，都投入了巨大努力。四邑地区和三邑地区分别是梁启超和康有为的家乡。显而易见，以康梁为代表的保皇派后来之所以选择美国和加拿大等地作为他们流亡海外的立足地，不无看中美、加等地同乡侨民众多的考虑。同时，美国的华侨同胞之所以对康梁保皇派的到来（特别是在最初的时候）表现出异乎寻常的欢迎热忱，并积极支持康梁的保皇救国主张，参加保皇会及其活动，捐钱捐物，也显然与美国等地的华侨同胞与康、梁等人的浓厚乡情

---

① 赤溪县志（8）[M]. 台北：成文出版社，1967：166.
② 赤溪县志（8）[M]. 台北：成文出版社，1967：167.
③ 赤溪县志（8）[M]. 台北：成文出版社，1967：180.

密不可分。

(二) 清政府对华侨政策的转变

清政府对华侨政策的转变是华侨出国的一个重要原因。清朝一向奉行闭关锁国政策，但是，自鸦片战争以后，特别是到19世纪90年代，清政府对华侨的政策便逐渐发生变化，从过去敌视、放弃华侨的态度，转向扶持和保护华侨，其侨务政策逐渐演变成为外交政策中的一个重要方面，在中外交涉中占有一定的比重。

从华人入美来看，清政府对华侨的政策可分为前后两个阶段：1644年清朝建立至1868年《蒲安臣条约》的签订为第一阶段，这一时期的清朝法律严禁中国人出洋；第二阶段是从1868年《蒲安臣条约》签订到1911年清朝被推翻这一时期，此时因清政府与列强签订了一系列条约，清政府为时势所迫，设立了相应的机构，并注意通过立法保护华侨。但应该看到，清末的侨务政策及其有关护侨措施，就清政府来说并不是主动的，常常是由海外华侨首先提出，清政府再被动施行。

1644年，清室入关后统一中国。郑成功等据守台湾，奉明朝为正宗，号召"反清复明"。其时，许多明朝遗臣和反清志士，纷纷出走海外，继续从事反清活动。清廷恐义民归附，海内外反清势力联合起来威胁其统治，于是严行海禁，对移居国外的华侨，一概视之为"不安本分之贱民"。《大清律例》中就曾规定："凡国人在番托故不归，复偷漏私回者，一经拿获，即行正法。"又规定："凡官吏士兵私自与海外诸岛交易或出洋者，亦以反叛通敌论罪，与犯罪者同谋之地方官吏，亦同科刑。"① 三藩乱起，出海之禁令更严，不但规定沿海五十里之地不准人民居住，以根绝人民出国机会，同时对移居海外已久的华侨亦设法予以摧残。《大清律例》第二百二十五条规定："一切官员及军人等，如

---

① 清季外交史料：卷87 [M]．北京：书目文献出版社，1987：28.

有私自出海经商者，或移住外洋海岛等，就照交通反叛律处斩立决。府县官员通同舞弊，或知情不举者，皆斩立决。仅属失察者，免死，革职永不叙用。道员或同品官员失察者，降三级调用。督抚大员失察者，降二级留任，如能于事后拿获正犯明正典刑者，得免议。"① 清政府对未出海者施以高压手段，出海者不准回国，甚至视之为"天朝弃民"。1740年荷兰殖民地统治印尼时，在"红溪惨案"中有好几万华人被杀。乾隆皇帝听到这个消息时却说："天朝弃民，不惜背祖宗庐墓，出洋谋利，朝廷概不闻问。"②

鸦片战争后，清政府与西方列强签订了一系列丧权辱国的不平等条约，清政府开始允许人民以华工身份自由出国。第一次鸦片战争前后，中国沿海已成为向海外殖民地输送廉价劳工的市场。第二次鸦片战争后，清政府被迫签订了《北京条约》等不平等条约，条约中规定："凡我华民，情甘出口，或在英国所属各处，或在外洋别地承工，俱准与英民立约为凭，无论单身，或愿携带家属，一并赴通商各口，下英国船只，毫无禁阻。"③ 条约中有准许华工出国到英、法属地或其他外洋地方做工的规定，但却没有相应的限制外国殖民者在华随意买卖华工、胁迫华工出国的规定和措施。这样，便使外国殖民者在我国沿海掠买、贩运华工合法化。为了源源不断地向殖民地输送华工，列强胁迫清政府签订各款招工章程，这些章程实际上成了列强与清政府签订的一系列不平等条约的副产品。清政府为此也不得不在海外设立办事机构，管理华工出国事务，从而在一定程度上推动了清政府侨务政策的改变。当然，其时清政府侨务政策改变的根本目的，在于维护它摇摇欲坠的统治。

1862年，在西方列强和各省督抚的建议与推动下，清政府开始派

---

① 陈翰笙.华工出国史料汇编（1）[M].北京：中华书局，1985：1.
② 李长傅.中国殖民史[M].北京：商务出版社，1998：171.
③ 陈翰笙.华工出国史料汇编（1）[M].北京：中华书局，1985：13.

遣驻外使、领馆人员以保护海外华侨，并设置了处理一切涉外事务的机构——"总理各国事务衙门"（1901年改为外交部，其中考工司兼理华工出国事务），这是清政府最早设立的有关协理侨务的政府机构，它之下分设英、法、俄、美、海防等股，其中法、美股兼理招用华工事宜。清政府中的英国人赫德代办总税务司事务后，不断向总理衙门鼓吹遣使出外的好处，并建议清政府在海外设立处理外交事务的领事馆。最终，清政府先后设领事馆46个，这些领事馆在照管商务和保护华工方面起了较为重要的作用。

鸦片战争后，传统的海禁政策已经无法维持下去，华工出国也不得不被清政府所认可。禁止华工出国、漠视华侨的政策再也行不通。特别是1868年清廷与美国签署《中美续修条约》（又称《蒲安臣条约》）后，准许华工及华工以外的商人、学生等华人自由移居国外。此时清政府的华侨政策不得不加以调整，首次以条约形式表明自己关注海外侨民的利益。清政府逐渐学会全面、认真地看待华侨问题，并开始采取行动保护海外华工和华侨，这是200多年来清政府对海外华侨政策的重大转变。与过去将海外华侨一概视作"叛民""弃民"不同，这时期的清政府注意采纳华侨的意见和建议，作为办事的参考，并渐渐以民意作为与西方列强交涉的筹码。

《蒲安臣条约》是清政府对美国华侨政策转变的一个分水岭。蒲安臣（Anson Burlingame）原是美国驻华公使（1861—1867），其任期届满之时，清政府总理各国事务衙门因其所信任的总税务司赫德的建议，奏派他为特派钦差中外交涉事务重任大臣，他成为当时第一个对清政府具有重大政治影响的外国公使。蒲安臣到美国后，代表清政府与美国签订了《中美续增条约》。因当时横贯美国大陆的铁路急待完成，需用大批劳动力，此条约主要是替美国自中国进口廉价劳动力而制定。条约第五条规定："大清国与大美国切念人民前往各国，或愿常住入籍，或随时来往，总听其自便，不得禁阻，为是现在两国人民互相来往，或游历，或贸易，或久居，得以自由，方有利益。"① 至此，清朝所奉行了200多年的海禁政策基本上被废止。

到了19世纪末，清廷才允许出洋华人回国："外洋侨民，听其归里，严禁族邻讹索，胥吏侵扰。"② 此时，驻外使节开始建议清廷摒弃严禁华侨回国的政策，呼吁废弃海禁旧例，保护商民利益。从光绪十九年（1893）清驻英公使薛福成的奏折中可看出清政府这一政策的转变，"以中国出洋之民数百万，衣食之外，颇积余财，滨海郡县，稍称殷阜，实借乎此。英荷各国招致华民，辟荒为埠，是彼能供资于我，华民擅干才，操利柄，不思联为指臂，又从而摈绝之，是我不能借资于彼"。③ 其时，清廷看到海外华侨颇有余财，可资利用，便逐渐废除了禁止出洋华侨回国的禁例。是年九月，清廷正式宣布："敕下刑部，将私出外境之例，酌拟删改，并由沿海各省督抚出示晓谕州县乡村，申明新章既定，旧禁已除……良善商民，无论在洋久暂，婚娶生息，一概准由出使大臣，或领事馆给予护照，任其回国。治生置业与内地人民一律看待，并听其随时经商出洋，毋得仍前借端讹索，违者按律惩治。"④ 经过清政府对传统侨务政策的大调整，华侨与祖国的关系才逐渐变得密切起来。

清政府对海外华侨的政策，从敌视、漠视华侨逐渐转变为用各种方法保护和争取华侨，这是诸多原因造成的：一方面是因为清政府日渐衰弱，走向没落，国内外反清活动威胁其统治，急欲借助华侨的力量来维护其风雨飘摇中的封建政权；另一方面，随着海外华侨人数增多，华侨在侨居国的经济地位逐步稳固并且发挥愈来愈重要的作用，因此，清政

---

① 陈翰笙. 华工出国史料汇编（1）[M]. 北京：中华书局，1985：320.
② [美]沈己尧. 海外排华百年史[M]. 北京：中国社会科学出版社，1985：168.
③ 《华侨革命史》编纂委员会. 华侨革命史（上）[M]. 台北：正中书局，1981：23.
④ 陈翰笙. 华工出国史料汇编（1）[M]. 北京：中华书局，1985：296.

府对外交往的事务日益增多，外交工作日益重要。

自鸦片战争后，清政府不得不同西方列强打交道。从19世纪60年代起，列强就在中国建立了使领馆，它们也要求中国派遣驻外使节。清政府不能长期无视各国的要求，先后在这些国家建立了使领馆。对外事务的重要性日益增加，使清政府开始注意那些侨居异国、长期被漠视的海外华侨。华侨在海外深受帝国主义殖民当局的奴役与压迫，强烈要求清政府保护他们的合法权益。清政府一方面担心失去华侨的民心，从而断了华侨汇款、捐款的来源，激起华侨对它的强烈不满；另一方面又担心华侨在侨居国反抗闹事，从而开罪西方列强，因而，清政府开始派遣驻外使领人员，既要"保护"华侨利益以争取民心，又要设法"约束"华侨的行止，以避免惹起事端。

另一方面，晚清时期的清政府日益走向衰落，内忧外患，危机四伏，许多有志之士纷纷寻求救国的道路。康梁保皇派与孙中山为首的革命派相继在海外华侨社会中开展反清活动，这让清政府极为不安，于是加强在政治上争取海外华侨的措施。另外，华侨身居异国，接触了西方的先进思想，他们自身在海外的遭遇，更使其痛感中国的落后和清政府的腐败，因此大力支持改革和革命运动。清政府对此非常担心，为此，它一改过去的冷漠态度，大力在华侨中开展工作，尤其是笼络华侨中的上层人士，以阻止改革和革命思想在海外传播。他们一方面迅速派出驻外使领采取各种方法，极力在华侨中收买人心，甚至勾结外国政府对进步势力加以迫害。清政府用封官、赐爵、鼓吹儒学来笼络华侨，还拉拢海外侨领加入咨议局等，企图在政治上争取华侨对清政府的效忠。另一方面则摆出一副关心海外臣民权益的姿态，以便同革命党人争夺海外华侨。与过去不同的是，清政府争取华侨对它的忠心，不是基于敌视华侨的立场，而是把华侨看作可以利用的力量，这是清末政府对海外华侨政策转变的标志之一。

总之，清政府对海外华侨的政策自1868年后发生了巨大变化，华侨得以在没有禁阻的情况下自由出入国门，清政府也在各方面实施了不少保护和利用华侨的措施，并且取得了一定的成效。但由于清政府的积弱，没有强大的国力作为后盾，因而难以有效地保护海外华侨。而海外华侨出于其不过问政治的一贯态度，起初对清政府的笼络政策尚可勉强接受，但到后来，国内形势发生巨大变化，美国等侨居国对华侨的敌视和排斥日增，加上康梁保皇派到来后的宣传，华侨的态度便迅速发生转变。

（三）国人乡土意识的改变

近代以前，中国封建社会以农业为主要生产方式，中国老百姓大都以农为生，农民的生存往往要依附土地，固守家园、安分种田是广大农民的普遍心态。故有语云，中国老百姓"世代定居是常态，迁移是变态"。[①] 另一方面，由于对家族或家庭的责任感，大多数成年人，尤其是成年男子要担负起赡养父母的重任，这就是所谓的"父母在，不远游"。因此，传统中国社会的乡土观念较为浓厚，大多数人固守家园和父母，不愿远游。

19世纪中叶，中国处于动荡之中，国内水灾频仍，战祸不断，人口不断增加，人们赖以生存的土地则日益减少。通货膨胀不可避免，腐败的清王朝企图靠增加苛捐杂税来维持政府收入。由于人民不堪忍受残酷压迫，许多秘密反清组织和活动相继出现，如三合会、哥老会、白莲教、太平天国等，在民间都有较大的影响。这些运动失败后，面对清政府的通缉，有一部分政治逃亡者被迫逃亡国外。又由于中国南部的沿海省份接近西洋，风气较为开放，那些走投无路的人纷纷走向海外寻找生计。

---

① 费孝通.乡土中国[M].北京：生活·读书·新知三联书店，1985：3.

与此同时，西方资本主义国家大多已完成了工业化，机器取代了手工业。西方列强企图把中国及其巨大市场纳入世界资本主义体系的轨道上来，以倾销商品和获得廉价原材料。因此，列强加快了侵略中国的步伐。1840年英国挑起第一次鸦片战争，使一向自视为"天朝大国"的清帝国声誉扫地。美国虽然没有卷入鸦片战争，但也坐享渔翁之利。1844年中国被迫与美国签订了《中美望厦条约》，中国在贸易和其他方面给美国以最惠国待遇，其中包括美国在华公民享有治外法权、只受美国领事法庭审判的权利。之后，各国列强发动了多次侵华战争，与中国签订了多个不平等条约，中国偿付大量赔款。在这种情况下，清政府加大力度挤榨百姓的血汗。

一系列不平等条约的签订，使西方工业化的资本主义国家大规模生产的廉价商品蜂拥而至，充斥中国市场，破坏了中国具有封建性质的手工业经济。鸦片销售肆无忌惮，使大量的白银外流，整个中国经济遭到破坏。面对西方列强的侵略，清政府犹如一只任人宰割的羔羊，国土四分五裂，主权遭到侵犯，大片国土沦丧，"天朝大国"的声誉和权威一落千丈，中国逐渐变成西方的半殖民地。中国人民急切地寻找出路，想把自己从灾难中解救出来，爱国的知识分子也在寻求救国之道。

为了填补财政赤字，封建统治者设立名目繁多的苛捐杂税，想尽办法搜刮。以珠江三角洲为例，据不完全统计，清末政府所设立的苛捐杂税主要有：硝磺饷、台炮经费、缉捕经费、房捐、酒税、膏店牌费、花捐、花筵捐、屠捐、屠牛捐、牛皮捐、烟丝捐、土丝捐等十几种。[①] 日益加重的封建剥削，不仅严重摧残了农村生产力，加速了农村的破产，而且对珠江三角洲城镇经济的打击也是巨大的，使民族手工业和商业在西方资本主义经济侵略面前，更加丧失了抵御的能力。即使在这样的情

---

① 李春辉，杨生茂. 美洲华侨华人史 [M]. 北京：东方出版社，1990：36.

况下，中国老百姓还是不太愿意离开家乡去异国他乡谋求生计，家庭观念和传统的纽带把他们禁锢在故土上。

然而，随着海禁的放开和富裕华侨的归国，传统的乡土观念逐渐发生变化。华侨归国在很大程度上传递了移民致富的观念。衣锦还乡的华侨们在归国后纷纷娶妻生子，盖房修屋。海外经历改变了华侨的生活，让一些曾经一贫如洗的穷人变成了富翁，同时也改变了他们根深蒂固的乡土观念。至此，传统的乡土观念虽未土崩瓦解，但已经开始一点一点地淡化，近代人民出洋的观念逐渐变得清晰起来。一般的青壮年都认为在家乡没有出息，更多的年轻人渴望走出国门，开阔视野，增长见识，丰富人生，那些足不出户、死守家门的留守乡民越来越少。在新观念的影响下，从近代起，走出国门移民海外的人连绵不断。据《东方杂志》1907年刊载，我国的华侨总数达631,7329人。① 这一数字说明，在传统的乡土观念已经发生巨大转变的情况下，有更多的人抛弃了土地、家产、家族和乡土观念的束缚，选择出洋远行、发财致富。

（四）美国对劳动力的需求

去美国淘金，是早期广大华工最直接的出国动机。1848年年初，墨西哥将加利福尼亚正式割让给美国之前9天，修车工约翰·马歇尔（John Marshall）在锯木厂检查泄水管道时，发现了从亚美利加河（American River）的激流中沉淀下来的黄金。1848年12月，波尔克（Polk）总统在国会作年度讲话时正式宣布了加利福尼亚发现黄金这一确切消息。他说："加利福尼亚黄金储藏量之大几乎令人难以置信。"② 当时加州一片荒芜，美国将当地一个小乡村正式改称为圣弗朗西斯科（San Francisco），华侨称之为三藩市。因其产金故，又称金山。1851年，澳大利亚墨尔本也发现金矿，华侨称之为新金山，而将美国金山改

---

① 蛤笑. 论移民实边之不可缓 [J]. 东方杂志. 上海：商务印书馆，1907（7）：119.
② [美] 陈依范. 美国华人史 [M]. 北京：世界知识出版社，1987：51.

称为旧金山。

先去的淘金者一天能淘出价值几百美元的金砂和金块，有的人一天就能找到价值15,000美元的黄金。1848年，加州发现黄金的消息5个月后就传到了中国。尽管从中国南部去旧金山要比从纽约去还要容易，但1849年来到旧金山的华人却只有325名，翌年又来了450名，到1860年猛增为34,933人。[①] 到美国的华人几乎都是来自华南一些靠近香港、澳门和广州的地区。华工到达旧金山后，在华人宗亲或同乡会代表的引领下，首先来到唐人街，了解清楚情况后再进入矿区寻找黄金。少数华工通过艰苦劳动，在几年间便积下几千美元。他们回到广州、香港，亲友们看到这些在美国发了大财的"金山客"，更加争相到美国冒险一试。刚开始的一段时间，美国政府对金矿的管理还不够严密，个人或几个人联合起来都可以淘到金子。但随后去美国淘金的华工就没那么幸运了，他们大都只能受雇于投资金矿的商人，为金矿老板做苦力。

在"淘金热"消退后，大规模铁路修建又兴起了。美国国土辽阔，地广人稀，资本主义大工业化的发展，使劳动力和资金十分缺乏。内战以前，美国东西部之间的交通不发达，从密苏里去旧金山车队需走6个月，而从中国到美国西海岸的轮船平均两个月就能到达，飞剪船在1855年时的正常航程为45天。[②] 相比而言，在美国西部用华工比用从东部来的白人劳工要方便得多。在当时的珠江三角洲，连年的战争、天灾使人民的生活艰难，出洋谋生成为一种被迫的生活手段。他们"只是为兵燹所迫，再加上加利福尼亚黄金和美妙的工业发展机会的诱惑，使300万人在33年（1848—1882）间的自由移民中，离开故乡到达太

---

① George F. Seward. Chinese Immigration in its Social and Economic Aspects [M]. New York, 1881: 7.
② 陈翰笙. 美国与加拿大华工 [M] // 华工出国史料汇编（1）. 北京：中华书局，1985: 91.

第二章 美国华侨参与保皇活动的历史背景

平洋的彼岸"①。

承包铁路工程的中央太平洋铁路公司首先雇用了50名中国人作为试验,结果证明华工完全有能力把工作做好而且工价低廉,于是中央太平洋铁路公司开始招募更多华工。在美国移民局的许可下,中央太平洋铁路公司派人来华招聘劳工赴美。其代理人在香港、澳门公开招募华工。他们对乡人鼓吹美国的淘金热,宣传在美当劳工,条件优越,大有发财机会。《蒲安臣条约》的签订也正好适应了美国对劳动力的需求,而且使美国在华招募劳工合法化。该条约签订后两年时间里(1868—1870),共招募华工3.3万人。据估计,中央太平洋铁路公司共招用1.5万华工完成了从萨克拉门托到奥格登全线2800英里路基⅘的总工程量。②

华工的工作环境非常恶劣。冬天,气候严寒,冰冻如石,整组整组的华工被冻死的现象时有发生。夏天,酷暑炎热,由于中暑而病死的华工在那30年(1851—1880)中至少有一万人。③ 在这种恶劣的条件下,华工主要从事爆破、钻探、砌石等繁重的体力劳动。华工任务艰巨但工资却很低,一般是每月25~30美元。加州州长斯坦福在1861年10月10日给安德鲁·约翰逊总统的报告中描述:"他们安静、平和、耐心、勤劳、节俭,他们比白人劳工更谨慎节俭,因而工资少点也毫无怨言。如无华人,要在国会法案规定的时间内完成这个全国性的工程工段是不可能的(实际工程比国会规定的时间提前了七年)。"④ 中央太平洋铁

---

① [美]陈依范. 美国华人史[M]. 北京:世界知识出版社,1987:92.
② 朱杰勤. 19世纪后期中国人在美国开发中的作用及处境[A]. 北京:华侨史论文集,1981(2):3.
③ 谢英明. 旅美见闻杂译[M]//全国政协文史资料委员会中华文史资料文库·华侨华人篇第19卷. 北京:中国文史出版社,1996:258.
④ 陈翰笙. 美国与加拿大华工[M]//华工出国史料汇编(1). 北京:中华书局,1985:296.

路公司开发中心最后总共雇用了大约15,000名华工且这些华工全部得到好评:"在劳动量方面,他们跟白人几乎不相上下,而且更为可靠,他们没有罢工的危险。""受雇从事各种工作……他们不喝酒,不斗殴,也不罢工。"华工们从日出干到日落,"因为他们在这个行业里干活不知疲倦,不遗余力,他们都能胜任工作,效率极高"[1]。

华人对美国的开发所作出的贡献是有目共睹的。梁启超曾谈道:"华人之往美,实由美人之招之使来也。当加罅宽尼省(加利福尼亚)初合并美国之时,急于拓殖,而欧美及美国东部之移民,惮其辽远,来者不易,资本家苦之。及觅得金矿,盛开铁路而劳佣之缺乏更甚,是以渡海而求之于中国。今此,加罅宽尼之繁盛,实吾国人民血汗所造出之世界。何也?无金矿,无铁路,则无加罅宽尼,而加罅宽尼之金矿、铁路,皆自中国人之手而开采建筑者一也。"[2] 他们勤劳朴实、吃苦耐劳的品质,造就了加利福尼亚州,也拯救了美国西部亿万英亩肥沃的农田和无数城镇地产,而他们最主要的贡献还是修筑横贯美国东西的铁路。筑路工人中,华工占99%,他们流血流汗,不少人丧失生命,才完成修筑这条铁路的宏大工程。[3] 他们在修建横贯大陆的铁路中立下的丰功伟绩和面对困难所显示出的英勇气概已经载入史册,值得美国人民世世代代敬仰。

二、"自由移民"

在黄金的诱惑下,早期来美的华人一般是自己付船票自愿来美的。这种自费的方式也有很多种。有的人借钱买船票,立下保证,将来在美国挣钱后再归还,这叫"赊单工"。有的实行契约制,他们在去美国之

---

[1] [美] 陈依范. 美国华人史 [M]. 北京:世界知识出版社,1987:87.
[2] 黄遵宪. 人境庐诗草笺注 [M]. 上海:上海古籍出版社,1981:1163.
[3] 华侨血汗沃美洲 [M] //广州文史资料:第18辑. 广州:广东人民出版社,1980:168.

前，美国的公司通过华人或外国劳工经纪人来招募工人，船费预先支付，以后再从工人的工资中扣除，或规定干一段时间的活来支付，这种称为"契约华工"。工人们一般是先签订契约，在某一岗位上工作一定的年数来偿还船费。

自愿出国的华工和"猪仔贸易"或"苦力贸易"是有区别的，两者之间有一定的联系，又有很大的差别。自愿去美国的华工无论签协议还是出国动机，都是自愿的，不受任何人的逼迫，这主要发生在1850年左右和1868年《蒲安臣条约》签订后。前期主要是华工在黄金的诱惑下，渴望一夜暴富而自愿冒险赴美。后期自愿赴美的华工，是由于《蒲安臣条约》使得自由移民成为可能，西方殖民者再也不需要偷偷摸摸用坑蒙拐骗的手段来贩运华工，大量自由移民已有所过剩。而罪恶的"猪仔贸易"中被贩运的"猪仔"大多是被迫或是被拐子通过各种途径哄骗而来的，主要发生在1860年左右，那时虽然国门洞开，但清政府还是用法律手段禁止华工出洋，殖民者为了开发其霸占的殖民地，和沿海地区的地痞流氓共同来诓骗破产的农民出洋谋生。有的被拐骗的华工，拐匪以暴力强迫其见官时诳称他们"自愿""自费"出国，以此取得美国领事签证，打着"自由旅客"招牌，前往美国。但是也不排除有些自愿出国的华工由于头脑简单或屈服于暴力，最后沦为"猪仔"，失去人身自由。

美国很多学者认为，中国早期赴美华人属于自由移民；台湾学者刘伯骥也提到过，"中国来美的移民，皆为自由身份，与秘鲁、古巴的'卖猪仔'迥然不同"①。而大陆某些学者即便提到"赊单工"和"契约华工"，也认为其不过是变相的"猪仔"华工，是帝国主义打着自由移民的幌子所从事的罪恶勾当。笔者认为，从华工的出国动机和出国原

---

① 刘伯骥. 美国华侨史（1848—1911）[M]. 台北：黎明文化事业公司，1982：39.

因来看，那时去美国的华工应该有很大一部分属于自由移民，虽然后来一些人在"自由移民"的掩盖下成为"不自由"的，但我们不能否认有很多初期移民是自由的。所以在这里把"赊单工"和"契约华工"列为赴美时的自由移民。

"猪仔贸易"又称"苦力贸易"，兴起于19世纪中叶的鸦片战争后。它的兴起是国内因素和国外因素共同作用的结果，具有"一拐诱、二出卖、三为奴"的鲜明特点。虽然很多华工赴美是自愿的，但实际上也有一部分华工是被骗去那里的。

19世纪中期，从事运载华工赴美的航运业可以得到十倍的暴利。高额的经济回报使得自由移民逐渐失去了它的本来面目，取而代之的是以牟利为目的的贩运"猪仔"贸易。很多船主为了赚取船费，用散发传单的方式吸引大批破产的中国人民，他们故意把美国的生活描绘成人间天堂，黄金随处可见，连走在路上也能踢到金块。他们鼓吹"美国人民为天下最富者，他们欢迎中国人，一旦到达美国，即有大屋居住，有大工钱收入，有好衣好食"，还可以"由美国汇钱回家"，劝他们"请勿疑惧，应即走向发财之路"。[①] 当自愿应募者识破其诡计不再上当时，招工者就开始采取欺骗和威吓的手段，有的就干脆采取绑架或者"拐骗"的手段。在拐匪的各种诱惑和绑架下，很多良民被骗。

英法联军侵占广州后，掠卖华工更猖獗。1859年，美国侵略者在广州黄埔、长洲一带停泊趸船，拐骗华工，激起人民的反抗。两广总督劳崇光在舆论的压力下，不得不向美公使华若翰提出六次抗议："合众国船在长洲湾泊，接收猪仔，以致中国民人纷纷来本部堂禀诉，被内地匪徒拐去了兄弟等，卖在合众国船上，强押仓底……"他派了上千名清兵驻守长洲，清剿拐匪。在得知美国船米心扎号将所载华工偷运澳门

---

① 吴尚鹰. 美国华侨百年纪实 [M]. 香港：嘉罗印刷有限公司，1954：12.

后，要求美方"将所载华民五百七十八名全数解送"①，送回广州。美公使迫于形势，只好照办。1860年第二次鸦片战争后，英、法迫使清政府签订了新的中英、中法条约，条约规定："凡我华民，情甘出口，或在英国所属各处，或在外洋别地承工，俱准与英民立约为凭，无论单身，或愿携带家属，一并赴通商各口，下英国船只，毫无禁阻。"② 西方殖民者终于迫使清政府对华工出国做了认可，拐匪和经纪人贩运华工到美国也更加肆无忌惮了。

1868年7月28日，清政府与美国签订了《中美续增条约》，这个条约又被称为《蒲安臣条约》。通过签订这样一个条约，美国就可以在"自由移民"的掩盖下引进大量廉价华工，从而避开清廷官员的纠察。难怪美国总统约翰逊在致国会咨文中这样说："毫无疑问，中国政府对我们所深虑的和这样满意的移民自由之宽大原则表示同意，是打开帝国趋向于我们的文明与宗教之一大进步。"③ 这是中美两国签订的第一个移民条约。为了实现对华工的需求，也是从这一年起，一些人开始进行明目张胆的拐骗华工的勾当，中国赴美华工显著增加。在该约签订的当年，进入美国的华侨有5,000多人，而在1869年，据旧金山海关统计，入境的华人有14,990名。据美国移民委员会及移民局的统计，至1887年，华人入美总数达到39,579名。1880年，华侨在美国人口已达105,465名了。④

苦力贸易丑闻四起，最后清政府不得不采取行动，向美国驻华公使约翰·沃德提出了抗议。但是沃德声称，虽然运送中国人的船只是美国船，但招工者都是外国公民，对这些人他没有管辖权。最后，中国最早

---

① 朱士嘉. 美国迫害华工史料 [M]. 北京：中华书局，1958：18.
② 陈翰笙. 华工出国史料汇编（1）[M]. 北京：中华书局，1985：13.
③ 刘伯骥. 美国华侨史（1848—1911）[M]. 台北：黎明文化事业公司，1982：563.
④ 朱杰勤. 19世纪后期中国人在美国开发中的作用及处境 [J]. 华侨史论文集，1981（2）：4.

到美国留学的容闳于1873年被指派去和秘鲁政府特派员交涉，处理华工贩运问题。他在归国抵达澳门时，也曾目睹落入魔爪中的华工被押送"猪仔馆"的恐怖景象。"无数华工，以辫相连，接成一串，牵往囚室，其一种奴隶牛马之惨状，及今思之，犹为酸鼻。"① 容闳向美公使出示了亲自所拍的照片，照片上的中国苦力被皮鞭抽裂了脊背。在国际压力下，澳门的葡萄牙统治者不得不于1874年颁布停止苦力贸易的禁令。禁令颁布后，澳门各个"猪仔馆"不得不"关门停业，管招工事务葡国委员及招工局各项人等，靠招工吃饭的就有三四万人，向来只靠招华工发财，现在忽然无此生意，就如得重病一样，个个垂头丧气，无以度日"②。昔日靠招"猪仔"而繁华的澳门港一下子萧条起来。

"卖猪仔"现象直到20世纪30年代才结束，在这以前有大量的中国人被卖出国。当然，以此种方式流落到美国的也不在少数。"苦力贸易"给受害者带来了极大的伤害，无数中国家庭妻离子散、家破人亡。被卖到美国的华工由于地位低下更是受尽歧视与凌辱，甚至连起码的人身自由也得不到保证。正是由于华侨在国内和国外遭受了许多磨难，他们才寄希望于祖国的强大，以改变自己受奴役受压迫的命运，这也是他们积极支持康梁保皇派的一个重要原因。

第二节 美国华侨社会变动与保皇派活动的关系

一、美国华侨社团的建构与整合

历史上，中国人移居海外，面对当地艰苦的生存环境，只靠个人的

---

① 容闳.西学东渐记[M].北京：中华书局，1991：115.
② 陈翰笙.华工出国史料汇编（1）[M].北京：中华书局，1985：252.

力量一般是很难生存的,大都要依靠群体的力量,建立和扩展自己的生存空间,即在居住国成立华侨华人社团。这些社团是华侨为了团结互助、自救自卫、联络感情、传承文化、共谋生存与发展,多以血缘宗亲、地缘同乡、业缘同行为纽带,自发建立起来的互助联谊、自治自卫的社会组织形式,是被称为华人社区"三宝"(华人社团、华人学校、华文报刊)中最具影响力的"第一宝",它起着中流砥柱的作用。

美国华侨也不例外。初时,来美的华人并不多,他们多持传统观念聚居在一起。但这种聚居仅限于各县各姓或工作性质的相近,也就是靠"血缘""地缘"和"业缘"聚居在一起。但到后来,每个人的职业或社会关系有了不同变化,要所有人都聚集在一起就显得很困难。但是,由于中国人当时是弱小族群,时遭欺负,又苦于有冤无处诉,为了生活上互助的需要,中国人便自动组成团体,形成群力,以期互相保护,获得安全保障。因此,华侨到达美国不久,便开始组成各种各样大小不等的社团,其中有的几经分拆。到1876年,各地方性会馆又联合成立了属于全体华侨的中华总会馆。到19世纪末期,美国华埠的华侨社团便已基本定型。举例来说,姓氏团体有李姓的陇西堂、黄姓的江夏堂、余姓的风彩堂等。地方性组织有中山县的协和会馆、台山县的宁阳会馆、开平县的合和会馆,新会县的冈州会馆等。① 此外,美国华埠还有洪帮等帮会组织,他们带有秘密社会的性质,时至今日还存在的,如致公堂、翠胜堂、安良堂等。这些堂过去互争利益范围,往往发生械斗、暗杀。②

这些社团为华侨社会自身在当地的立足和发展发挥了一定的作用,但同时也屡经分化、整合。中华会馆可以说是各华侨社团分化整合后影

---

① 华侨血汗沃美洲[M]//广州文史资料:第18辑.广州:广东人民出版社,1980:169.
② 华侨血汗沃美洲[M]//广州文史资料:第18辑.广州:广东人民出版社,1980:169.

响最大、最有权威的一个管治系统。它在形成过程中不断吸收美国当地的制度文化，但也保留着传统的中华文化。它的全称是驻美中华总会馆，原英文名称翻译过来是"六大公司"，该体系主要包括冈州、宁阳、三邑、阳和、人和与四邑六大会馆。① 其总部位于三藩市，一向被称为全美华侨的最高机构，其管辖华侨的权力范围也是广大的。但实际上，它只代表大部分广东籍的乡侨，广东以外地区的华侨不被包括在这个组织内。因为早期到美国来的中国人，大部分集中在三藩市，其中又有99%为粤籍，所以，这个服务于粤籍华侨的组织在当时基本上可以说是全侨性的。这一角色在清政府在美设立领事之前更显重要，那时中华总会馆实际上就是清廷在美国对侨民的发言人。

中华总会馆的成立对其时旅美华人来说是十分必要的，它是19世纪70年代代表和统合华侨利益的最高组织，实际上其凝聚力也是十分明显的。对外，它代表华社跟美国当局打交道；对内，调解华社之间不断出现的分歧和内斗。创立中华会馆的另一目的，还在于协助新侨，对于初到华埠而又无亲朋照顾的华侨，中华会馆会给予帮助和安顿。

中华会馆设总董一名，一般由各会馆绅董轮流担任，再呈报总领事札派商民担任此职。直到1908年中华总商会成立，才交由该会掌理华侨的商务。清廷领事札派的制度废止后，商董按照各会馆注册人数而定。② 中华会馆还设有绅董及商董两种职务。所谓绅董，就是各会馆之主席；所谓商董，就是由商人中所遴选的执事，这些名称沿袭至今未变。中华会馆当时曾兼理侨民的商务，并雇用巡警为华埠商店住宅维持

---

① 在四邑会馆瓦解后，其他五大会馆曾共同组成中华公所，后称中华会馆。1878年，清廷驻美公使郑藻如将之定名为"金山中华总会馆"。在加州正式注册为慈善机构时，又改称为"中华联合慈善会"。但这时会馆的成员，已变成七个了。
② 清朝时除商董外，还有绅董，即从家乡选聘来美担任各会馆主席的有功名的绅士。这个制度后来也被废止了。绅董不在国内选聘，改在当地选出主席，代表各会馆参加中华会馆的主席团，并轮任总董。

>>> 第二章 美国华侨参与保皇活动的历史背景

治安。巡警听从中华会馆主持人的命令，因后来这些人常不守法，行为不当，勒索商户，榨取钱财，故在1902年将所设5名巡警辞去。1902年后，重新聘任新的巡警且扩增为16名，并置2名管理人。中华会馆每年还聘有律师一名，凡属法律案件，完全交托律师办理，律师主理一切。

中华会馆成立后，其维持经费主要依赖华侨所缴纳的"出港票"。依其规章，凡华侨离美归国出港口时，需缴纳一定的款项作为中华总会馆的经费，这就是所谓的"出港票"，出港票之多少，依各时期不同。而中华总会馆可以通过对"出港票"的统计掌握各会馆所属乡侨的经济贡献。又据云，中华总会馆成立后，其经费是从回国的侨胞中收取出港票之费用作为挹注。中华会馆在经费充足的情况下，其工作主要有：协助老年华侨不能工作者归国；检运先友骸骨归国；有时还捐款救灾。从这一点来看，其功能相当于救助困难华侨的慈善机构。

康梁到美国开展保皇活动的同时，对美国华侨社团也给予了一定的关注。保皇会在美国成立后，一些保皇党人很快就和中华会馆有了密切的关系。美国的保皇党人曾建议华侨出入境通行证由中华会馆管理，还建议禁止以下三类人入境：无业游民、欺骗入境和非法走私者。那些同时隶属于六大公司的保皇会会员，极力支持这一建议。当然，他们是想借这一措施提升他们在中华会馆中的地位。更有甚者，为了提高中华会馆在华侨社会中至高无上的优势地位，还有人建议授权六大公司对回国的华侨收取一定的费用。[①] 从这一点足以看出当时保皇会对美国华侨社会渗透之深。

梁启超旅美期间，曾对美国华侨社团做了详细、系统的考察和研

---

① L. Eve Armentrout Ma. Revolutionaries, Monarchists, and Chinatowns: Chinese Politics in the Americas and the 1911 Revolution [M]. Honolulu: University of Hawaii Press, 1990: 76.

究。在美国近 10 个月的游历后,他回国后写成《新大陆游记》。在《新大陆游记》中,梁启超不仅对华侨的分布、人数以及职业做了一番统计,而且还对旧金山的华侨社团进行了深入、系统的研究。首先,梁启超将旧金山(除俱乐部等小团体以外)的华侨社团进行分类,并一一列出社团的名称,其分类如下:

(一)公立之团体,如中华会馆、三邑会馆(南海、番禺、顺德)、宁阳会馆(新宁)、冈州会馆(新宁、鹤山)、阳和会馆(香山)、人和会馆(客籍)等;

(二)公共之慈善团体,如东华医院、卫良会等;

(三)商家团体,如昭一公所、客商会馆等;

(四)各县之慈善团体,如福荫堂(南海)、保安堂(东莞)、同德堂(新会)等;

(五)族制之团体,如颍川堂(陈姓)、陇西堂(李姓)、中山堂(甄汤姓)等;

(六)秘密之团体(秘密会社),如致公堂、保安堂、聚良堂等;

(七)文明之团体,如保皇会、学生会、青年尚武会等。

在以上这几类华侨社团中,数量最多的是族制团体,单族和联族共 33 个,约占总数的 34%。次之是秘密团体,共有 26 个。数量最少的是公共慈善团体和商家团体,各仅有 2 个。[①] 其次,梁启超对社团形成的原因及其社会职能进行了深入的分析。对第一种社团,梁认为它们对华侨来说都是强制性的,各县之人皆隶属于其县之会馆,全体华侨皆属于中华会馆,没有出会入会的自由;而公共慈善会馆全市公立,不以邑姓等分,出入自便;商家社团成立的目的是防止同业竞争,相与划定物价,调停各商家之间的交涉;各县慈善团体主要为客死他乡者运骸骨回

---

① 梁启超. 新大陆游记 [M]. 长沙:湖南人民出版社,1981:133-144.

国；族制团体中的联族团体，在梁启超看来是不可思议的现象，因为他们相亲相爱，守望相助，与同姓团体无异。究其形成原因，他认为："殆由小姓者为大姓者所压，不得不采联邦之制，以为防御之法。于是求之于历史上稍有相属者，则从而联之。如吴、周、蔡，盖谓同出于姬姓也。如陈、胡，盖谓同为舜后也。"① 如梁启超本人是广东大族，且乡人在美者甚众，所以当他到美时得到忠孝堂（梁姓）伯叔兄弟的特别欢迎。这种推断是符合当时社会客观现实的。

关于具有秘密社会性质的华侨社团，梁启超认为种种风波皆出自此种团体。洪门致公堂是梁启超等保皇党人特别予以关注的对象。致公堂源于国内的三合会，"溯咸同间，最初有所谓广德堂（四邑）、协义堂（三邑）、丹山堂（香山）者，亦统名为三合堂，是为秘密结社之嚆矢。……迨洪氏金陵溃后，……其余党复以海外为尾闾。（指太平天国失败后，洪秀全的部下逃到海外，继续秘密抗清）……其后统名为致公堂。致公堂者，三合会之总名也，各埠皆有；其名亦种种不一，而皆同宗致公"。② 致公堂以下，又分为许多秘密团体，如秉公堂、安良堂、英瑞堂等，于是形成为数颇多的海外秘密社团。致公堂会员众多，遍及包括加拿大在内的北美洲，华侨"名列会籍者十之八九"[③]，而旧金山致公堂则是其在美国各分会的总部。其实在1899年底莅檀香山筹办保皇会事宜时，梁启超就已发现那里的致公堂组织（三合会）颇有影响，那时他就已决定加入该组织并成为其首领，后来在那里才得以成功开展其保皇事业。保皇党骨干如徐勤、欧榘甲等后来在美国开展保皇活动时，也都把加入洪门致公堂作为其打开局面的第一步。通过这种方式，保皇派顺利在美国各处建立了保皇组织，将其保皇势力成功渗透到洪门

---

① 梁启超.新大陆游记［M］.长沙：湖南人民出版社，1981：138.
② 梁启超.新大陆游记［M］.长沙：湖南人民出版社，1981：140-141.
③ 冯自由.洪门致公堂之渊源［M］//革命逸史：第二集.北京：中华书局，1981：113.

致公堂的每一个基层组织，而且控制了该堂的机关报《大同日报》，为其所用。保皇党人通过对美国大陆华侨社团的分类和分析，为其在美国顺利开展保皇会提供了重要的思想基础。

一般而言，出于本身安全考虑等原因，华侨及其社团对侨居地的政治是漠不关心的。但是19世纪末以后，他们对祖国的政治局势及其变化却十分关心，并且直接或间接地参与了祖国的各种政治斗争。实际上，华侨社团是中国社会在海外的延伸，在中国掀起的一切政治浪潮都冲击或涉及了当地华侨社会。19世纪末20世纪初，从康有为、梁启超的保皇救国活动到孙中山的同盟会革命活动，都直接影响了华侨社团的政治生活。尽管华侨社会帮派林立，存在着按照血缘、地缘、业缘组成的五花八门的宗亲会、同乡会、商会、行会等社团或组织，也存在着各种各样的矛盾，但他们都有一个共同点，那就是，当华侨社区受到其他种族集团的挑战或威胁时，例如种族主义挑衅或排华攻击时，各个华侨社团的内部矛盾就会暂时缓和下来，而开始一致对外。因此，19世纪末20世纪初中国与外国列强的矛盾自然激发了他们关心祖国命运的爱国热情，这种热情最终汇成一股强烈的爱国民族主义思想。

二、美国排华法案对华侨的影响

华工入美给美国带来了大量廉价劳动力，毫无疑问，美国起初对华人入美是持欢迎态度的。但自从美国的资本主义工业化基本完成，西部开发将要结束时，华侨便开始面临种族歧视乃至排华风潮。排华的主要原因是：南北战争结束后，横贯美国大陆的中央太平洋铁路开始通车，黑人从南方解放出来，白人劳工从东部乘火车而来，都投入廉价的劳工市场。白人与华人展开了激烈的竞争，一些种族主义分子乘势掀起排华的浪潮。

其实早在1850年，排华的种族主义者就开始有所表现，那时进入美国加州的白人煽动数以百万计的美国财富被外国人拿走了，加州地方当局在排华分子控制的工会组织推动下，开始制定针对外籍矿工收税的法案。这个法案规定每个外籍矿工每月交人头税3美元，1853年增至4美元。华工因此纷纷转业或回国，税收又恢复成原来的3美元。① 后因课税太重，有碍经济发展而于1851年3月14日被撤销。接下来加州政府又相继推出5项名义上的外国矿工法案（Foreign Miner's Act），但实际上只是针对华人而立的。1873年，旧金山市参事会通过了一系列针对华侨的歧视性法令，如《洗衣馆法令》《辫子条例》《限制骸骨搬迁法》。② 上述法令无疑都是针对华侨的，因为只有华侨才有这些风俗。此外，旧金山市当局还通过若干法令禁止燃放鞭炮以及在庆典时使用铜锣。较为明显的一次排华案发生在1870年。当时美国面临着极为严重的经济大萧条，美国人的反华情绪因而大为高涨。白人宣称，华人的到来挤占了他们的就业机会，华人还将其所得送回中国，长此以往，美国有限的资源将逐渐被华人掠夺殆尽。这一谬论危言耸听，成为历次排华风潮的主调，成为美国政客、既得利益集团、民间反华组织以及形形色色的不友善人士主张排华的重要依据。

在美国政府不断出台排华法案的同时，美国各地还发生了一系列排华暴动。在加州北部地区，早就有华工被逐被杀的事件发生。早在1849年秋，在托伦内县的矿区就有暴徒袭击华工，将60名华工赶出他们的营地。1857年《沙斯达（Shasta）共和报》记载说：近五年来，中国人遭暴徒杀害者，当在数百名以上，简直无日不有中国人被屠杀之事，而杀人凶犯被拘惩罚者，只闻有二三人而已。③ 面对这些暴行以及白人对华人的诋毁，国会于1876年及1877年调查加州华人问题。结果

---

① [美]沈已尧.海外排华百年史[M].北京：中国社会科学出版社，1985：22.
② 黄正铭.中国人在美国的法律地位[M].台北：台湾商务印书馆，1971：14.
③ 刘伯骥.美国华侨史（1848—1911）[M].台北：黎明文化事业公司，1982：510.

调查报告称:"中国人不求进步,习惯恶浊,道德水准视欧人为低,残酷对待病人,常把他们推出街上致死。总之,他们永不可能与白人同化。"①

在这些歪论邪说的鼓动下,美国国会开始考虑并最终接受了一些政客和民间反华组织的要求,对华人移民开始设限。当时美国华人有107,488人,不足美国总人口 62,947,714 人的 0.2%。1943 年排华法案被废除时,华人占美国人口的 0.05%。② 1882 年 12 月,国会以华人劳工危及大部分人的权益为由,通过了美国华侨华人历史上第一个排华法案(*Chinese Exclusion Act of* 1882)。这个法案规定,停止华工入美 10 年,只允许外交官员、学者、学生、商人和旅行者在美国短暂停留;非经正当途径进入美国之华人,待法案通过后,将依美国法院之裁判驱逐出境;此后,州法院或联邦法院均不得准许华人归化为美国公民。③ 这项法案还禁止原来已经在美国的华人取得美国国籍,理由是:中国劳工到美国来"破坏了美国当地的良好秩序"。④ 到 1902 年,这个法案居然成了永久法案,并且还规定,禁止华工从夏威夷、菲律宾等美属岛屿到美洲大陆。直到 1943 年 12 月 7 日,这一持续了 60 多年的排华法案才被废除,华人被允许归化美国籍,美国政府每年给中国人 105 个移民配额。诚如美国保皇会领导人伍宪子所说:"加省与太平洋岸千数百万英亩之荒田,贯穿美国大陆之铁路,开发美国富源之矿产,皆华人为之开辟,此功绩永不能忘,应有厚意以报答我华人者也,不料竟报之以

---

① U. S. Immigration Commission (1907—1910) [J]. Reports of the Immigration Commission (41vols. Washington, Government Printing Office, 1911). vol. XXXIX: 70. Mary R. Coolidge, Chinese Immigration (New York: Holt 1909. VII) 转引自:[美]沈己尧. 海外排华百年史 [M]. 北京:中国社会科学出版社,1985:23.
② [美] 陈依范. 美国华人史 [M]. 北京:世界知识出版社,1987:10.
③ [美] 沈己尧. 海外排华百年史 [M]. 北京:中国社会科学出版社,1985:22.
④ 周敏. 唐人街 [M]. 北京:商务印书馆,1995:48.

禁约。"①

然而，在排华法案实施的很长时间里，绝大多数人都知道这是一个蛮横无理的、充满种族主义色彩的排华法案，并有不少人对之进行过批驳和抵制，但却没有谁对这一谬论提出有力的反驳，很大一部分原因是华人社会中缺乏洞明事理而又仗义执言的知识精英。早期的淘金华人多是大字不识的劳工，后来虽然出现了商人阶层，也逐渐出现了一批接受美国教育的知识阶层，可惜他们由于各种限制，还没有人站出来在事理上批驳这一谬论，为华人"鸣冤"。清末，以康有为、梁启超为首的保皇派，为了争取美国华侨的支持，曾经就排华问题提出过抗议。虽然康梁在国外有些影响，但他们并不能代表中国政府实际的权力，所以收效甚微。再加上他们到美国来主要是开展保皇活动，在国内接受的又是旧式的传统教育，也没有理论能力对这一谬论进行有理、有利、有节的批驳，其失败也是在所难免的。

对美国排华运动及其他相关问题，中国政府也并非没有抗议。中国政府曾多次与美国政府交涉，要求保护在美华工和其他所有中国人的合法权利，但事实上毫无效果。1882年"排华法案"通过并发表后，中国驻华盛顿公使向美国务院强烈抗议，但并不起作用。1888年中国公使又向美国务院抗议《斯格特法案》，这次连礼貌上的答复都没有得到。1901—1905年间，中美两国就美国排华条约和立法展开了漫长的谈判。美国坚持其反华排华立场，美国国会于1904年4月27日通过决议：过去所有排华法令永远有效。② 由此激发了1905年中国各地和海外华人反美爱国的抵制美货运动。为了争取民心，保皇会总会长康有为及其他领导人对这次运动也投入了实际行动。康有为在洛杉矶向保皇会发了一封公电，美国各埠保皇分会接到此函电后，鼓动美国百数十埠华

---

① 伍庄.美国游记［M］//旅美三邑总会馆史略（1850—2000）：178-182.
② ［美］沈己尧.海外排华百年史［M］.北京：中国社会科学出版社，1985：27.

侨，联名上书清廷，请求勿与美国续签禁约，并将此函立即发往中国大陆各大城市，号召国人和各地华侨抵制美货及该条约，在当时造成了不小的影响。这一倡议得到广泛响应，抵制美货运动至翌年底才得以平息，这是中国历史上第一次全国性的抵制外货运动。

美国学者格利斯窝尔德在他的《美国远东政策》一书中谈到，移居到美国的中国人受到美国排斥时之所以得不到保护，其主要症结在于："恰值那时中国太弱，并且忙于通过寻常外交的途径来向欧洲的入侵提出抗议。……美国就能够大着胆子完全不理会中国的意图。……中国人在美国受到迫害，美国法庭就装作糊涂，实际上迫害之举已被联邦政府所宽恕了。"[1] 旅美华人伍宪子就多年来美国排华的症结问题也提出了类似的见解。伍宪子认为："美国乃多为苛例以排斥华人，不特不公，且亦不智。"问题是，"惜乎我国无良好政府，能据公理，陈利害，以动美国人士之心，坐视华侨在美，日陷困难之境"。二者都承认了美国排华的根本原因在于中国多年来的积弱助长了美国当局的傲慢。"弱国无外交"，这一国际"惯例"中国政府当然也不得不接受。同时伍宪子也给华侨提出了自己的一点建议，他认为，"华侨无不爱国，然为精力所限，真能负起救国责任者甚少，因其终日经营工商，实少余暇，又对于国事频年绝望，极热者亦变极冷矣"。为今之计，伍宪子认为要从两个方面入手，逐渐摆脱华人社会的窘境。其一是，华人社会要摆脱"党派多，姓氏别，邑属分，堂号异"的劣习，让华侨人人觉悟，苟以国家为前提，有事能合作。其二，"今后救国……无论工商如何忙迫，每日二十四小时中，最低限度当用半小时研究国事焉，或阅报，或谈政，由见闻讨论，而定是非。求之实事，以证是非之确，采之多数，以明是非之真伪。是则是之，非则非之，由此可造成大多数之舆论，照舆

---

[1] A. Whitney Griswold. The Far Eastern Policy of the United States：335-337. 转引自华侨史论文集（2）：31.

论以行动,则大多数人之行动出矣"。① 可惜早年移美的华人,其觉悟和意识只是停留在温饱问题上,除此之外的事并不是他们所关心的,他们更不懂用舆论的力量争取自己的权益。康梁保皇派来美后,经过多次鼓动宣传,广大华侨的思想觉悟和爱国意识才有了不同程度的提高。

三、华侨认同的改变

华侨在国内无法立足,在国外又备受排挤。内忧外困下,美国华侨迫切希望祖国富强繁荣,从而改变他们在居住国的地位。其时,在民族危机意识下寻求社会变革、救亡图存的康梁改良派、孙中山革命派,都先后把目光投向海外华侨。为了寻求华侨的支持,二者都不遗余力地在华侨社会中宣传其救国思想,这些在客观上推动了华侨对中华文化的认同和爱国主义思想的形成。

千百年来,中国的老百姓在封建帝王的高压统治下,只知绝对地服从皇帝个人意志,对中华民族概念的认同都很模糊。清代以前国人的认同本质上是一种文化认同,这种文化认同表现为老百姓对中国文化的归属意识,而文化归属感是文化认同的主体性特征。中国的汉字文化是海外华侨认同的一个标志。清末华侨为生活所迫流落海外,其目的非常单纯,就是在美丽富饶的"金山"挖到一定的金子回到中国过上富裕的日子。即便是结成社团、帮派,也是为自己的眼前利益所考虑。他们认为自己最终是要叶落归根的,即便客死他乡,也要让其亲属收捡余骨带回家乡入土为安,而他们的民族意识是很淡薄的。

清末的中国人民,特别是移居海外的中国人,在认同上出现了危机,在政治认同上表现得尤为明显。所谓的认同危机,就是指一种严重的迷惑状态,人们通常以"不知道自己是谁"的方式将其表达出来,

---

① 伍庄. 美国游记[M]//旅美三邑总会馆史略(1850—2000):178-182.

这也可视为他们处境的极端不确定性。民族主义在海外传播以前，华侨几乎没有民族意识，基本上只是宗族、乡土意识。上述美国华侨依地缘、血缘和业缘等组合的帮派、社团，说明当时美国华侨社会认同于家乡甚于认同国家。华侨因分派立堂的利益关系，常互相攻讦、争斗。帮派林立、互相争斗的结果，不仅极大削弱了华侨社会在当地的政治、经济基础，也成为当地政府用于限制、迫害华侨的借口。1887年美国旧金山华人堂斗激烈，被当地法庭拘留300余人。驻美大使张荫桓哀叹道："美国年来历薄华人，已成风气，我华人即安分守己，犹虑蒙以恶名。我复自相残杀，予人以口实。欲令华人不为洋人所欺，必先令华人自相和治。"① 从这些事例中我们可以看出，早期移民美国的华侨，因其民族主义意识尚未形成，在面对美国国内出现的疯狂排华浪潮时，华侨表现得无所适从。广大华人陷于"国家永不能救，政府永远腐恶，我数万里去国之侨胞，在外固受人之欺，永无发展，回头亦无国可入"的可悲处境。② 软弱无能的清政府欲保护华侨利益但力不从心，华侨在彷徨无助中出现了认同危机。恰在此时，康梁保皇派和孙中山革命派都先后来到美国，在美国的活动角逐成为二者的中心内容。也正是他们的宣传与呼唤，把美国华侨从认同的危机中解救出来。

戊戌政变发生后，康梁逃亡到海外，很快在美洲成立了庞大的保皇组织，继续在华侨中宣传变法救国主张。美国是康梁保皇组织的重要阵地，其宣传在当地华侨社会中影响和推动了近代中国民族主义的觉醒。为了建立民族国家，梁启超还特别教育华侨要养成国家思想，树立爱国心。他还把民权思想与民族主义思想联系起来，主张建立君主立宪国家，这种主张在华侨上层如大矿主、大商人、种植园主等中颇有吸引

---

① 张荫桓. 三洲日记卷五. 转引自庄国土. 论清末华侨认同的变化和民族主义形成的原因 [J]. 中山大学学报，1997（2）：87.

② 伍庄. 美国游记 [M] //旅美三邑总会馆史略（1850—2000）：178-182.

第二章 美国华侨参与保皇活动的历史背景

力,因为那些富裕的华侨总是对清政府抱有幻想,梦想自己有朝一日在朝廷募得一官半职,衣锦还乡,光宗耀祖。华侨社会的上层,是保皇党人最容易争取的对象,那时很多人加入了保皇会,这些人又是华侨中的有产阶级,所以康梁保皇派才能轻而易举地在华侨中募得巨款。中下层华侨虽然不像上层华侨那么富裕、热心,但保皇派所宣扬的救国主张听起来既能"忠君",又能"爱国",所以对他们也很有吸引力。再加上康梁本人的声望和影响在华侨社会中早已深入人心,所以1899年康有为在加拿大创立保皇会后,几年内即在世界各地建立保皇分会170多个,会众数十万人。① 这样看来,广大华侨对他们的呼应作出积极的反应也是水到渠成的。保皇党人在开启华侨民智、推动华侨对祖国的关注和认同,进而促进华侨爱国主义思想和民族主义的产生与发展方面发挥了巨大作用。

孙中山首先在檀香山华侨中建立革命组织,这是其远见卓识的一种表现。他从多年来在檀香山华侨社会中的亲身经历认识到:大部分华侨出国前在国内受欺压,到国外受排挤与歧视,这使华侨具有较强的反抗精神。华侨的思想开通较早,容易接受新思想,也较容易接受民族主义意识。孙中山首先是在檀香山依靠华侨开始其革命活动的。1895年,兴中会成立不久,孙中山就动员和组织华侨参加国内民主革命,从而逐步影响华侨对祖国的认同。在组织、发动华侨参加革命的同时,孙中山在华侨社会中也利用报刊、书社广泛宣传民族主义和革命排满的主张。孙中山革命派虽然早在1894年就在檀香山建立了资产阶级革命组织——兴中会,但他到美国大陆建立革命组织的时间却晚于保皇派。当然最直接的原因是华侨一开始对孙中山武装推翻清政府的革命思想都有所顾忌,担心参加革命会株连自己的亲友。后来在辛亥革命前20世纪

---

① 高良佐. 开国前革命与立宪之论战 [J]. 建国月刊, 1959 (6): 3.

初时，保皇派由于自身的衰败和国内不利的政治形势走向没落时，大部分华侨也都务实地由拥护保皇转变为赞成革命，在经济上和组织上成为革命派的坚强后盾，美国华侨在这方面表现得尤为明显。

美国华侨民族主义的激发还和美国当时盛行的排华势力有很大的关系。面对美国排华势力猖獗的逆境，美国华侨的民族主义情绪被激发出来，且日益高涨。他们最终团结起来，开展了一场群众性的运动来抵制美国。正如驻美公使、广东人梁诚所说："我再也不忍看到我们中国人作为一个民族，面对不断强加在我们身上的不公与侮辱，除了哭泣，还是哭泣了。""我们中国人让美国人宰割的日子也够长久的了，……无论如何，我们要求采取某种措施进行抵抗，使他们认识到，我们中国人是不好欺负的。"① 为了取得华侨在美国的权益，美国华侨在1888年和1892年进行了两次法律诉讼，但两次诉讼均以失败而告终。美国华侨在总结经验教训及客观分析当时中美两国形势的基础上，认识到单靠个人的力量与美国排华势力抗争是无法取胜的，必须团结太平洋两岸的中国人联合斗争。19世纪末帝国主义瓜分中国的狂潮兴起，中国人民的民族主义情感再也不能忍受帝国主义对中华民族的欺侮了，所有这些因素终于导致爆发了1905年抵制美货运动。

20世纪初美国华侨民族主义的本质是对祖国的政治认同。华侨在美国遭受排挤与歧视，关怀祖国的发展是很自然的心理。中国富强起来，一方面可以给予海外华人，尤其是新兴的华侨资产阶级及新型华侨知识分子在中国发展的机会；另一方面，中国国际地位的提高，也可以改善华人在居留国的待遇与社会地位。因此，在这个大前提下，尽管华侨各阶层有不同的利益，各人有不同的见解而产生不同程度的表现，但美国华人对于中国的政治立场，基本上不会脱离希望中国独立富强这个

---

① Chinese Historical Society of America [M]. Fong Brothers Printing California, 1997：27.

原则。在这个原则的指导下，他们积极关注中国的政治局势，甚至直接参加中国的政治活动，这就使美国华侨对祖国有了共同的政治认同。保皇派和革命派在美国的活动都为华侨对祖国的政治认同作出了贡献。二者在争取华侨支持时，都首先引导华侨对祖国进行关注，都重视通过华侨教育和华文报刊用舆论的力量鼓动、宣传自己的主张，从而促使华侨在心理上形成对中华民族的文化认同，这种文化认同不断引导华侨对祖国的政治认同。

小　结

　　清朝末期，大批中国人开始移居美国，这与当时清政府对海外华侨的政策有关。鸦片战争后，在殖民者坚船利炮的猛烈攻击下，清政府一向闭关自守的对外政策终为外人打破。一系列不平等条约的签订，使华侨自由出国谋生成为可能。清政府对华侨的政策也从敌视、漠视华侨转变为用各种方法保护和争取华侨。19世纪末的华侨在黄金的吸引下大批赴美淘金，但所到之处并非理想的天堂之地。他们在异国承担了最繁重的体力劳动，从美国西部大开发到修筑横贯美国大陆的铁路，无不留下华工的足迹。所有这些完成后，华侨并没得到当地白人的丝毫感激，相反，随之而来的是白人对他们的歧视和迫害。

　　面对日益猖獗的排华势力，美国华侨的民族主义情绪最终被激发出来。他们希望自己的祖国富强，以成为海外华侨的强大靠山。同时他们又痛惜祖国的积弱，认为造成祖国积弱的原因是列强的侵略和清政府的腐败。要改变这种局面，就要驱除列强，改变清朝的统治。这种民族情绪随着华侨地位越来越低下、他们所受的歧视和迫害越来越严重而变得越来越强烈。特别是在甲午战争后，清朝战败，愈益显示出它的老大无能。且清廷越来越顽固，不仅不思改革变法，而且还疯狂镇压主张改革变法的人士，这更加激起美国华侨的不满。于是，改变国内的政治现状，便成为美国华侨越来越迫切的愿望和要求。康梁保皇派正是在这种情况下流亡到美国的。康梁为了争取美国众多侨众的支持，首先引导他们对祖国形势进行关注，通过华侨教育和华文报刊，用舆论的力量鼓动、宣传自己的主张，从而促使华侨在内心形成对中华民族的文化认同。这种文化认同最终促使华侨开始积极关注中国的政治局势，乃至直接参加中国的政治活动。

第三章 美国华侨早期对康梁保皇派的支持

保皇会是康有为在戊戌政变后流亡海外组织成立的。康梁逃亡海外后，并没有放弃政治活动，而是继续宣传他们的改良思想。与在国内相比，其活动的实质内容与以前基本相同，但其宣传形式、地点却发生了变化：一是他们公开打出的旗帜由戊戌时的"变法图存"换成了"保皇救国"；二是他们的主要依靠对象和活动基础是侨居国外的华侨，其生活起居及政治活动也是诸事仰给于华侨。美国华侨更是其组织和财力上的依靠对象。在长期的流亡生活中，海外各侨居地成为他们的主要落脚点，广大华侨成为他们的直接交往者及生存的依赖者。依靠华侨的支持，康梁在海外得以继续展开"勤王"活动。保皇会在国外影响深远，直到辛亥革命发生后多年，他们的活动才逐渐停止。

第一节 保皇会组织在美国的建立

一、加拿大保皇总会的成立

1898年9月，戊戌政变发生后，康有为、梁启超等在友人的帮助下逃亡日本。不久，由于清政府对日本政府施加外交压力，康有为在日本无法立足，被迫继续流亡，于 1899 年春辗转来到加拿大，并在这里开始成立保皇会。

康有为（1858—1927），广东南海人，又名祖诒，字广厦，号长素，后来改号更生、更甡。他出身于官僚地主家庭，幼年接受的是严格的封建正统教育。1879 年，康有为在北京接触到一些资本主义思想和当时正在酝酿着的改良主义思潮，"乃哀物悼世，以经营天下为志"[①]。接着，"薄游香港"，亲眼看到英国侵略者所建立的殖民地秩序，开始感到资本主义制度比封建制度优越，从此走上向西方寻找真理的道路。

1888 年，康有为趁入京应试的机会，第一次向清朝光绪帝上书，提出改良政治以"挽救世变""通下情""慎左右"的政治主张，为封建顽固派所阻，不得上达。[②] 当他返粤后，陆续写成《新学伪经考》《孔子改制考》等书，企图在学术上改变古文经学述而不作的主张，在政治上打击封建顽固派的"恪守祖训"；并尊孔子为教主，用孔教名义提出变法维新主张，扫除变法维新的障碍。

1895 年中日甲午战争中清政府惨败后，民族危机加重。代表民族资产阶级和开明士绅政治要求的康有为、梁启超等联合各省举人 1300 余人发动"公车上书"，反对签订《马关条约》，吁请拒和、迁都、练兵、变法。此后，又在北京、上海分别组织强学会，创刊《万国公报》《中外纪闻》和《强学报》，以"变法图强"为号召，进行变法维新的宣传鼓动。接着，不断上书光绪帝，争取自上而下的政治改革。维新派在各地组织学会，设立学堂和报馆，宣传变法维新，影响及于全国。1898 年 4 月，康有为等以保国、保种、保教为宗旨，倡设保国会于北京。光绪皇帝接受变法主张，重用维新人士，从 6 月到 9 月陆续颁发多项维新法令，推行新政。但由于袁世凯的告密，以慈禧太后为首的守旧

[①] 康有为. 康南海自编年谱 [M]. 北京：中华书局，1992：61.
[②] 汤志钧. 康有为政论集：上册 [M]. 北京：中华书局，1981：前言.

派操纵军政实权，激烈地反对变法维新，发动了戊戌政变，光绪帝被幽禁，维新志士谭嗣同等六人被杀害，康梁等被迫逃亡海外，戊戌变法失败。

1898年10月，康有为辗转逃亡到日本。死里逃生后，1898年11月，与梁启超一起在日本横滨创办反抗清廷的《清议报》。该报"明目张胆，以攻击政府，彼时最烈矣。而政府相疾亦至，严禁入口，驯至内地断绝发行机关，不得已停办"。① 康有为在日本时拒绝了孙中山为首的资产阶级革命派的争取。后由于清政府对日本政府施加外交压力，康有为在日本难以立足，最终"日政府资以七千金，俾往美洲"，被迫于1899年4月流亡到加拿大。到了域多利（维多利亚）后，他曾幻想让英国女皇劝说顽固的慈禧太后施行新政，对维新运动还信心十足。在一次采访中他曾对维多利亚《泰晤士报》的记者称："不日即当转往伦敦，曾欲将中国危亡之故，陈说于英女皇前，望英皇开导中国西太后，令其勿复死心庇俄，以误其国。"他又说："中国今日维新之机虽窒，然民智已开，待三数年后，必再有人未必终不可救。"②康有为把希望寄托在一个以扩张殖民地为目标的大英女皇身上，更加衬托出其作为一介书生对政治的无知。

康有为初到加拿大就大受侨众欢迎，各埠"志士慕其忠义，皆议迎之来，众请欢合，乃三次迎请。三月十日，以特别之电车出温哥华接之入，乡人迎于车站者数百人，预宴接席者数十人，鸟喊士晚士叮之梅尔官议例官即先来见，偕游狱房病院电机各处，国人于十一日七点钟，借洋人园，请康君演说中国之事，集者六百余人，西人男妇在楼上五十余人，入门者皆写名"。③ 4月13日，康有为抵达温哥华，"访温哥华

---

① 崔志海. 梁启超自述［M］. 郑州：河南人民出版社，2004：36.
② 汤志钧. 康有为政论集：上册［M］. 北京：中华书局，1981：420.
③ 汤志钧. 康有为政论集：上册［M］. 北京：中华书局，1981：407.

市长","一心望支那改革,坚守主义"。据当时《清议报》记载:"康氏欲输入西欧文明之制,扩张军备,与英联结,以匡外敌专横,且恢宏国势也。康氏日夜不忘于心,曾在温哥华,向领事清水君吐露其诚心,满腔忠愤,慷慨泣下,衣襟尽湿。"① 此后,在温哥华、鸟喊士晚士呧(New Westminster,今译新威斯敏斯特)等地演说。接着康有为又横渡大西洋赴英国,在这里再次重演了他的幼稚与异想天开,企图通过前英国海军大臣柏林斯辉子爵的关系,动员英国政府支持光绪皇帝重掌政权。又一次碰壁后,康有为重回加拿大,在这里开始了其保皇救国活动。

康有为这次来到加拿大,在华侨中开展了多姿多彩的活动。在这里他不但与侨界领袖往还,还与致公堂人士频繁接触。康深知侨胞对其同情与信仰,于是乘机向广大华侨演讲,讲述戊戌政变后光绪皇帝被慈禧太后囚禁瀛台的惨状,以激起侨胞义愤,并称携有光绪皇帝之衣带诏,"故侨胞奉之如神明"。② 康宣称"惟我皇上圣明,乃能救中国",希望华侨"齐心发愤,救我皇上"。③ 这些思想的宣传使侨居在异国又得不到保护的侨胞顿时感到耳目一新,正好迎合他们的心情。1899年4月16日,康有为在温哥华发表演说,慷慨陈词地向侨胞介绍维新变法及慈禧太后发动政变的经过。"迎者纷至,夹道拥观",前来听其演说的侨胞达1300多人,有的甚至奔波数百里而来;还有不少是外国人,楼上楼下人山人海。电灯亮如白昼,很多当地报馆记者和巡捕也来到这里参加,规模非常之大。侨胞异常激动,"闻维新而踊跃大喜,闻政变而忧愤交作,闻吾被捕而忧念惴惴。有叶恩者乃至两夕不交睫,食为之减,发为之白者";"皆感叹哀泣",甚至"多呜呜欲绝者"。④

---

① 汤志钧. 康有为政论集:上册[M]. 北京:中华书局,1981:400.
② 刘伯骥. 美国华侨史(1848—1911)[M]. 台北:黎明文化事业公司,1982:446.
③ 汤志钧. 康有为政论集:上册[M]. 北京:中华书局,1981:407.
④ 汤志钧. 康有为政论集:上册[M]. 北京:中华书局,1981:398-399.

4月20日，康有为在另外一个城镇的华侨集会上再次发表富有感染力的演说。他说，"三十年来之积弱，我四百兆同胞兄弟之涂炭，皆由西太后一人不愿变法之故"。他号召海外华侨要"联络并起，以自救其国，而自救其家，否则将来无国可归矣"。同时又重申皇帝对中国同胞的重要性，"皇上复位，则吾四万万同胞之兄弟皆可救矣！"演说完毕，他起立大呼曰："我今谨问各乡里兄弟大众，愿齐心发愤救中国否？愿者拍手。"堂下一千数百人皆应声起立，举手拍掌，数十名外国人也应声起立，举手拍掌。他又大声问："唯我皇上圣明，乃能救中国，今既幽囚，大众愿齐心发愤，救我皇上否？愿者拍手。"台下众人皆应声拍掌。康乃兴奋地说："我兄弟如此齐心，人之所欲，天必从之，皇上必可保存，而中国可望救矣，愿共发愤。"① 康有为为了鼓动加拿大华侨的爱国之心，甚至把自己神化为"天遣"之人，认为广大爱国华侨接受他的领导是理所当然的事情。在这次演讲中，康有为还讲道："今幸圣主尚存，海外多明达外事之人，忠义之人，天遣我来，特为诸兄弟作渡船，作针线，作胶漆，诸兄弟发愤，将来为维新之功臣，为救国之义士，既能救国，则本国矿产五金之利，材木之用，机器铁路之利无穷，吾同胞将自享之，否则拱手与人，而坐为之奴隶矣。"② 经过康有为多次演讲宣传，终于使华侨"知维新政变之由"，首次激发了华侨忠君救国之心。

1899年游历维多利亚作演讲时，康有为写道："乡人环而观听，集者千余人，问故国事，慷慨于维新之业，而望故国之不亡，欷歔叹息，愤恨流涕者皆是也。爱国之心如是，吾尤有望也。"康有为把光绪皇帝比作父母，人民视作弃儿，"今中国之民，如弃野婴儿，无人理，仳离惨状不忍言，有如败家之母，日日鬻子卖宅，然人各有命，人得富贵之

---

① 汤志钧.康有为政论集：上册[M].北京：中华书局，1981：407.
② 汤志钧.康有为政论集：上册[M].北京：中华书局，1981：406.

父母，以依怙之，固是幸事。不幸其父幽囚，其子无依，亦当发愤自养，且以救父而保家，岂可坐视拱手而同饿死乎？"① 康有为所到各处，人们无不对他推崇备至，各地华人拜访的络绎不绝，甚至连新加坡总督也对他刮目相看。"长者还港，各省会豪杰来见者不绝，而南洋新加坡总督亦愿保护，并愿助长者四万金，劝长者现游英伦。又澳洲富商函来邀请，愿从办事，而檀香山商人亦愿从起会。"②

经过一段时间的宣传发动后，康有为认为时机成熟，遂决议组会。1899年7月23日，康有为在加拿大与当地华商在维多利亚歌夫缅街1715号创立了"保救大清光绪皇帝会"（Chinese Empire Reform Association，简称"保皇会"），由康有为主持开幕典礼，"是日宾客盈门，极一时之盛"。③ 许多富裕侨商和华侨中有影响的人物纷纷加入，主要有李福基、卢仁山、李仙涛、林立晃、陆进、黄宣琳、徐维新、徐福、叶恩等人。④ 保皇会也称"保救大清皇帝公司"，"即保种会、保国会，亦为保工商会之事……以保国保种非变法不可"⑤。原拟定名为"保商会"，黄宣琳以为"保商不如保皇为妙"，遂定名保皇会。在康有为起草的《保皇会草略章程》中开宗明义地说："本会专以保全中国为主。盖中国危弱，欲保身家非保国不可，欲保中国非保皇上复位不可，故本会名保皇。"⑥ 保皇会在《会例》中表示："专以救皇上，以变法救中国、救黄种为主"；"凡我四万万同胞，有忠君爱国救种之心者，皆为会中同志"。会中捐款做宣传、通讯、办报之用，并拟集资用作铁路、矿山股份，说是"苟救得皇上复位，会中帝党诸臣，必将出力捐款之

---

① 汤志钧.康有为政论集：上册［M］.北京：中华书局，1981：402.
② 方志钦，蔡惠尧.康梁与保皇会——谭良在美国所藏资料汇编（以下简称"康梁与保皇会"）［M］.天津：天津古籍出版社，1997：26.
③ 刘伯骥.美国华侨史（1848—1911）［M］.台北：黎明文化事业公司，1982：446.
④ 汤志钧.康有为政论集：上册［M］.北京：中华书局，1981：403-407.
⑤ 汤志钧.康有为政论集：上册［M］.北京：中华书局，1981：415.
⑥ 上海市文物保管委员会.康有为与保皇会［M］.上海：上海人民出版社，1982：264.

人，奏请照军功例，破格优奖"，"凡救驾有功者，布衣可至将相"。①加拿大保皇会会员也信誓旦旦，甚至发誓"保皇会事无论成与不成，必当始终，断不虎头蛇尾"②，表示要将保皇会进行到底的决心。

康有为的女儿康同璧曾在谈到保皇会的成立时说："六月，先君在加拿大域多利埠、温哥华埠，与李福基、冯秀石及子俊卿和徐为经、骆月湖、刘康恒等集议，创立保商会。华侨十九皆商，故保商即保侨，亦即团结华侨以爱卫祖国之会也。旋有人献议保皇乃可保国，乃易名保皇会。时那拉后与守旧派正谋危光绪，故保皇云者，当时抗那拉氏之谋而言，此保皇会之缘起也。"③从这里可以看出，在保皇会成立初期他们就宣称"保皇"即"保国"，也就是说，从一开始保皇派就把皇上与国家等同起来。其实，当时中国国内的老百姓和海外华侨无一不是这样的认识，这种观念给康有为保皇派造就了良好的群众基础。

在《保救大清皇帝公司序例》中，康有为还进一步向华侨呼吁，"今中国危亡岌岌如此，譬之病症危殆"，欲挽救医治之，国人必要"同心大发其忠君爱国之心"，且为此开出了医治此病之良方："上方曰保皇会，则保已能医救我国民之对圣主复位，则四万万人立救矣；下方曰保工商会，则我海外五百万同胞，合力自行保护，则亦可补救我四万万人焉。"认为此事"如救大火，如补漏船"，一刻也耽误不得。④ 康有为用这种忧国忧民的恳切之心深深感染了广大华侨的爱国之心，博得了他们的信赖和支持。10月，在温哥华、新威斯敏斯特等地相继成立保皇会。保皇会在维多利亚由李福基任总理；温哥华由叶恩任总理；新威斯敏斯特由刘康恒任总理。加拿大华侨争先恐后地加入保皇会，"温哥

---

① 汤志钧. 康有为政论集：上册 [M]. 北京：中华书局，1981：413.
② 方志钦，蔡惠尧. 康梁与保皇会 [M]. 天津：天津古籍出版社，1997：44.
③ 康有为. 康南海自编年谱 [M]. 北京：中华书局，1992：72.
④ 上海市文物保管委员会. 康有为与保皇会 [M]. 上海：上海人民出版社，1982：254.

华人会者十而六七，域多利则殆过半，纽威士绵士打几无一人不入会者。会中章程整齐，每来复日必演说，每岁三埠合同大叙集一次。近集数万金建总会所于温哥华，俨然一小政府之雏形也"。① 一时会员大增，力量雄厚，就连维多利亚致公堂职员林立晃、吴俊等也担任了保皇会的董事。

保皇会在加拿大成立后，第一件事就是在域多利中华会馆为光绪帝祝圣寿。1899年8月4日（光绪二十五年六月二十八日）是光绪皇帝30岁寿辰，这天康有为"率乡人行礼，烛设煌炜，龙牌在上，龙旗在顶，乡人无商工贵贱老幼，长袍短褐，咸拳跪起伏，九叩首，行汉官威仪"。康有为率领当地许多华侨在龙旗飘扬中叩首为仪，遥祝光绪皇帝健康长寿，早日复政以保中国。同日温哥华等地的保皇会也举行了祝寿活动。在华侨聚居地到处张灯结彩，光亮如白日，"观者塞道，凡中国人皆停工业，西人亦谅之，皆置酒室"，在温哥华还设有戏园，燃放烟花爆竹，"并举盏相碰，高唱颂词，祝我圣主多利万福，声若雷霆"。以康有为为首的保皇派还用占卜的方法幻想自己的成功，"先是，温哥华将举庆典，天大雨，新宁叶恩曰：'我圣主若终不复位，雨终夕；若天不亡中国，圣主将复位者，雨当晴。'已而果晴，众人大喜。……乡人乃大噱大哗，大庆大乐，喜天之相已，喜天之不将亡中国也。"②当时康有为颇有感慨地赋诗一首："海外初瞻寿域开，龙旗披拂白楼台。白人碰盏掎裳至，黄种然灯夹巷来。上帝与龄怜下士，小臣泣拜倒蒿莱。遥从文岛瞻琼岛，波绕瀛台梦几回？"③

是年9月28日，是戊戌政变六君子殉国周年纪念日，康有为与各侨商特在中华会馆三楼的列圣宫灵前为六君子追悼。康有为亲撰祭文，

---

① 梁启超. 新大陆游记 [M]. 长沙：湖南人民出版社，1981：9.
② 汤志钧. 康有为政论集：上册 [M]. 北京：中华书局，1981：409-410.
③ 汤志钧. 康有为政论集：上册 [M]. 北京：中华书局，1981：408.

第三章 美国华侨早期对康梁保皇派的支持

"呜呼！今月何月哉？乃圣主以救民囚被废之日。今日何日哉？乃六君子救民捐躯之日。六君子乎，非亡人肺腑性命之交，则亡人门生骨肉也。吾固从六君子之后，天留余生万死之中，阅岁周星，逾美逾英，请救无灵。既未克为圣主复位，又未能为六君子复仇，面颜偷息，悼心抚膺。乃于三万里外，殊方绝域，绝海荒岛而追痛夫惨刑。地球虽大乎，又以经年道长，无寸地可痛哭以舒吾情"。① 为六君子追悼，更激起了当地华侨的义愤之情。至此，轰轰烈烈的保皇事业从此发轫，迅速在全世界华侨上层社会开展。且康有为交游广阔，好与国际人士往还，大倡其变法运动，因此名噪一时，俨然一政治家。

康有为顺利在加拿大建立保皇会大本营，以及加属各埠华侨对保皇派表现出异乎寻常的热情，和当时加拿大国内实行的排华政策有密切关系。19世纪末，加拿大在对待华人问题上效仿美国，对华人也实行种族歧视，加拿大华侨因之沦为二等侨民，饱受凌辱。在这种情况下，华侨渴望改变自身受歧视受压迫的命运，所以当康有为自称奉光绪皇帝之衣带诏来到加拿大各埠时，当地华侨犹如看到了改变他们命运的"救星"，因而趋之若鹜。

二、美国保皇分会的成立与发展

保皇会总部在加拿大成立后，康门弟子徐勤、梁启田、陈继俨、欧榘甲等旋即分赴南洋、欧美、日本等华侨聚居地200多个城市进行活动，相继建立了保皇会分支机构，号称在"二百余埠成立分会，会员至百余万人，为中国未有之大政党"。② 康有为任总会长，梁启超、徐勤任会长。康有为在1900年9月8日上书粤督李鸿章时也称："仆奔走海外，呼告旅民，语贼党则裂眦怒视，谈圣德则合掌欢呼，不召而来，

---

① 刘伯骥. 美国华侨史（1848—1911）[M]. 台北：黎明文化事业公司，1982：447.
② 康有为. 康南海自编年谱[M]. 北京：中华书局，1992：72.

不谋而同，创开保皇之会，从者响应，杂沓鳞萃，闻风并起。欧美各地，南洋各属，遥遥应和，不数月间，会事并举，人数百万。"① 人数百万虽然有言过其实、自壮声威之嫌，但同时也说明保皇会在华侨社会中蓬勃发展的盛况。

美国各地主要负责人为波特仑的李美近、梁鸿轩等，西雅图的甄赏、刘琼、胡拔南等，三藩市的崔子坚、谭树彬等，芝加哥的谭张孝、黄亮钟等。② 据《复谭朝栋书》附件称："今遣义士谭朝栋携《保皇会序例》诣贵埠相告。救国如救火，贵埠义士想有同心，幸接待谭朝栋指示一切。"③ 此函发于1899年10月2日，可知此时康有为已派人至美国活动。当时康有为正酝酿"起兵勤王"，保皇会曾和美国人荷马·李（Homer Lea）合作，拟训练"维新军"，在美筹办军事学校，后未果。初期，在美国的保皇会，除旧金山外，在西雅图、蒙大拿州的海伦娜、加利福尼亚州的默塞德等地亦设立分部。

1899年底，保皇会分会在美国各地次第建立，会员也多属致公堂分子。但庚子一役失败后，美国各地华侨社会出现了一些混乱局面，他们对保皇派充满了不满和失望。1900—1902年，保皇会中有影响的领导人如康有为、梁启超也未能抵美宣传保皇思想，所以这一时期美国各地保皇党人的势力是较弱的。1901年康有为派其亲信梁启田旅美开展和复兴保皇会活动。作为康的使者和洪门致公堂的一员，梁启田游历了加拿大和美国，并在那里组织成立保皇会。梁此行成果还是相当明显的，在加拿大和美国很多地方成功开展了保皇会活动。在一些华埠，甚

---

① 汤志钧.康有为政论集：上册[M].北京：中华书局，1981：428.
② 刘伯骥.美国华侨史（1848—1911）[M].台北：黎明文化事业公司，1982：447.
③ 上海市文物保管委员会.康有为与保皇会[M].上海：上海人民出版社，1982：87.

第三章 美国华侨早期对康梁保皇派的支持

至梁启田本人还未到,那里就自发成立了保皇会,然后邀请他主持入会仪式。① 梁启田所到之处,都要向华侨重申忠于皇帝的重要性。同时,他对华侨说,只有皇帝得救了,中国才能实行改良救国的措施;只有中国得救了,华侨自身和其家人才会免于处罚。② 梁启田言下之意,当然是使华侨相信,救中国和救皇帝二者紧密相连,不可分割,而且这也和华侨自己的身家性命关系密切。

庚子之役后,保皇派实际上已分成两派,这主要是和当时保皇会的两个至关重要的领导人——康有为和梁启超的思想分歧有关。赞成梁启超所提倡的革命救国主张的华侨自然成为激进派,继续跟随康有为主张用不流血的方式救国的会员被视为保守派(或称温和派)。当时,由于康梁思想对立尖锐,这两派在华侨社会中也是分歧严重,斗争和冲突不断。两派的紧张关系使得梁启田在美国难以开展活动,最后不得不在失望中结束其美国之行。

1901年8月,康有为又派其门生和心腹徐勤到美四处活动,进一步建立保皇组织。他到达的第一站是旧金山,在这里恰逢保皇会会员为了大肆庆祝光绪皇帝生日而举行宴会(各地保皇会是每年必庆祝光绪生日的)。出席光绪皇帝生日宴会的有100多人。徐勤是这次宴会的主要发言人和主持人,在会上他谈论了中国的问题,相信中国和光绪皇帝一定会得救。徐勤向华侨列出了中国得救的12个原因。他认为中国地大物博,人口众多,人民爱国以及国人团结友爱是中国能够得救的最重

---

① L. Eve Armentrout Ma. Revolutionaries, Monarchists, and Chinatowns: Chinese Politics in the Americas and the 1911 Revolution [M]. Honolulu: University of Hawaii Press, 1990: 79.
② 《中西日报》,1901年4月4日,转引自 L. Eve Armentrout Ma. Revolutionaries, Monarchists, and Chinatowns: Chinese Politics in the Americas and the 1911 Revolution [M]. Honolulu: University of Hawaii Press, 1990: 79.

要原因。① 徐勤作为康有为忠诚的追随者，他的到来慢慢平息了两派之间的对立状态。同时，他的话也给那些对中国的前途命运感到失望的华侨平添了信心，增强了华侨对中华民族的凝聚力。

保皇会在美国成立后，美国很快就成了海外保皇活动的中心。紧接着，康有为、梁启梁相继访美并受到美国总统的接见，把保皇会的活动推向了高潮。梁启超在1903年游美时，受到当地华侨的热烈欢迎，所到各埠，迅速成立或扩张了当地保皇会。1905年2月至1906年1月，康有为与秘书周国贤及军事顾问荷马·李到美东活动，同样受到华侨和美国官方的热烈欢迎。刚启程的时候，在中国已爆发了反对美国华工禁约和抑制美国货运动。康有为沿途演说，一方面抨击以西太后为首的顽固派，另一方面也批评美国的排华法对中国移民的不公。到了华盛顿后，罗斯福总统将他作为光绪皇帝的代表，两次接见了他。康有为向总统要求放宽移民苛例，后来又上书重申这个意见。康有为虽然有名望，但他毕竟是一个没有官职权势的弱国子民，因此，他的意见并没有得到重视。

美国报纸对康有为这次访美进行了大肆报道，甚至将他称为中国的"亲王"。这表明，1898年的"百日维新"在中国虽然失败了，但它的影响并没有消失，在海外华侨社会中还保存着相当高的知名度，康梁两位"百日维新"的英雄人物在海外还拥有大批的崇拜者。康梁的访美，使他们二人俨然成了海外保皇派的精神领袖。由于在当时条件下，海外华侨普遍存在着封建正统观念和皇权思想以及保皇会卓有成效的"救圣主""救中国"宣传，保皇会在海外华侨中的影响迅速扩大，各地许多富裕侨商和华侨中的头面人物纷纷加入保皇会，一个个保皇组织在华

---

① L. Eve Armentrout Ma. Revolutionaries, Monarchists, and Chinatowns: Chinese Politics in the Americas and the 1911 Revolution [M]. Honolulu: University of Hawaii Press, 1990: 78.

侨社会中相继产生。之后，保皇派在纽约创立了《中国维新报》，作为他们的舆论宣传阵地。①《中国维新报》在其存在的短短时间里，发表了不少有关"救圣主""救中国"的文章。

随着形势的发展，几年内保皇派势力迅速膨胀，保皇组织逐渐形成了一个覆盖北美乃至更广泛地区的庞大网络。当时，仅南北美洲就建立了11个总会，86个分会。其中，美国（含檀香山）就有7个总会，58个分会。主要分布在：

1. 美国西北部以波特仑为总会，所属9个分会；
2. 美国西部以三藩市为总会，所属6个分会；
3. 美国东部以纽约为总会，所属6个分会；
4. 美国中部以芝加哥为总会，所属13个分会；
5. 美国南部以纽柯连为总会，所属4个分会；
6. 美国北部以气连拿（Helena）为总会，所属12个分会。
7. 檀香山以火鲁奴奴为总会，所属8个分会。②

这些分会皆于1903年左右成立，保皇会会员众多，是当时美国华人社会社区里最大的政治组织，此时期的美国俨然成了海外保皇势力的中心。

保皇会在加拿大成立初期，就开始设立名目繁多的职位，各职位的分工很精细。其领导人的职务名称有值理、董事、会事等，每一大埠又设有总理、副总理、监督等职。这些职务皆由会员匿名投票选举而出。在选举之前，竞争非常激烈，各候补者到处游说、运动、演说，"俨然与文明国之政党无异，此诚中国数千年的未有也"。③这些职务的主要任务是负责各地的捐款，同时也负责"开报印纸，传于各地，发明大

---

① 时《中国维新报》地址位于纽约埠勿街门牌5号（5, Mott St, New York City, New York, U. S. A.），第一册发行于光绪三十四年（1908）甲辰二月初二礼拜四。
② 梁启超. 新大陆游记 [M]. 长沙：湖南人民出版社，1981：142.
③ 梁启超. 新大陆游记 [M]. 长沙：湖南人民出版社，1981：9.

义，鼓舞大众"①。保皇会还设立了总会所，澳门的《知新报》（*The China Reformer*）、横滨的《清议报》（*The China Discussion*）被公推为总会所。美国保皇会成立后，其职位的设立更是不断完善，成员分工更为精细，各司其职。我们可以从以下资料看出当年保皇会会员的职务情况："波士顿保皇会本年新推干员：正监督员陈崇浩，算票员黄凯臣，算数员黄初石，管科年票员黄灵德，理月票员梅臻，统储库员阮云波。"② 美国保皇会各支部也相当严密，活动丰富，据美国加州大学所保存的《中国维新报》记载显示，"檀香本会设俱乐部：得檀香会消息，保皇会同志设立俱乐部，以受切磋观摩之益，以发起同人爱国之精神，干部中分聘教习。入会者欲习某门，均听自便。至所定课程，礼拜一三五晚习兵操，二四晚习国文，六晚礼拜晚习日本书。诸君进取之心，蒸蒸日上。各埠同志，应必风闻而起矣"。③ 从此可以看出，保皇会不但致力于其组织的扩大，还非常重视提高会员的身体素质和文化素质。

据记载，保皇会上层人物职位是由各支部全体会员公投选出，是具有一定公正性的，任期也有规定。从下面的资料我们可以看出当年选举时的情况："相得其人：得市（加）高保皇会来函云，各会员每年一任，届期已近，已于昨礼拜晚同人齐集会所，投阄公选会员。先推余君炎南登坛演说。其雄说伟论，殊难尽述，大意系表明本会宗旨，并各会员之责任，约一小时之久。说毕，众鼓掌称善。各同志次递投阄，以从文明选举之法度。大开阄时，公举正董梅岐山君复任。副董陈君伟南，管库黄天铎君，监督赵君镜泉，临场书记李君玉成，并各会员众多，未

---

① 汤志钧. 康有为政论集：上册 [M]. 北京：中华书局，1981：416.
② 《中国维新报》文荣报仝启，载第9册第5版（现藏美国加州大学图书馆）.
③ 《中国维新报》第15册第5版，光绪三十年五月十一日，1904年6月23日.

能悉登。闻是晚选举之期,阖埠皆临,极其踊跃,洵作一时之盛举也。"① 至1903年,保皇会的发展达到高潮,而此后各地仍在纷纷建立保皇会,可以说保皇会规模相当庞大,会员众多。康有为曾欣喜道:"美东各埠闻风兴起,争先恐后,并来趋赴,全美去风,皆由吾国同胞人知爱国之心,家劝恤乡之义,道德日启,文明日进,义心日动,国力日厚。鄙人闻之欢喜无涯,真令人倾倒也。吾会已遍于美国全境。"② 更有甚者,"时有人倡议凡华侨归国均须缴纳保皇会捐款若干元"③,其势力之庞大可见一斑。也难怪康有为喜不自胜,曾自我炫耀说:"尔得其地,我得其民。"④ 认为此时已是海外民心归一之盛况矣。

保皇会在海外的声势对国内也有很大影响,以慈禧太后为首的清政府顽固派也不得不对其有所顾忌。1900年初,顽固派拟迫光绪皇帝禅位,阴谋策划立大阿哥(太子),以便在适当时机取代光绪。海外保皇会得到消息,便发动各地华侨发电报计一百六十七封向清廷提出抗议,加上国内1200多名官绅联合签名力争,后党慑于舆论的压力,不得不放弃该计划。⑤ 废立皇帝的阴谋破产,原因还有很多,但海外众多保皇会及侨团的强烈反对是重要的原因之一。

保皇会在美洲势力之大,也势必引起清政府顽固派的害怕和忌恨。1900年2月14日,清政府曾发布悬赏捉拿康梁的上谕,其内容如下:

"前因康有为、梁启超罪大恶极,叠经谕令海疆各督抚悬赏购限,严密缉拿,迄今尚未弋获。该逆等狼子野心,仍在沿海一带煽诱华民,

---

① 《中国维新报》第16册第14版,光绪三十年甲辰五月十八日,1904年6月30日。
② 上海市文物保管委员会. 康有为与保皇会[M]. 上海:上海人民出版社,1982:47.
③ 冯自由. 黄花岗一役旅加拿大华侨助饷记[M]//革命逸史:初集. 北京:中华书局,1981:230.
④ 刘伯骥. 美国华侨史(1848—1911)[M]. 台北:黎明文化事业公司,1982:449.
⑤ 麦礼谦. 从华侨到华人——20世纪美国华人社会发展史[M]. 香港:三联书店有限公司,1992:178.

并开设报馆，肆行簧鼓，种种悖逆情形，殊堪发指。着南北洋、闽、浙、广东各督抚，再行明白晓谕，不论何项人等，如有能将康有为、梁启超缉获送官，验明实系该逆犯正身，立即赏银十万两，万一该逆等早伏天诛，只需呈验明尸身，确实无疑，亦即一体给赏。此项银两，并著先行提存上海道库，一而交犯，即一面验明交银，免致辗转稽延。如不愿领赏，愿得实在官阶及各项升衔，亦必予以破格之赏……"①

  负责这次缉拿康梁的官员是两广总督李鸿章。他作为清末较开明的大臣，一面履行其作为臣子的职责，下令逮捕了美国保皇会会员罗伯棠、唐琼昌两人的家属；一面又暗中让人带信函给远在海外的康梁，令其小心行事，以免发生意外。后来罗、唐两人的家属在多方营救下获释。清政府对保皇会会员及其家属迫害的失败，再加上清朝某些开明官员对康梁一派的有意庇护，使海外华侨对保皇派信心大增，这也是随后几年内保皇势力在海外达到鼎盛的一个重要原因。

  保皇会总部在加拿大成立后，迅速在美国各地蔓延，几年之内在美加成立分会近百个。这说明在国内无法立足的康梁改良派，在海外华侨心目中仍占具着相当的优势。海外华侨也把康梁视为恢复国家富强、实现民族独立的坚强领导核心。而在他们的观念中，要想成功实现这些理想又只能靠"救圣主"，即光绪皇帝复位，这样才可能会有强盛的国家恢复。因此，美加华侨对康梁的到来表现出了异乎寻常的热情。

第二节　美国华侨对保皇派的积极响应

  康梁保皇派在美国各地建立保皇组织后，得到了美国华侨的热烈响

---

① 《德宗景皇帝实录》卷四百五十八，第11页。

应。这种热情主要表现在：在组织上，积极加入保皇会，成为保皇党一员，为保皇派宣传其保皇救国思想；在经济上，为康有为和梁启超个人以及保皇组织不惜大掏腰包，积极捐款资助保皇事业。

一、政治上积极参与

在美国华侨中发展壮大保皇派势力，建立广泛的群众基础，是康有为及其追随者最重要的目标之一，也是美华各埠保皇会的首要大事。

康梁在美国所从事的保皇活动遍及华侨聚居的各个城市，得到许多侨民的支持。康有为初到美国筹办保皇会时，当地华侨就表现出了极大的热情，这一点从康有为在1899年12月7日给谭良的信中可以看出："欧美旅民奔走来归，入会者数百万人，开会者凡数十埠也。"① 康有为兴奋的心情难以自抑，甚至认为这是上天在帮助他成就大业，"中国危亡，岌岌旦夕。顷创保皇会，而美属华人慷慨兴起，同济大举，乃天赞我也。"② 旅美侨胞对康有为也抱有很大的希望："如我圣主崛起而行新政，康先生佐之，诚救时之急急，莫急于此者也。"③ 芝加哥的谭张孝、波特仑的李美近、梁鸿轩等，西雅图的甄赏、刘琼、胡拔南等，旧金山的崔子坚、谭树彬等群起响应，相继于1899年秋冬成立保皇会。接着波士顿等各埠华侨纷纷响应。如旧金山有华侨两万七八千人，注册会员约有1万人；纽约有华侨1万人，入会者达8,000人；波士顿和华盛顿华侨各约3,000人，入会者均过半；哈佛有华侨百余人，全部入会；美国西北部俄勒冈州共有25市镇，皆有保皇会；北蒙大拿州共有12市，每市皆有保皇会。从美洲保皇会会员与康梁来往的信函中也可反映出保皇会的发展盛况，如1903年1月比令士保皇会致康有为信中说："数月

---

① 上海市文物保管委员会. 康有为与保皇会 [M]. 上海：上海人民出版社，1982：5.
② 致谭张孝 [M] //方志钦，蔡惠尧. 康梁与保皇会. 天津：天津古籍出版社，1997：25.
③ 汤志钧. 康有为的海外活动和保皇会的前期评价 [J]. 历史研究，1994（2）：122.

来，美属会事之起色出人意料之外。"8月，梁启超致纽约保皇会总理赵万胜的信中说："所到各埠皆见保会林立，四方电请者，应酬不暇。"① 如此等等，都说明保皇会在美发展迅猛，各地华侨加入保皇会十分踊跃。

1903年，梁启超应美洲保皇会之邀，在叶恩、鲍炽、李宦、梁祖椿、梁为本、黄仕初等保皇会会员的陪同下，游历美国前后达10个月之久，且在各地"开办保皇分会"，美国"各埠联会，其踊跃之盛，以此次为最"。② 梁启超第一站抵达纽约，"保皇会同人迎于车站者，凡数百人，华人市皆罢工，观者如堵"。③ 保皇会和各大会馆共派出20辆汽车在码头迎接，还特别聘请一西洋乐队做导行，并有一群中国儿童各执旗帜，上书"恭迎维新领袖梁启超"字样。各汽车上右竖花旗（美国旗），左竖龙旗，中竖保皇会旗。所谓的保皇会旗，其式样三画白，两画红，中间有三星。据保皇会员解释，这样设计的旗帜是取合群独立之义。④ 从4月以后，梁启超先后游历美国的纽约、哈佛、波士顿、华盛顿、费城、纽柯连、非士那、圣路易、芝加哥、气连拿、比令士、罗省技利、博奇梯拉、片利顿、舍路、砵仑、旧金山、沙加缅度等几十个大小城镇。⑤ 梁启超所到各处都受到了热烈欢迎，并在原来没有保皇会的地方，如纽柯连、沙加缅度、非士那等建立了保皇会。在非士那，华人约600人，还没有成立保皇会，梁启超到此地后"演说一晚，会遂成"。⑥ 就是已经成立了保皇会的地方，保皇会从此也"大加扩张"。

在罗省技利（洛杉矶），梁启超更是受到了空前的欢迎。梁未到

---

① 上海市文物保管委员会. 康有为与保皇会[M]. 上海：上海人民出版社，1982：209，226.
② 梁启超. 新大陆游记[M]. 长沙：湖南人民出版社，1981：156.
③ 梁启超. 新大陆游记[M]. 长沙：湖南人民出版社，1981：19.
④ 刘伯骥. 美国华侨逸史[M]. 台北：黎明文化事业公司，1984：525.
⑤ 丁文江，赵丰田. 梁启超年谱长编[M]. 上海：上海人民出版社，1983：321-329.
⑥ 梁启超. 新大陆游记[M]. 长沙：湖南人民出版社，1981：93-94.

时,"市会长预备行市民欢迎之典,以马兵一队,军乐一队迎于驿站"。到目的地后,该地保皇会为他举行了盛大、隆重的欢迎仪式。"市会长陪乘,先绕行全市一周,沿途西人观者如堵,都拍掌挥巾致敬。当时会中以无广大演说场,特赶建牌楼一座于街心,以供演说之用,十三日罗省技利市举行市民欢迎典礼,结彩于市会堂,全市名誉绅商皆到,演说一小时许。"① 然后是市政厅气氛热烈的欢迎会,不仅有许多显要人物出席,市长还发表了热情洋溢的讲话。市长高度赞扬梁启超热心社会改革,并把他与美国总统相提并论。市长说:"数年前洛杉矶人曾在这里欢迎过麦金利总统,后来又欢迎过罗斯福总统,现在让我们又以激昂的乐曲,荣幸地欢迎梁启超先生的到来!"② 可见当时梁所到各处受欢迎程度之深,同时也反映华人对保皇派所寄希望颇大。

梁启超这次在美国除了拓展保皇会,还特别拜访了美国国务卿约翰海(John Hay),与其长谈两小时之久;同时在白宫拜见了罗斯福总统,会晤约两刻钟,并未深谈。梁启超后来谈到他这次见到美国总统的情形时说:"惟言常接我会电报,且见章程,甚佩其宗旨及其热诚,祝此会将来有转移中国之势力,且祝其现在有转移美国华侨之势力。又言,深以未得见康南海为憾事,嘱余代致意。"③ 梁启超这次还曾以中国国务总理大臣的名义委任美国人福近卜为中国维新军大元帅,但他很快又将此职委任于美国人荷马·李,福近卜因其违约背言,还曾向法庭提出过控诉,因而引起一场不小的风波。④

为了在美洲发展维新社团,梁启超对华侨、留学生、旅美华人十分关心。他接见了不少留学生,和华侨代表讨论问题,还深入华人家里做客,在华侨聚居较多的旧金山,详细地考察了华人的政治地位、经济收

---

① 丁文江,赵丰田. 梁启超年谱长编[M]. 上海:上海人民出版社,1983:329.
② 丁文江,赵丰田. 梁启超年谱长编[M]. 上海:上海人民出版社,1983:322.
③ 梁启超. 新大陆游记[M]. 长沙:湖南人民出版社,1981:68.
④ 刘伯骥. 美国华侨史(1848—1911)[M]. 台北:黎明文化事业公司,1982:452.

入、税收状况、衣食住行、思想追求、文化追求、生活习惯等，获得了大量第一手材料。梁启超在美期间，深深感受到美国华侨对祖国命运前途的关心。他在《爱国论》一文中曾深情回忆了华人的爱国热情："吾尝游海外，海外之华民以千万计，类皆激昂奋发，忠肝热血。谈国耻，则动色哀叹；闻变法，则额手踊跃；睹政变，则扼腕流涕。"① 梁所言海外之千万计华民，自然包括了无数的在美华侨。正因为华侨具有强烈的爱国心，因此梁启超认为，这是一支中国实现变法维新不可忽视的重要力量。

梁启超这次新大陆之游，考察了侨居在当地的华人后，总结出华人的性质，主要有五点长处和三点短处。长处有：一爱乡心甚盛；二不肯同化于外人；三义侠颇重；四冒险艰苦；五勤俭信。短处有三：无政治能力；保守心太重；无高尚之目的。也是在这次游历后，梁启超深刻认识到了华人的本质特性，认为无政治能力的国人当然无法行使民主的权利。② 同时他也看到美国所谓的民主国家也有腐败的一面，从而使他以前所提倡的"革命主义""破坏主义"有了很大的改变，甚至公开批评保皇会雇用杀手刺杀慈禧和其他人。③ 这就是梁启超旅美归来后言论大变的原因。

保皇会在美国活动期间，有几个颇有影响的人物值得介绍。

谭良（1875—1931），字张孝，广东顺德甘竹乡人。他出身于官宦之家，曾是康有为在广州万木草堂的弟子。1897年与妻子黄冰壶结婚。黄的父亲从事鱼翅出口生意，家境富裕，常年居于香港。④ 当康有为流

---

① 梁启超. 爱国论［M］//饮冰室合集·第三集［M］. 北京：中华书局，1989：65.
② 梁启超. 新大陆游记［M］. 长沙：湖南人民出版社，1981：128.
③ L. Eve Armentrout Ma. Revolutionaries, Monarchists, and Chinatowns: Chinese Politics in the Americas and the 1911 Revolution［M］. Honolulu：University of Hawaii Press，1990：92.
④ ［美］谭精意. 美国保皇会的一位领袖：谭良的生活、政治活动及其信函［M］//方志钦，蔡惠尧. 康梁与保皇会. 天津：天津古籍出版社，1997：11.

亡海外时，谭成为康氏热烈的追随者。

1899年，谭良来到美国，开始在洛杉矶其堂兄谭定园的富荣药材店里帮忙打理生意，在药店当出纳。其后他又学会了开处方和配药。当时，美国的中医人数不多，那时美国人已开始接受中医的治疗方法，药材店八成病人都是美国人，所以生意还算兴旺。但由于谭无牌行医，遭到检控，为此被逮捕上百次。① 1901年，谭偕其妻返回中国。1902年，以商人的身份再次赴美，继续在合伙的富荣医药公司行医多年。一直到1914年，谭终于建成了一幢有15间公司属于自己的公司，命名谭良医药公司，雇有2~5名员工。谭很快成为洛杉矶地区第一位华人中产阶级。

从1903年起美国洛杉矶保皇会成立后，谭良开始参与保皇会活动，并被委任为保皇会洛杉矶分会会长，成为在美国保皇会的骨干，曾主持保皇会机关报《文兴日报》工作。② 1903年，梁启田、梁启超先后游美归国后，徐勤恐怕美国保皇会会员生变，要求谭"时时提倡之，勿使事败垂成也"③，可见保皇会对之甚为倚重。其妻黄氏回忆说：梁启超1903年游美期间，谭几乎对保皇事业近乎"疯狂"，他们同榻而卧，通宵达旦谈论着国内时事。④ 1905年，康有为游洛杉矶两月有余，一切食宿也主要由谭负责。康不喜欢吃美国菜，他就安排康最喜欢吃的蒸鸡和蒸鸭。谭于是年陪康有为遍游美国。

那时，谭对保皇会的机密多所与闻，还与美国各地及海外保皇会组

---

① [美]谭精意. 美国保皇会的一位领袖：谭良的生活、政治活动及其信函[M]//方志钦, 蔡惠尧. 康梁与保皇会. 天津：天津古籍出版社, 1997：12.
② 参阅谭精意 An American Baohuanghui Leader: Tom Leung's Life, Politics and Papers, 1993. "戊戌后康有为、梁启超和维新派"国际学术研讨会论文.
③ 徐勤致谭张孝书[M]//方志钦, 蔡惠尧. 康梁与保皇会. 天津：天津古籍出版社, 1997：132.
④ [美]谭精意. 美国保皇会的一位领袖：谭良的生活、政治活动及其信函[M]//方志钦, 蔡惠尧. 康梁与保皇会. 天津：天津古籍出版社, 1997：12.

织和人士保持经常的接触与联系，从政治活动参与到生意来往，无所不及。他还致力于保皇会选派学生到美国、欧洲和日本，学习法律、贸易等有助于保皇事业的活动。他曾资助许多到洛杉矶学习的学生，不但资助其完成学业，还提供他们住宿，当然目的是培养志士，策划对慈禧太后、荣禄等的暗杀活动。谭良是资助少年留学计划的主要执行者。

谭良外孙女谭精意在《康梁与保皇会》一文《保皇会的一位领袖：谭良的生活、政治活动及其信函》中披露了十分惊人的信息。她说："谭家招待过一个名不见经传的年轻女学生，名叫薛锦琴。在日本时，她住在梁启超家，表示想参与暗杀慈禧太后的计划。"谭精意引用谭良女儿路易斯·良·拉逊所写《甘竹记》一书："这个计划包括资助薛在美国学习，然后伺机返回中国。因为老佛爷喜欢归国留学生，这样，薛就有机会留在宫廷中，伺机杀掉老佛爷。仅有康几个最亲密的朋友知道她参与这一计划。""妈妈（指谭良夫人黄冰壶）说薛锦琴很有胆量。她敢于骑马和驾驶马车，经常带我们去遥远的地方，如长滩和帕萨迪纳。我模糊记得她是个身材矮小、皮肤黝黑的女人，很纤瘦。她和妈妈不同，经常穿美式衣服。妈妈说，刚住进我们家时，她总是声称：'一定要杀死老佛爷'，她愿意去执行这计划。后来，她慢慢变了，担心杀了老佛爷会连累家人。"薛多次在美国宣布杀害慈禧太后的意图，作为回报，保皇会资助了她的学业。但是，"妈妈相信，她从未想过刺杀老佛爷。之所以答应了这样做，仅仅为了到美国读书，这才是她的初衷。"① 谭良女儿回忆的康有为培养女刺客的计划，与谭良档案的记载完全吻合。谭精意在其文章中曾说："1905和1906年谭良详细记录，一位叫作五十的留学生，大约每月得20~25美元。这些钱只是谭良给

---

① 方志钦，蔡惠尧. 康梁与保皇会 [M]. 天津：天津古籍出版社，1997：13.

五十的学费，因为五十的吃住都由谭良全包。"① 代号"五十"是康梁核心成员之间，为了保密而给薛锦琴取的代号。

薛锦琴答应混入宫廷暗杀慈禧太后的计划，看起来只是一种筹措学费的策略。她不断以"家有老亲、学问未成"托词拖延。久之，谭良发觉培养计划失败，于是向康有为报告，建议停止对其进行供养。康有为回信，仍请谭良继续负担薛锦琴费用，将薛比作瓶中梅花，有将错就错之意："（指薛锦琴）性行孤高，如冷月梅花，留此清芬以对冰雪，别有风趣。吾爱之至极，恨不能置之左右为忘形之交也。前云樵（欧榘甲）荐来时，多有议其不行者，此大事吾固不信，然无论如何，吾甚欲保存此人，以为一佳事。吾党力虽困乏，然吾既爱之，今决停前议而仍供养之，弟仍为我日夕备清水，陈古瓶，供此一支梅花也。"②

后来，薛锦琴进入芝加哥大学（University of Chicago）读书。1913年，薛锦琴与康有为弟子、芝加哥大学毕业生林天木结婚。1914年，两人携手回国。林天木在复旦公学（1917年改名复旦大学）教授经济学，薛锦琴则出任诚正学校校长。③ 办学之余，薛锦琴积极参与幼稚教育研究会活动。1946年，林天木在广西去世，薛锦琴去了香港，担任国华银行储蓄部主任，于1960年1月19日逝世于九龙，享年77岁。

1905年8月，康有为应谭张孝请求，拨出保皇会万元公款，让谭在芝加哥招股经营酒店琼彩楼。该楼在次年正式开张，成为保皇会在美国创办的一家较大的实业。它的资金主要通过保皇会设在纽约的"代理香港华益分局"，向香港的"中国商务公司"借贷，并优先向其陆续还本付息；同时也自行向海外华侨和广东等地的国内商人招股，但本息

---

① 谭精意. 关于保皇会派学生出国留学的运动 [M] //王晓秋. 戊戌维新与近代中国的改革. 北京：社会科学文献出版社，2000：476.
② 方志钦，蔡惠尧. 康梁与保皇会 [M]. 天津：天津古籍出版社，1997：12.
③ 1916年8月19日《申报》。

多有拖欠，未能如数偿还。后来由于琼彩楼财务纠纷问题，导致康、谭最终不欢而散，两败俱伤。谭张孝在主持琼彩楼各项业务之际，曾作为洛杉矶保皇派的代表，于1907年3月出席康有为在纽约召开的中华帝国宪政会会议。有关谭良、康有为与琼彩楼的纠葛在下一章的《保皇派的商业活动》中作详细介绍。

谭树彬是美国保皇会的另一个骨干成员，出生于1842年，祖籍开平长沙。1899年旧金山保皇会建立时，他是主要负责人。关于他在国内的情况我们知之甚少，只知他约1897年离开妻小到美国行医，终生未归。到美国的时候他已是一个成功的中医师，非常富有。后来又娶两个妻子，共养有17个孩子。他在三藩市有一个规模很大的"谭树彬医局"，设有分诊所和住院部，并聘请白人护士打理。前期他对清朝忠心耿耿，支持慈禧太后和清政府，与三藩市第一个妻子李珍妮结婚的时候仍然穿着清朝的官袍。1899年旧金山保皇会成立时，谭树彬任会长，是康的追随者和保皇会的活跃成员。但后来他又表明态度反对保皇会，且并未给其捐款。

洛杉矶一家报纸曾经报道，1905年康有为到洛杉矶的时候谭树彬曾出现在宴会上："A.B·浩次吉斯夫人（Mrs. A.B·Hotchkiss）在南大路400号本宅宴请了中国光绪皇帝的首席大臣康有为阁下，以及他的军事长官R.A·佛肯保将军（R.A·Falkenberg），他是重组中国皇家军队的大指挥官……在这些客人当中，除了浩次吉斯夫人的朋友外，还有三藩市的谭树彬主席和赵炳忠。"①

康有为对谭树彬为保皇会作出的贡献和努力也给予了肯定，他在1900年6月写给谭张孝的信中称："去年开会之事，实借谭树彬一人不畏强御之力。其时各人皆无书来，但谭一人，故我不能不复之。"但后

---

① Double Ten, Chapter 12：142-143，转引自谭金花：开平碉楼与民居鼎盛期间华侨思想的形成及其对本土文化的影响，出自《2004年中国近代建筑史研讨会论文集》。

来保皇会会员唐琼昌、罗伯棠、崔子肩多次写信给康有为，状告谭树彬，说他"受何祐主使，泄险事无所不至"，使得康有为对谭树彬的看法发生了很大的改变，"据谭树彬前后来书，乃一极粗人耳"，认为他们互相诋毁是"奸人两造相攻"。① 从这里我们可以看出，从保皇会开始在美国成立之时，保皇会会员内部就疑窦丛生、矛盾重重，直至几年后的衰败也是在所难免的。

谭树彬虽然开始是支持康有为和保皇会的，但他并不是康有为忠心的追随者。对保皇会的矛盾表现一方面显示出他的保守思想和对朝廷的忠诚，另一方面却又表现出他对改革怀有希望。作为一个在美国的华侨，他很明白当时清政府的腐败无能和振兴中国所需具备的条件，所以他赞赏康有为的思想——希望通过推翻慈禧太后的统治，改革政治和经济制度，从而改变中国的现状，这也是康有为的思想得到很多华侨支持的原因。但是，自1908年光绪帝去世后，保皇会失去了可依赖的精神重心，保皇会内部由于商业债务纠纷问题四分五裂，开始出现腐败迹象，各种内部问题相继出现。再加上孙中山大力宣传其革命主张，保皇会从此不可避免地走向衰落，谭树彬此时也不再追随康有为，放弃了保皇救国的信念。

二、经济上大力援助

保皇派除了在美国华侨各侨居地建立保皇组织，进行"忠君""保商"宣传外，还广泛发动华侨为他们捐款。离开华侨的大力资助，保皇党人可以说寸步难行，一事无成。

1900年，八国联军攻占北京，康有为适时号召海外华侨援救京师，宣布载漪、荣禄、奕劻等误国罪状，同时策划"讨贼勤王"活动。这

---

① 方志钦，蔡惠尧. 康梁与保皇会 [M]. 天津：天津古籍出版社，1997：27.

次由保皇派组织发动的勤王运动，起义军的费用大部分由海外华侨捐献。当时为了在华侨中募集捐款，康有为在1900年7月16日特撰写了筹饷讨檄公函："诚以大举在即，万事交迫，饷械二事，尤为浩繁，无饷不可以用人，无械不足以应敌……唯诸君心慷慨忧国，义愤填膺，痛此时艰，种族不续，必能相应以成大举。明知诸君高义弥地塞天，屡电屡函（电汇），自形烦数，而以中国黄种之故，用敢流涕为四万万同胞乞饷也。"①然后印制多份散发给全国民众，并分致各地保皇会，同时遣门人梁启超、徐勤等募款海外。

此函一出，各地华侨积极响应。据记载，华侨为这次起义捐款达30多万美元。自立军起义前两三个月，康有为在致女儿的家书中即谈到这次筹款："现菽出十万，檀有十万，澳洲、加拿大各汇送一万，统计可得卅万。"② 美国大陆华侨为这次起义捐款较少，1900年6月康有为致谭张孝书时，就对美国各埠华侨捐款没能达到预期款项表示不满，"计檀山及南中各埠可得二十余万，美埠甚多，何所得之区区乎？"③ 从这里我们可以计算出，除了檀香山华侨所捐近10万，美国各埠所捐饷银只有10余万美元。这对美国众多华侨来说，确实不算多，也难怪康有为对此表示不满。事后，徐勤致康有为的信中说："所办各事，无一事不借海外之力，汉口之役所费三十万。政闻之开所费亦十二万。其余更不必论。"④ 这里说的政闻之开所费即梁启超在日本成立的政闻社，其经费也主要靠华侨捐助。

保皇派在美国的筹款办法有多种，主要是靠演讲宣传爱国保皇，在精神上鼓动华侨，使之热血沸腾，大掏腰包。当时保皇会也想出了很多别的方法在华侨中筹款。当然，最管用的一招还是康有为向华侨宣称随

---

① 汤志钧. 康有为政论集：上册 [M]. 北京：中华书局，1981：414.
② 上海市文物保管委员会. 康有为与保皇会 [M]. 上海：上海人民出版社，1982：169.
③ 方志钦，蔡惠尧. 康梁与保皇会 [M]. 天津：天津古籍出版社，1997：27.
④ 丁文江，赵丰田. 梁启超年谱长编 [M]. 上海：上海人民出版社，1983：247.

身携带有光绪皇帝的衣带诏,也就是向华侨说明了他们所从事的保皇活动是合法的,是在所谓"衣带诏"这个"尚方宝剑"的维护下得以开展起来的。保皇派有时还弄一些清朝官员穿戴的袍褂靴帽,在华侨中卖官售爵。据说三品官以下的爵位,他们都有权封赠。封赠官阶的大小,按你捐款的多寡来决定。所以那些较富裕的华侨老板,差不多都参加了保皇党。这些人在华侨中属于上层,他们手上都握有比较丰厚的财产。他们参加保皇党的目的有两个:一是希望有朝一日,康有为的保皇党在清朝掌握了大权,自己能够得到一官半职;另一个目的是将来回国探亲时,可以穿起官袍顶戴,炫耀乡里。他们为了这些目的,给保皇党捐的钱相当可观,换来一些所值甚少的清朝官服靴帽。甚至还有一些华侨大富商,穿起清朝的官服袍、褂、靴、帽,耀武扬威地拍照片来满足自己的虚荣心。① 华侨捐款资助保皇会,一方面是受保皇派的演讲鼓动,激发了他们的爱国主义精神;另一方面,康有为等各保皇党人也正是抓住了华侨这种爱慕虚荣的心理,才得以在美国等海外各地大行其道,风靡一时。

庚子勤王失败后,海外各地华侨大受打击,此时捐款之踊跃大不如前。康有为自己也承认,"自汉败之后,罗、唐被捉,捐款寥寥,然则即使各埠咸集,所得亦无多耳"。② 1903年梁启超和1905年康有为先后两次访问美国后,保皇会在美国的势力达到高峰,此时华侨对保皇派捐款之踊跃也是前所未有的。康有为每到一处,愿意为其掏钱的华侨富商不乏其人,美国一名保皇会会员在致康有为的信中曾提到,"华盛顿有美人富绅伊士打,愿以一、二千万助长者救中国"。③ 这仅是一个最寻

---

① 梅斌林.关于辛亥革命前孙中山在美国芝加哥活动的回忆[M]//广东文史资料:25.广州:广东人民出版社,1979:61-62.
② 致谭张孝[M]//方志钦,蔡惠尧.康梁与保皇会.天津:天津古籍出版社,1997:27.
③ 方志钦,蔡惠尧.康梁与保皇会[M].天津:天津古籍出版社,1997:25.

常的例子，在康梁以后的活动中，愿意为保皇党人个人提供生活资助者大有人在。除通过其政治组织向华侨募捐外，保皇派还在各地通过吸纳华侨入会缴纳"会费"来获得其活动资金。

缴纳"会费"是保皇会向华侨集款的另一重要方式。这种会费多以"集股"的形式出现，是有偿的，又称"汇票"或"股份银"，与当时华侨向孙中山缴纳的会底银性质相同，一般规定其保皇事业成功后加倍偿还。也就是说，入会者有可能从其缴纳的"会费"中获得回报。保皇会的会员类似于现在的股民，"参股者"可以从他们的商业活动中得益。保皇会的这种"集股"办法在其最初流亡日本时就已体现出来，如梁启超在1899年3月24日给其妻的一封家书中即提到，"广东人在海外者五百余万人，人人皆有忠愤之心，视我等如神明，如父母，若有联络之，则虽一小国不是过矣。今欲开一商会，凡入会者每人课两元，若入会者有一半，则可得五百万余元矣……今即以横滨一埠论之，不过二千余人，而愿入会者足二千人，其余各埠亦若此耳"。[①] 可见那时保皇会就已具雏形，最终在北美形成完善而又颇具规模的大政党。通过这种做法，康有为当时将全美乃至海外庞大的保皇会系统变为一个中国的跨国公司。当然，所有这一切，都是在爱国与保皇的旗帜下进行的。

从《中国维新报》所刊登过数笔有关"汇款"、招股的情况来看，各地保皇会会员所缴纳的"会费"差别很大。以拨仑汇款、市加高已汇商股、坡市顿埠第十期入会名单以及乌柯连埠汇回商务公司收股份银名单为例，乌柯连埠"会费"最高额达1万美元，最低额为16美元，相差天壤。一般来说，这个埠的"入会费"在100到1000美元不等，表明此埠的入会者多是富商大贾。[②] 与此形成鲜明对照的是，坡市顿埠的"入会费"很低，一般在几美元，很多人只交1~2美元，最高也不

---

① 丁文江，赵丰田. 梁启超年谱长编 [M]. 上海：上海人民出版社，1983：178.
② 《中国维新报》第26册第16版，光绪三十年七月三十日，1904年9月8日。

过10美元。① 这说明，这个埠的入会者多为下层华侨民众。当然，埠与埠之间存在着经济发展水平和市民收入上的差别因素，但两埠差别如此之大，则说明华侨是分属于不同的阶级。阶级的差异无疑会直接影响到对保皇会捐款的多少。

不言而喻，当时保皇会以这种形式发展会员是承担着革命党人给予的巨大压力的。因此，保皇派在华侨社会中发展会员的同时，还要暗中极力与革命党人争夺基本群众。如新蕾保皇会的来函云，"商会股银将近收齐，更有同志加附股者。数日来，约加商股数百份"。又云，"日来经反党之攻击，人心日奋日坚"。② 又如乌柯连保皇会来函，"近日因反对党之诬词诽谤，肆意攻击，同人愈加激奋，有外界之风潮，而团体愈坚，则反党益我正多矣。现商会多有同志加股者，而捐助罗省埠干城学校经费，亦异常踊跃云"。③ 再如杜朗度埠来函，"该埠华旅近日开通者甚多，联会保皇经有成议。适值温高华梁君如珊，温君金友两同志到来，演说鼓舞，人人奋发，纷纷入会。可见公义自在人心，非反对党日日诬造谣言所能扰乱者也"。④ 上述三例都是保皇会在"反党"的压力下发展的例子，保皇会所发展的会员大多应是下层华侨群众。这里所谓"反党"，应是指孙中山等革命党人，那时适值孙中山与致公堂大佬黄三德遍游美国大陆，宣传其革命主张，且在美华侨群众中的影响越来越大，给保皇派在美国的发展造成了巨大的压力。保皇派每发展一批会员，都要经过比以前更多的努力。

还要指出的是，当时旅美保皇会的扩展范围十分广泛，连一些很小的华埠都被波及。据《中国维新报》报道，有一个华人叫"谱埠"的

---

① 《中国维新报》第16册第14版，光绪三十年甲辰五月十八日，1904年6月30日。
② 《中国维新报》第27册第16版，光绪三十年八月初七日，1904年9月15日。
③ 《中国维新报》第27册第16版，光绪三十年八月初七日，1904年9月15日。
④ 《中国维新报》第29册第14版，光绪三十年八月廿一日，1904年9月29日。

小埠华侨，"心存爱国，见义勇为，久闻吾会之名，屡欲假办会事。惟是该处埠小人稀，有志未逮，悠悠郁郁，已非一日。忽于是日接到付来同志芳名数十，委取汇票。以该埠之人小，一夕而认票百数份，可见忠君爱国，人所同情。现拟以广东楼为保皇会所仰，各端口同志按地址与他多通音信为盼：Kwong Tung Low 372 Robert ST. St. Poul Minn。"① 这个小埠的华侨所缴交的"入会费"虽少（多应为下层群众），但足以反映当时保皇会影响之广远。

保皇会的活动经费以及康梁的旅费、生活费和其他费用，绝大多数是由广大华侨提供的。有一次，保皇会在海外募得上百万美元的巨款后，曾有人建议以十万美元赠给康有为以作"游历各国，考察政治"的费用。② 革命派在1909年9月24日的《中兴日报》上曾揭露康有为的奢华生活："盖康自欧入美，其气象与前迥异，妄自骄贵，虽数步之路，必乘马车，所至必驻西人上等客寓，日费金钱一二百元，毫不在意，大有舜受尧之天下不以为泰之概。自纽约总局成立，华墨银行收款，更骄汰不可名状，饮食起居，拟于欧美帝王……"③ 革命派的这些报道虽然是对保皇派的有意攻击，但也从侧面说明康有为在美确实募得充裕的活动经费，其中很多是供其任意支配的。

华侨为了支持"维新事业"不惜大掏腰包，在当时的历史情况下是完全可以理解的。经过保皇派的大力宣传发动，广大华侨逐渐被激发出强烈的爱国热情，他们的目的是改变中国，是为了中国的进步。不久之后，当孙中山在美国展开推翻清朝的宣传并在辛亥革命中结束了中国的封建帝制时，他同样得到美国大多数华侨的支持。

---

① 《中国维新报》第21册第15版，光绪三十年甲辰六月廿四日，1904年8月4日。
② 李云光.康有为家书考释［M］.香港：汇文阁书店，1979：13.
③ 丁守和.辛亥革命时期的期刊介绍：第四集［M］.北京：北京人民出版社，1987：26.

<<< 第三章 美国华侨早期对康梁保皇派的支持

第三节 保皇派在美国的主要活动

保皇会在美国成立前，美国各华埠虽然有众多的社团组织和各种堂会，但真正具有政治意义的团体保皇会是第一个。正如保皇会会员杨咏雩在费城保皇会演说中所说，"溯自我会长康梁两先生未倡维新会以前，我海外华人逾于今者数倍，未闻有立一会以救国，未闻立一会保种，惟以强凌弱，自践同种，贻笑外人耳。及我皇上维新不成，被囚瀛台，康先生奉诏远适，乃作秦庭之哭以救皇上。道经加拿大，与叶君惠伯倡立斯会，以为我保皇会之起点也"。保皇会分会在美国各华埠成立后，很快就得到其他华埠的热烈响应，于是新的保皇会如雨后春笋般不断涌现，几年之内，保皇会不但遍布美国各地，而且"去今五年后，我会努力之膨胀，遍于五洲。此英人所谓有太阳出没地，莫不有英国国旗。而弟则谓凡有华人所居之地，莫不有我保皇会会旗。泱泱乎我保皇会，洋洋乎我保皇会！昔西人有言曰中国人爱国心甚淡，今观我会之人心，殆有必实必然者"。[①] 这段话虽有所夸张，但确实反映了当时保皇会在美国发展的盛况。在一个个保皇会分会产生的过程中，保皇派中的积极分子在宣传、鼓动和联络等方面发挥了重要作用。通过阅读、分析存留下来的保皇会当年的活动资料，对保皇会吸引广大华侨群众参加保皇会的种种方式，我们将有一个大致的了解。

一、集会演说

保皇会为了扩大其影响，鼓动爱国华侨参与保皇组织，经常组织安

[①] 《中国维新报》第14册第5版，光绪三十年五月四日，1904年6月16日。

排一些保皇派中的知名人士在美国各地演说集会。演说的目的有两个，一个是扩大保皇组织，吸纳会员；另一个是为了同孙中山的革命派争夺地盘，发表演说，攻击革命，从而提高自己在华侨心目中的地位。当然，这些活动均是在"爱国""救圣主"的旗帜下进行的。

作为保皇会总会长的康有为，其影响自然是不言而喻的。1905年康有为游美时，曾在美国全境巡回演说，每到一处，当地华侨无不趋之若鹜。康有为演讲时，总是反复讲述变法维新、君主立宪、创办实业等拯救祖国的主张和蓝图。在美国西部的非士那（Fresno），其风采将当地富商、华侨种植园主的17岁女儿何旃理深深折服，其不顾一切以身相许。后来何旃理成为康的第三位姨太并随同其到处流亡。

保皇派的领袖人物梁启超堪称最著名的演说鼓动家，凭借其在华侨中良好的声誉和过人的威望，从发动戊戌变法到晚年执教清华、南开，他在国内外作过无数次精彩演讲，无一不闪烁其智慧的光芒。在1903访美时，梁启超在华埠发表了上百次演说，筹募了大量活动经费，使得保皇会在美国得到空前发展。梁启超此行美国，把唤起华侨的爱国热情作为自己的重要使命。纽约是梁启超到达美国的第一站，梁在此居住两个多月，其间"演说赴宴各事，所费时日，占十之八九"。在波士顿九日，"每以半日与国人演说谈论"。[①] 当地新闻媒介用大版的篇幅报道了梁启超极为动情、富有魅力的演讲，以及对其盛况空前的欢迎场面。1903年5月26日的《波士顿晚报》说："大共和国的梦想，使全部唐人街颤抖。梁启超借助描绘新中国，唤起潜在的爱国热情，东方的马克·安东尼告诉中国人，他们怎样处在奴隶的地位。"[②] 梁启超在接下来所游历的几十个城市中，其主要活动也是以演说为主。一般演讲结束后，听众往往围聚在梁的四周，久久不愿离去。此时保皇派即趁热打

---

① 丁文江，赵丰田. 梁启超年谱长编 [M]. 上海：上海人民出版社，1983：321-322.
② 王勋敏，申一辛. 梁启超传 [M]. 北京：团结出版社，1998：109.

铁,立即在当地成立保皇会。美国侨胞在演说鼓动下往往热血沸腾,很多人因而大掏腰包,一些人还被吸纳为保皇会会员。

在《中国维新报》里所刊载的《各埠保皇会近事》专栏中,还有一个比较知名的演说家是康有为的女儿康同璧。为了扩大保皇会规模,她代表其父最先在保皇会中进行演说。据称,她应哈佛保皇会之邀,到雪地美慎演说,"左近各埠集听者三百余人"。① 根据报道,这是一场富有感染力的演说。康同璧"议论宏富,谓当今竞争激烈之世,非合大群,结团体,不能救中国,各埠同胞阋墙之案数见不鲜,实合群之大压力。言念及此,何胜浩叹!凡我汉人纯是黄帝之子孙,须念数十年以来同是一家人之亲,勿因私仇而忘公义。以坚毅之心,躬行维新事业,庶几于国有补云。演说毕,哄堂称善。听其慷慨言论,诚二十世纪女杰之先河也。当为我中国女权界馨香视之,用记其事,敬告各埠。各埠同志,应亦乐闻也"。②

康同璧(1883—1969),字文佩,号华鬘,1883年2月生,康有为次女,擅长诗词书画,精研史籍,深通英文。她曾先后就读于美国哈佛大学和哥伦比亚大学。其性格干脆果断、敢作敢为,变法失败后曾随父游历欧美并代表康有为四处演讲。1901年康有为病卧槟榔屿,年仅18岁的康同璧闻讯,只身赴南洋探望,并留在父亲身边照料他的生活。之后她在印度陪父亲寻访佛迹,探幽历险,几经危难,表现出一个女性少有的胆气。因她见多识广,才学过人,深得父亲信赖。康同璧亦自称是"第一个到过唐僧西天取经之地的中国女性"。此后,正是她对父亲的思想观点了解最多,宣传最力,维护最坚。她是父亲事业的最忠实的追随者,也是一位著名的社会活动家。晚年致力于写作,并从事康有为遗

---

① 《中国维新报》第1册第10版。作者注:"版"在原报中均作"篇",此依今例改。又,此中序数用的阿拉伯数字在原报中均为汉字序数词,此亦依今例改。

② 《中国维新报》第1册第10版。

著的整理工作，先后撰成《南海康先生年谱续编》和《万木草堂遗稿》等著作，为康有为生平和思想研究提供了重要资料。现在人们对康有为的了解，在很大程度上离不开康同璧的宣传和阐释。

由于康有为那时在华侨社会中颇有威望，其女儿康同璧前往演说，自然会收到"振臂一呼，应声云集"的名人效应。而康同璧以其杰出的口才，也确实打动了许许多多慕名前来聆听演说的华侨群众。值得注意的是，康同璧没有简单、生硬地为保皇会作"广告"式的宣传，而是以炎黄子孙救国维新的口号相号召，因而感人肺腑，催人泪下，收到了良好的效果，为保皇会的发展和壮大发挥了不可磨灭的作用。

《中国维新报》还刊载了一场保皇会在费城的演说，此演说者为保皇会会员陈君树，该报对他的情况作了详细介绍，"是月十七礼拜日，陈君树同志来游本埠，特登堂演说，极言中国腐弊，人民厄困，雄谈伟论，一激一扬。是晚到场听者，座为之满。陈君向居波士顿贸易，精通两文。现在纽左斯省蠢梧埠学画瓷器花草工艺将成就，大有可为，我中国人才从此辈出也"。① 从该报道中我们可以推测出，陈君树精通中英文，是一个波士顿的商人，又谙熟瓷器花草工艺，由此推断他也应是一富商。其实这不过是保皇会会员中的一个典型代表，美国各埠保皇会都吸引了众多华侨中的上层参加。

保皇会的集会演说在鼓动华侨群众的"爱国"热潮的同时，也鼓动"保皇"，反对革命。保皇党在宣传其保皇忠君思想时，总是善于把"爱国"与"保皇"联系在一起，让广大华侨认为承认"保皇""忠君"即是"爱国"。1904年月5日，有一个叫杨咏雩的纽约保皇会会员到了费城，得到费城方面的热烈欢迎，特派保皇会会员梁君护、林君信等雇观音车至车站相迎，到保皇会及新民别墅稍事休息后，设宴于如心

---

① 《中国维新报》第9册第15版。

酒楼宴叙。宴毕返会所，梁君护请杨咏霓演说。杨的这番演说可以称得上将"爱国"与"保皇"合为一体进行鼓动宣传。他一开始便说："弟以驽骀下驷，幸得随维新诸志士后，今承贵埠诸同胞以爱国之心，而爱及于吾会，因爱会而爱及于小弟。此所以令小弟有无限感触于心而不能已者也。"他把在费城受到华侨的热烈欢迎归结到爱会爱国的高度。接着，他介绍了保皇会势力扩展带来的良好发展势头，令在场的保皇会会员备受鼓舞，随后他又说："弟今日与诸君既自认为维新中人，则当担认天下兴亡之责任，勿谓此四万万人之事，非我一人之力所能为也。但以四万万视一，则一之成数少且小；合四万万为一，则成数多且大。譬之建九霄之高塔，需砖四万万，一砖之有不有，似何补于塔之高低？抑知塔之所以能高，实积四万万之一而成耳。及塔既成，中缺一窟，则此一砖，其有补于九层之塔也大矣。乃者强邻四逼，国命日危，我政府宴游酣睡如故，一若任人宰割，甘为奴隶马牛。诚令有志之士痛心疾首于皇上之不能复位也。"[1]

从上面几则例子可以看出，在美国各埠保皇会相继成立之际，有组织或自发的保皇会积极分子的宣传鼓动发挥了很大作用。这些人有较高的文化水平，热心社会活动，口才佳，人缘好，熟悉中国社会问题，也熟悉美国社会政治，因而很受广大华侨特别是受教育不多的华侨群众的欢迎。当时，华侨身处美国社会底层，饱受种族歧视，迫切希望祖国强大，但他们目睹祖国积弱，又迫切希望祖国通过变革而强大起来。在没有找到更适合中国国情的变革道路、他们自身的封建意识还相当浓厚的情况下，就很容易接受"捷足先登"的康有为及保皇派的政治主张。而保皇会积极分子的演说往往以"爱国"为号召，推销他们的政治主张，正切合华侨下层群众的心声。

---

[1] 《中国维新报》第14册第5版，光绪三十年五月四日，1904年6月16日。

保皇派在美国活动的同时，以孙中山为首的革命派也来到美国华侨中并开始其活动，且得到一些思想较开明华侨的积极响应，给保皇会带来了很大压力。因此，保皇党人在华侨中演说的另一个目的是攻击革命，呼吁保皇，这在保皇会的历次演说中占了相当大的比例。所以，当时美国保皇党仅仅宣扬"爱国"与"保皇"，已不能满足形势发展的需要。保皇党在宣扬爱国、保皇的同时，还不得不反击孙中山革命势力的革命宣传活动。

因此，在杨咏雩的费城演说中，孙中山的革命主张以及孙本人成为杨攻击的目标，"孙文其人者，原卑污苟贱之流，目不识丁，数年前在省城及惠州等地方，倡言革命，蛊惑愚人，以至浅识者，受其所欺，卒至身家不保。而孙贼则远飏异国不计，匿迹潜踪，苟延残喘。乃复来美肆厥狡狯之术，以为敛财之谋，且攻击我会"。杨咏雩等人认为孙中山属于鸡鸣狗盗之徒，名不正言不顺，而保皇会则是尊王保皇，名正言顺。这里杨也提到孙中山到美时对保皇会进行了攻击。"夫我会岂可任人攻击者乎？宗旨尊王，名正言顺，天下皆知。年来各埠同志，日见进步，人人讲大义，人人知爱国。惟其实定保皇立宪之目的，断未有改向方针之道理。今之时代，万万不能言革命者。"因为他认为，一旦革命，必定积怨齐发，国家不保，而且认为"今我皇上之圣明，则为历代所未有，实为人民之兹父母也。一旦复位，立宪法，予民权，自能强中国，何必杀人流血，为此断不能得之事乎？"很明显，其言论与康有为、梁启超等一向攻击革命派的言论如出一辙，认为保皇则能让国家强大，而革命则会迅速招致灭亡，"既内地教堂林立，倘一轻动，则各国调兵，借保教护裔为名，是速招灭亡。率我四万万同胞手足，永作犬羊奴隶，当不知孙某是承何心！竟认作此倒行逆施之手段，何以对中国！更何以对良心也！且革命非一手一足所能致，试问孙某有何地能聚此数万人以作乱乎？有何地可筹饷乎？何地为军火之接济乎？"最后，他还不忘对孙中山本人给予人身攻击:"孙乃欲以乌合之众,敌人素练之兵乎?内之何以自保,外之何以敌人?孙某自问,亦应索然矣!年来政府治乱党愈严,一有扰动,孙某家居外洋,吾同胞则妻子田庐尽居内地,果谁被其害乎?成则孙某为帝为王,败则我同胞断头流血。孙某方言舍身救民,何以搬家至檀山,安如盘石乎?家且不欲舍,况肯舍身乎?其家则恐被害,何独不恐吾同胞家属被害乎?是以居万全之地,直驱同胞于死地也,是何良心?伤哉痛哉!吾作此言,吾怒发冲冠。"① 在这里,他把孙中山比作害人害己的害群之马,而保皇党人则是救苦救难的"菩萨",还摆出一副义愤填膺之态。当然,保皇派的这种宣传方式当时确实迷惑了不少美国华侨。

为了打击革命派,《中国维新报》还大肆渲染清政府对孙中山的通缉。1904年,孙中山在广东发动惠州起义失败,被迫流亡海外。清政府害怕孙中山在华侨群众中进行革命宣传,特地派出钦差大臣梁诚出使美国、秘鲁、古巴、墨西哥等国,"晓谕"所在国华侨,并在各埠刊发如下文告:

>照得逆匪孙文前在粤城惠州等处谋反殃民,漏网海外。近闻假冒檀籍潜来美国,倡言革命,煽惑莠民,希图敛财回粤起事。寓美侨民,不论商工,皆有身家财产,父母妻子留居内地,与亡命无赖者情景不同。若不复知爱,随声附和,捐助赀财,他日叛逆以成,固有玉石俱焚之惨。现在官府闻知,必受押拘家属之苦。况乎广东通商要区,重兵云集,黄池刀兵,岂容盗弄商民等,以有限之资财,供无赖之挥霍,而又受从逆之恶名?不亦甚无谓耶!本人臣奉使是邦,保护斯民之责。凡所以为商民身家性命父母妻子计者,无不为之谋虑。策划此事,关系尤大,不得不预为警觉,俾知防避。

---

① 《中国维新报》第14册第5版,光绪三十年五月四日,1904年6月16日。

为此示谕商等民人，毋得听该逆狂言捐赀附和，致贻他日之悔。若有狂谬者流，从中搅扰，定即查明，咨籍究办，决不姑宽。切切，特示。

光绪三十年八月初十日出示
实贴波利么埠。①

保皇党人主动在自己的报纸《中国维新报》上刊登了这篇文告，一方面是为了打击革命派，另一方面也是为了警示美国和其他各地海外华侨，支持孙中山革命派会给其本人和家属带来杀头之罪，而加入保皇派则会保家卫国，也是爱国的一种表现。

《中国维新报》还刊登了一个叫陈菊叟的保皇会会员的来函："贼党横行，图散我会，百端巧计，肆其奸谋，近日并假冒同志信函，互相攻击，以谋离间，小心居心其不可问。顷接新蕾梁君天如来函，竟有反对党冒弟之名，伪作弟之信函，辱骂康梁会长及欧云樵先生。披阅之下，殊令人发指。不知我同志，一德一心，共救祖国之危难。大义凛凛，皆推赤心持毅力之志士。任反对党横逆之来，适足增我会之坚定力。观之各埠之风闻开会，加附商股可知矣。枉作小人，我直一笑置之。尚望各埠同志，以后有此钟冒名信函，万勿轻信，是所切祷。"②按照他的说法，当时革命党曾经假冒保皇党人之名攻击康梁，当然此事的真假并不重要，不过从这里足以看出当时"两党"人之间争夺华侨群众的斗争是如何激烈。

保皇派在美国开展了丰富多彩的集会演说活动，其目的无非是宣传保皇思想、扩大保皇会。后来孙中山革命派来美宣传革命，给保皇党人

---

① 《中国维新报》第29册第14版，光绪三十年八月廿一日，1904年9月29日。
② 《中国维新报》第29册第14版，光绪三十年八月廿一日，1904年9月29日。

造成了不小的压力。这种情况下，为了维护自己的利益和地盘，他们又不得不发表一些攻击革命的言论，这些构成了保皇派在美国演说的主要内容。

二、呼吁兴办教育

保皇会与秘密结社的致公堂不同，其会员较纯洁，除积极宣传其政治主张外，还注意侨教的发展，曾大力倡导兴办教育。保皇会在美国开办的学校大部分为初等小学，主要在各埠开展用于军事的干城学校，纽约的维新学校、维多利亚和温哥华的爱国学堂、檀香山的明伦学堂也是此时开办的。①

在广大华侨群众看来，教育的主要目的是求财致富，摆脱贫困，摆脱在异国他乡受歧视受奴役的地位。华侨群众的这种希望主要寄托在下一代身上。尽管目的有异，保皇派上层与广大华侨群众在教育问题上还是容易找到契合点的。纽约保皇会的黄君惠泉曾给《中国维新报》来信，十分清楚地表达了这方面的意识："呜呼！我中国疆土之大，我华人同胞之众，党无痒，里无序，徒使俊秀子弟，日堕斯绝大之聪明，日削斯有用之性质。前车既覆，后轸宜防。目击泰西学校林立，贤哲丛生，秦嬴政以弃学而灭，汉高之倡学而兴。古之圣人今之哲士，无不以学为国至宝，为身之护符。同人同人，其具有脑筋者，能不肆力学术，精益求精，以臻美备。近之则为家谋，远之则救国难。若有子弟寓外，年轻而性灵者，能不遣之西人学塾，使之学习以辟其聪明，以资其知识？学果有成矣，则我会中多以练达之士，则我国中多一干济之才。一人为之倡，百人为之和，坚志奋进，奚患无前。……所陈诸意，虽我同意言之，已数兹复敬告，不过于懈中一振，以翼及加勉耳，吁其罗

---

① 刘伯骥. 美国华侨史（1848—1911）[M]. 台北：黎明文化事业公司，1982：454.

诸。"① 这封信语调悲愤，壮怀激烈，体现了维新派上层人士与华侨群众当时的教育意识。从这封信可以看出，保皇会是将教育和培养人才当作维新保皇事业的长远大计来看待的。同时，也将之看作是争夺华侨群众的需要。

保皇会呼吁兴办教育不是仅仅停留在口头上，也确实付诸了行动。1904年，哈佛保皇会在会所设宴为光绪举行万寿庆典。"日间租借西人大洋房演说，发明皇上爱民见废，为民之大恩人，故忠君爱国，为我辈今日应尽之义务。临会者约百数十人。是日同志梁君文卿及本报记者，纽约本会特派赴会员关枝同志，皆与会焉。夜间开宴，席上兴杯庆贺皇上万岁。以次演说，继而黄会长荣业、会员张君榜提议捐助公学事，人皆踊跃，莫不以教育为今日救中国之良药。座中三四十人，捐款已及千员，其余尚多不在座中未及捐者。"因此，《中国维新报》记者赞之曰："哈佛人心之固洁，会事之整齐，诚不愧为爱国之志士也。喜不自胜，用记其事，以告我各埠同志，共表爱慕矣。"②

1903年前后，保皇会开始在美国洛杉矶等地开办以军事目的为主的学校，即干城学校（英文名称为 The Western Military Academy，"干城"取自《诗经·周南》："赳赳武夫，公侯干城"，用来比喻捍卫者），为保皇会实施的两大计划（实业计划与练兵计划）之一。据三藩市《纪事报》报道："查保皇会之在美国，会员计有四万之众。近三四年间，由各人垫捐战费，合中国维新党人所捐计之，每年总有五十万元，而在太平洋岸数州，则持军器，习兵战之事，各报传之者屡矣。闻所练之兵，将来为中国维新军之干部，以实力强迫慈禧太后撤帘，而为光绪帝复辟之计也。据各地维新党人称：干城学堂之设，原无他意，不过讲

---

① 《中国维新报》第5册第21版。
② 《中国维新报》第23册第15版，光绪三十年七月初九日，1904年8月18日。

<<< 第三章 美国华侨早期对康梁保皇派的支持

习体操而已。但各有制服,具备枪械,而又有前充美国军营军官者为之训练,其志固不在小矣。"① 当时兴办干城学校一事也得到在美国保皇派各领导人的积极支持。"大埠"(应指三藩市)《文兴报》的主笔欧云樵,曾"遍游各埠,以体操为同志倡。新蕾、市加高各埠皆纷纷创办干城学校。欧先生复于十四日到本埠,于十六日在丁财贵戏院演说,发明武备与国家前途之关系,鼓舞乡人,听者莫不奋发。继而本埠夏领事演说,极力赞成干城学校之事,且言今日我民当养活泼之象,勿令人鄙弃我为死人为死国。然而下手处,即由体操始。听者皆鼓掌赞羡。计是日来听者,几及千人,始终无懈容。此固夏、欧二先生感人之深,然亦海外同胞,浸浸乎有文明之习惯矣"。②

保皇会在美国开办的干城学校,并不是为了提高广大华侨的文化素质,而是出于军事目的,打算用武力协助其完成政治需要,是康有为等人流亡美国后联合当地华侨兴办的讲武学堂。主要负责此事的为荷马·李(Homer Lea,1876—1911)。荷马·李,美国人,1876年11月17日生于科罗拉多州丹佛。16岁时,其父举家迁居洛杉矶。1896年中学毕业。他的体重只有88磅,身体虚弱,视力差而且驼背,因此投考西点军校被拒。后自学军事,大量研究各地战役,逐渐成为一个军事天才。1897年入斯坦福大学(Stanford University)学习法律。1899年,李氏辍学回到洛杉矶家中养病。这时,他结识了保皇会领袖谭济筹,且对保皇会工作发生兴趣。于是谭写信给康有为举荐荷马·李:"南海先生赐鉴:敬禀者,今有西人名未士吁李,系美国人,现住处罗省技利埠(洛杉矶),曾肄业于士丹佛大学堂多年,长于兵法。今始卒业游历,言论甚为通达。其先祖父当南北花旗之战曾为总兵元帅者也。他愤中国弱肉强食,心抱不平,肯在内地设立武备学堂练兵二千,自愿教习华人

---

① 刘伯骥. 美国华侨逸史 [M]. 台北:黎明文化事业公司,1984:527.
② 《中国维新报》第29册第14版,光绪三十年八月廿一日,1904年9月29日。

兵法以图自存。今同义士张拱胜兄,恩平人,亦在本埠大书院学水陆兵法者,游东南洋、港、澳各埠结交帝党诸烈士,愿一见先生言论风采为快。与弟有识面之缘,特求通函以便沿途招接,但见他可将立会宗旨详晰告知。俾知吾党非有异志,一切保皇事务,必肯相助焉理也,中国幸甚。"① 荷马·李当时虽然没有机会见到康有为,但依靠这封介绍信,他参加了保皇会及致公堂。1900年唐才常在中国起兵勤王时,李氏由华人商会赠一船票,也曾到过中国。勤王失败后逃往日本,返回美国。②

由于庚子勤王一役失败,康有为对于武装勤王并不热心。但那时美国许多激进的保皇会会员却仍对军事有浓厚的兴趣,因此在很多地方都着手创建干城学校,作为保皇会军事训练活动基地。荷马·李被聘为干城学校的总教练,康有为授其将军衔。然后荷马·李通过一个青年律师朋友为其申请领得该学堂的特许状。干城学校虽然是一所军事学校,但经过加州政府批准,领有特许状,特许状被悬挂在训练中心的显著地方,表示其是完全合法的组织。其董事有五位,皆为洛杉矶名望之士,其中三名为银行家,一名为律师,另一名为商务局主席。是时,这五位被蒙在鼓里,不知道该学堂的实际目的,给予了荷马·李大力支持。他们也认为干城学校纯粹是为了教育目的,对中国青年教育予以赞助是一种有价值的行为。干城学校的实际目的,是为训练学生预定参加革命,这在美国是违法的,故保皇会总是小心翼翼加以掩饰。干城学校如有意外事情发生时,总是立即收藏其枪械,让学生拿出书本,佯装一副埋头苦读状,以释嫌疑。

经过努力,至1905年,"中华帝国"维新军在一年之内已在美国

---

① 麦礼谦.从华侨到华人——20世纪美国华人社会发展史[M].香港:三联书店有限公司,1992:184.
② 刘伯骥.美国华侨逸史[M].台北:黎明文化事业公司,1984:527.

<<< 第三章 美国华侨早期对康梁保皇派的支持

华侨集居区的21个大小城镇，成立21所军事分校。这些分校主要位于三藩市、洛杉矶、斐士那、北架斐、沙加缅度、波特仑、西雅图、他科马、贞林罕、华李华拉、斯波堪、芝加哥、圣路易、纽约、费城、檀香山等。当然，接受训练的都是当地华侨子弟；学校的教练都是从美国军队退休的士官或受过一些军训的华侨，最高统帅为荷马·李中将。其军事司令部设在洛杉矶，地址设在麻且秀（Merchessault）街416号一座两层的砖楼。在亚巴布拉沙（Apablasa）街及温（Juan）街的街角，有两亩半的空地，围以十尺高木板的围墙，由荷马·李租得，装上电灯，白天大门紧闭，晚上为操练士兵，实际上无人知晓其真正作用。

纽约干城学校办学的宗旨与目的是训练体魄健壮、忠于维新事业、有一定文化知识的武备人才。根据《章程》，学校"专习武备，以壮体魄，卫桑梓，救国家"。① 学员的入学资格似乎十分简单，只有两条，一是"入学校者收军籍票银一元"，二是"来学者军衣器机自备"。学员的去向也分两类，一是"凡由本学校出身者，准回国充当兵操教习"；二是"学生聪明而进步速或天资可以就学西人陆军学堂者，拟由各同志资给学费，本人学成为本学校效力，不得背本"。② 从此也可看出，干城学校在兴办之初，就考虑十分长远，欲培养自己的教员逐渐替代外来教员。所设课程主要有：星期一、三、五下午八时教授初级英文；星期二、四下午七时，教授高级英文、代数、化学等。③ 为鼓动华侨参加保皇军队的热情，康有为还亲自编写了一首《干城学校歌》，号召华侨进入军校受训。

保皇会对参加训练的士兵是很苛刻的，他们不但没有薪饷，每月还要自动向保皇会缴纳五角会费。每晚经常秘密训练，除春节休假一星期

---

① 《弩约干城校草创章程》（现藏美国加州大学图书馆）。
② 《弩约干城校草创章程》（现藏美国加州大学图书馆）。
③ 刘伯骥. 美国华侨逸史 [M]. 台北：黎明文化事业公司，1984：528.

外，星期日与节假日照常进行。① 保皇会原计划在美国设立 22 所学校，每校招 100 人，共约 2200 人。实际上后来很少学校的学生能达到百人，有些分校仅得兵士 15~20 人。② 康有为在其后来的文章中谈到保皇派在美国各地开办的干城学校时曾说："吾于美国有干城学校，凡二十二，布在纽约、芝加哥等二十二都邑，教吾宪政会人之兵学者，每校有数教习，教习有大有分，统合各校，有总教习，皆延美之武官为之，其礼节并如行阵，等级俨然，威容恪肃。学生之事教习，下级教习之引大教习，分校教习之事诸校总教习，礼容至敬，奉命惟谨，吾时巡视之，亦以兵容相敬。"③

美国各个干城学校的创建既是当地保皇党发动当地华侨赞助的结果，也是各地保皇党前后呼应、相互示范的结果。而且，各干城学校之间还相互取经，资金上相互支持。例如，《中国维新报》刊登的一则《乌柯连来函》称："近日因反对党之诬词诽谤，肆意攻击，同人愈加激奋，有外界之风潮，而团体愈坚，则反党益我正多矣。现商会多有同志加股者，而捐助罗省埠干城学校经费，亦异常踊跃云。"④ 不过，也应说明，当时各保皇会间在资金上相互支持的情况并非经常发生，一般来说，应是较大的干城学校（如罗省）外出筹款的结果。

1905 年，当康有为游美到洛杉矶时，突然出现了一位名叫 R. A. 福近卜（R. A. Falkenberg）的人，自称是受梁启超封为"中华帝国维新军"的"总司令"，与荷马·李争夺领导权。原来 1903 年梁启超在美国旅行时，曾称自己是光绪皇帝的特派代表，有权在美国招募将官统领

---

① 刘伯骥. 美国华侨逸史 [M]. 台北：黎明文化事业公司，1984：530.
② 刘伯骥. 美国华侨逸史 [M]. 台北：黎明文化事业公司，1984：533.
③ 康有为. 中国颠危误在全法欧美而尽弃国粹说 [M] // 汤志钧. 康有为政论集：上册. 北京：中华书局，1981：892-893.
④ 《中国维新报》第 27 册第 16 版，光绪三十年八月初七日，1904 年 9 月 15 日。

>>> 第三章 美国华侨早期对康梁保皇派的支持

中国维新军。美退职武官福近卜听说后，即前来报名。梁启超乃以中国内阁总理大臣名义，封其为中国维新军大元帅，梁启超与福近卜及翻译鲍炽还一同拍了照。福将梁所发给的委任状及三人合影送交洪门致公堂旧金山机关报《大同日报》刊登，从而引起福近卜与荷马·李二人各登报相骂。① 该争执令许多保皇会会员产生疑惑。后来康有为写告示给保皇会机关报，承认荷马·李为统帅。告示具体内容为：

美国人民公鉴：

　　本人兹愿意声明，荷马·李将军为本人所任命而承诺之所有在美华人军事学校之唯一将军。本人并未任命有所谓"中华帝国维新军"之总司令将军或其他将军。此"中华帝国维新军"并不存在。如有冒称该军之总司令将军，或其他名位之人，应被视为诈骗者。

中国维新会会长康有为②

　　告示的发表，实际上等于承认了荷马·李的合法地位，而否定了福近卜。但争执公开刊印在报章里，也引来美国当局的注意。

　　干城学校创立之初，虽以教育为名获得加州政府批准，领得特许状，但用真枪械实施军事训练却是违法的。荷马·李当然也知道这样做的违法性，故只得秘密进行。但到1905年争执发生后，美国特务机关开始设法调查其活动。4月15日，斐士那保干城学堂被查封，该校得到此消息，即被迫解散。这是干城学校第一次被查封。到5月，加州弗雷斯诺地方检察官也下令关闭那里的干城学校。跟着，纽约州长收到信

---

① 冯自由. 美军人争取中国帅印之一幕. 革命逸史：第六集 [M]. 北京：中华书局，1981：177.

② 葛礼. 荷马·李将军的故事 [M]. 胡百华，译. 台北：传记文学出版社，1970：122.

件指控保皇会在美国违法练兵："美国特务工作局的侦探，在局长威尔克（Wilkie）指挥之下，发现证据，在本国一大部分的中国人被牵涉到一世界性的阴谋，欲推翻现时中国之王朝……在费城，这革命党在华埠中心，近九街之赛马街一房舍内，设有机关，由特别人员昼夜监督，一群中国人士每日操练。"① 于是，州长下令警察局进行调查。这时候，美国联邦政府也开始对之进行调查。美国当局最终向各个干城学校下了禁令。

很快，保皇会在美国各地所设干城分校也相继解散，康有为的军事计划最终破产。但这件事却导致荷马·李从此与康有为不和。接着，1907年保皇党内部发生纠纷之后，荷马·李愤而脱离保皇党，而投向孙中山，作为总统军事顾问随孙到中国参加了推翻清政府的民主革命，后不幸患上中风，回美两个星期后不治身亡，终年36岁。1962年，他的骨灰被带往台湾。干城学校，仅有三年历史，便烟消云散，最后只剩下洛杉矶一处，暂由谭张孝等维持。不过也人去楼空，徒具虚名，不多日也被迫关闭。

保皇派当时在美国兴办爱国学堂与干城学校，是他们实施海外华侨教育的重要方式。通过这种方式，达到了保皇派在教育方面所追求的文与武两方面的结合。这些措施，既迎合了当地华侨对后代教育的期望和祖国强大的心理要求，也满足了维新派自己未来在中国执政和发展的需要。其办学宗旨一方面是为了适合康有为及其支持者在当时流亡美国的情势下保皇变法的需要，同时也体现了康有为等保皇派一向重视对其会员进行教育的思想。鉴于华侨的文化知识水平普遍较低，并不能像在国内开办"万木草堂"这样的高级学堂那样来教育其弟子，故只得从基础教育入手。

---

① 刘伯骥. 美国华侨逸史 [M]. 台北：黎明文化事业公司，1984：537.

三、保皇会的其他活动

保皇会在美国除了其政治活动外，还举行过其他一些活动。1904年，保皇派隆重接待了赴美参加博览会的溥伦，这是清政府亲改良派与海外保皇党人唯一的一次正式接触。为了在华侨中提高声望和扩大影响，保皇会还经常为那些生活困难的华侨做好事和善事，对美国禁止华工的"禁例"提出过严正抗议，同时领导华侨与之作了顽强的斗争。尤其鲜为人知的是，保皇会在美国期间，还捐助日本红十字医院。

保皇派在美国最重要的活动之一是1904年接待代表清政府参加圣路易博览会的清贝勒溥伦。溥伦访美期间与旅美各埠保皇会一些领头人物进行了接触，这次接触使美国等地的保皇派势力大受鼓舞，在当地华侨社会也激起了一阵波澜。《中国维新报》曾经对溥伦这次访美作了详细报道，通过对这些现存资料的分析，我们可以大略窥见清政府的华侨政策及当年保皇派在美活动之一斑。

1902年，美国政府决定1904年在圣路易斯举办万国博览会，美国驻华公使康格极力敦请光绪皇帝与慈禧太后赴会。执掌朝廷大权的慈禧以年老体衰、不便远行为由推辞，光绪因变法被囚于瀛台，慈禧更不会同意其出国接触新思想。最后应允派亲王参加此次博览会，以示重交谊、敦和好。至1903年年底，清廷便任命溥伦代表清政府赴美。溥伦（1869—1927），字顺斋，满族镶红旗人，又称伦贝子，贝子为其世袭官衔。其父为宣宗皇帝之子载治，封贝勒，加郡王衔。溥伦于光绪二十年（1894）加贝勒衔，二十二年（1896）任镶黄族副都统，三十年（1904）起任资政院总裁，三十三年（1907）后历任北京崇文门监督、资政院总裁、农工商大臣、参与政务大臣。民国后还曾任北京大总统府政治顾问，1915年任北京政府参政院院长。在他访美期间，当地华侨无论在正式场合或报纸上，都一概尊称其为伦贝子。

溥伦赴美时的正式头衔是"美国散鲁伊城（圣路易斯城）博览会正监督"。清廷对这次活动给予了高度重视，特拨巨款予以支持。全国各地士商也纷纷合股集资，购物赴美，一时间在广东、上海、浙江等地还出现了一些专为参加国际博览会而筹组的公司，如广东的广业公司、茶磁赛会公司等。1904年3月4日，溥伦携其随从离开京城，途经日本抵达美国首都华盛顿，受到美国总统的接见。6月初，溥伦一行抵达圣路易斯。

接下来的行程中，溥伦还到过美国的其他几个城市如气运连拿、纽约等，接触的也都是华侨中的保皇党人。在美国的保皇派报纸中，溥伦的访美被说成是"因赛会事，衔命来美考求新识，以图自强"。①根据《中国维新报》的有关报道，溥伦完成在圣路易斯的使命后，于光绪三十年三月初三日（1904年4月17日）抵气运连拿市，在这里受到当地保皇会的热烈欢迎。气运连拿亦作气连拿，今通译作赫勒纳市，属美国汶天拿州（今通译作蒙大拿州），在美国中部。溥伦登岸后，保皇党人即"发电恭请皇上圣安兼贺伦贝子平安抵埠，乞代奏太后归政，皇上早日维新，予兴民权，行立宪政体，庶可以支持于物竞天择优胜劣败之世，云云"。②《中国维新报》对保皇党人所表现的热情和盛情款待作了报道，"气运连拿诸君真可推为热诚爱国者矣"。③赫勒纳市作为保皇会美国汶天拿部所属的12个支会的"总部"，是保皇会全美7个总部之一。当时汶天拿省（蒙大拿州）华侨人数不过2000余人，且分属10余市，但据梁启超说，这个州的"维新会（保皇会）发达最盛，有会所之市十二焉"（12个支会）④，这可能也是溥伦完成使命后将此作为访

---

① 《中国维新报》第8册第14版，光绪三十年三月十四日，1904年4月28日"舍路埠本会电伦贝子文"。"版"在原报中作"篇"，此依今例改。下同。
② 《中国维新报》第8册第14版，光绪三十年三月十四日，1904年4月28日。
③ 《中国维新报》第8册第14版，光绪三十年三月十四日，1904年4月28日。
④ 梁启超. 新大陆游记 [M]. 长沙：湖南人民出版社，1981：117.

第三章 美国华侨早期对康梁保皇派的支持

美首站的原因。

接下来，溥伦到了纽约，在这里同样受到纽约保皇会的热情接待。纽约是其时美国保皇势力的大本营，保皇党的喉舌《中国维新报》就设在纽约唐人埠勿街5号。在这里他们谈到了"太后归政，皇上亲政，维新变法"和美国政府限制中国华工赴美的"禁例"问题。就慈禧太后归政问题，从《中国维新报》的报道来看，溥伦似乎有意回避，只是随便应付，并未作详细交谈。但对"皇上亲政，维新变法"之事则侃侃而谈。据报道，"贝子深以吾会（保皇会）为然。谈话之间，奖励并至，且云诸君留心国事，我甚佩服，彼此心照而已。至变法自强，我所甚愿。我有一分权力，必做一分事，以无负诸君之望。然今日国中之大敝，实在官场，欲更张之，颇不易（容）易"。①溥伦此番话也并未谈到实质性的问题，这一态度是与溥伦当时的身份和所处的政治环境相吻合的。但保皇党人并不满足，后来他们干脆直言不讳地说，"若皇上之英明神武，得复辟新法，去一二守旧大臣以警其余自不难"。对于这一问题，"贝子然之，复云游美之后，将至法国，不日入新蕾（圣路易斯），不能与诸君畅谈各事，然心照而已"。溥伦显然也是草草敷衍一下，未作任何实质性的答复。保皇党人对他的这种敷衍态度也有所察觉，下面一段话就十分清楚地反映了保皇党人当时的某种矛盾心情："（伦贝子）谦光和厚，蔼然堪亲，诚明敏通达之人也。虽然墨子悲染丝，近朱者赤，近墨者黑。启诱王心，匡谏王过，是在左右诸公辅翼扶直者矣。尤望贝子，勿忘被侮之耻辱，国民之艰难，图强其国，以一雪此恨焉可也。"②

对于美国政府限制华工"禁例"问题，溥伦说他已经向美国政府

---

① 《中国维新报》第15册第5版，光绪三十年五月十一日，1904年6月23日。
② 《中国维新报》第13册第15—16版，光绪三十年四月二十八日，1904年6月13日。

99

力争，又托某位美国人（可能与他有交情者）从中运动，相信将来美方的限制措施必会宽松。在当时的情况下，溥伦在这件事情上的乐观态度，实际上恰好表明了他的幼稚和无知。而保皇党人对美、中两国政府都存有幻想，则不难理解。不过，溥伦毕竟为推动美国政府放宽对华移民限制做了一点他分内的事，尽管在当时历史条件下不可能有多少效果，但毕竟表明了中国政府的立场。

光绪三十年三月廿七日（1904年5月11日），他从纽约重返圣路易斯（据《中国维新报》之《新蕾来函》）。这次只有保皇会会员6人，以及洛杉矶保皇会的西文书记张拱胜等一行同到寓所看望，溥伦给予热情欢迎，并通过梁诚"询问埠中梓里，和谐诸事。同人以梓里相爱之情告，并云皆由我康会长倡立保皇会，人知忠义，合群爱国所致。钦差为之动容称赞，并勉以为善云云"。①

之后，溥伦再度于光绪三十年五月初三（1904年6月15日）下午六点钟从圣路易斯抵达纽约。这一回他在纽约逗留的时间很短，只是出席了当地保皇会为他举行的送行酒会。纽约华商某君亦起立演说，说了些"蒙阁下不弃，依顺民情，得聆大教，何幸如之，诚没齿不能忘"之类的客套话。②至十点余钟，宾主尽欢而散。休息了一晚，次日一早便由人送到码头，"附罅假市孔船，赴欧洲法国以办交涉"。③

显然，溥伦在美期间所有的行程和费用都应由旅美华侨（准确来说，应该是各地的保皇会）安排资助。而各地保皇会之所以热情地邀请他来回兜游，主要是想利用他在清王朝中的特殊地位和影响，希望他回国后能够说动"皇太后归政，皇上俾得乾纲，独揽变法维新"。④当

---

① 《中国维新报》第15册第5版，光绪三十年五月十一日，1904年6月23日。
② 《中国维新报》第15册第5版《美国近事》一栏，光绪三十年五月十一日，1904年6月23日。
③ 《中国维新报》第15册第5版，光绪三十年五月十一日，1904年6月23日。
④ 《中国维新报》第8册第14版，光绪三十年三月十四日，1904年4月28日。

然，顽固的慈禧太后独揽大权，是不可能听进去任何人的劝告的，更别说一个无足轻重的贝子。现在人们一般认为，溥伦赴美期间，曾向各地华侨和纽约维新报记者表示了自己急图自强、振兴国脉以改变积弱局面的决心，保皇派也对他寄予很大的期望。但溥伦作为清廷重臣，在涉及关乎朝廷生死存亡的问题上的表态不能不是极为谨慎的。如果说保皇派宣传和报道了溥伦曾表示自己急图自强、振兴国脉以改变积弱局面的决心，这实际上是很难让人相信的，充其量只是当时保皇派的一厢情愿，或自作多情而已。

总的来看，溥伦这次美国之行，得到保皇派势力的重视。他的言行虽然大都只是表面上的敷衍，但在保皇党人看来，已属收获良多。他们从溥伦这样的清朝开明官员身上看到了维新变法的希望，因而备受鼓舞。再加上1904年美国保皇运动正如火如荼，溥伦的到访，加上保皇党人的刻意张扬，的确在美国华侨社会中产生了很大的影响，对保皇运动起了推波助澜的作用。溥伦的美国之行，不仅对美国的华侨社会产生了重大的影响，对加拿大等地的华侨社会和当地的保皇派势力也意义重大。溥伦访美和会见保皇党人的消息传到加拿大后，域多利保皇会还专门去函溥伦，函中说，"商等僻居美北，未睹鸿仪，然闻白驹所至，垂后爱于邦人。黄龙之旗，见敬礼于异族，知立宪之为美，诚变法之至良欲赍归而献诸我后，欲实行以救宗邦。递听之余，望风怀想，诚视殿下之辱临，而达其耿耿之私也"。其忠臣赤子之心，溢于言表。同时，域多利保皇会还特地献上保皇会的值理小照五幅，"略表旅民爱国忠君之义"，"以为他日宪政既成，谒殿下于北京之左券也"。[①]

溥伦1904年上半年的美国之行，正值光绪皇帝大寿（六月廿八日）之前，这一年恰好也是光绪登基30周年。因此，美国的保皇党人

---

① 《中国维新报》第26册第14版，光绪三十年七月廿三日，1904年9月1日。

趁势掀起了维新变法、保皇救国的高潮。据《中国维新报》报道，在"二十八日为皇上万寿之期，各埠维新会大会兴贺，并发电北京（庆贺万寿乞代奏归政），不谋而同，亦可见下民悉戴之忱矣"。据报道，当时向北京发电的各埠保皇会有："英属温哥巴总会所、域多利会所二埠会所；美国市加高会所、波士顿会所、纽约会所、波利么会所、哈佛会所、新蕾会所、连气拿会所、比令士会所、粒荣士顿会所、费城会所"等。① 溥伦的访美，加上后来保皇党人一系列的造势，使美国华侨社会中的保皇运动在1904年至1905年达到高峰。

保皇会与清廷派员在美办学还有过接触。1906年，清大臣端方与戴鸿慈来美考察后，奏请清廷在美华侨中设立学堂，并称"他日学生毕业领照，与内地学堂无异"。清廷受此影响，应时势之需求，于是派梁庆桂作为钦差大臣赴美筹办侨校事宜，驻美国公使梁诚发函通知旧金山总领事馆："查旅美华民，同是朝廷赤子，亟须乘时劝学，扩其知识，而发其忠爱。本部现经奏准内阁候补侍读梁庆桂前往美国调查华民情状，筹办兴学事宜。该侍读续约于明年春间起程东渡，除电请贵大臣遴员妥为照料外，相应咨请办理，并宣谕旅美华商一体遵照，等因。准此，除咨复外，合行札仰该总领事遵照转谕华商可也。此札。光绪三十三年二月初七日。"② 保皇会得知此消息后，对此事持反对态度。3月3日，保皇会机关报《世界日报》主笔谢瑞林发表撰文《论政府之派海外劝学员》，称"内地未能劝学，遑论海外；以劝学之美名，行羁縻之政策"。③ 但《中西日报》对派钦差来美办教育，则竭力支持；当地华侨社会对此事也非常欢迎，民意所趋，保皇会也无能力阻挠。

保皇会在美国还做了一件鲜为人所知的捐助日本红十字医院的事。

---

① 《中国维新报》第23册第15版，光绪三十年七月初九日，1904年8月18日。
② 刘伯骥. 美国华侨逸史[M]. 台北：黎明文化事业公司，1984：391.
③ 刘伯骥. 美国华侨逸史[M]. 台北：黎明文化事业公司，1984：391.

<<< 第三章 美国华侨早期对康梁保皇派的支持

为此，日本驻纽约总领事内田定槌君特发了致谢信："敬启者：蒙捐纳敝邦红十字医院五百二十五元三毫，已经收到，十分感谢！当即由邮局付回日本。吾邦人听之，当必深感矣！专此鸣谢，敬候义安！"同时，还附上纽约保皇会捐助日本红十字医院名单①。这次捐助很可能是一个个别事件，同样的事后来也许没有再发生。但此事本身的意义绝非捐助本身和捐助额的多少可以衡量。它表明，当时保皇会非常希望通过国际性的慈善行动，扩大自身的影响力。

为了争取民心，保皇派对美国华侨最关切的移民问题也有所关注。如1904年美国通过了华工禁约，且又续订了其期限，除中华会馆极力为华侨争取权益外，保皇会也曾倡议废止该条约。康有为在洛杉矶向保皇会发了一封公电，内容如下："美续禁约，梁使不签名，美今遣使往北京，改请外部画押，已开行十日。此事关我华人生命，于粤人尤甚。计粤人在此岁入数千万，若能破约，岁增无量数。吾国生计已穷，若美工尽绝，势必大乱。今各咸发愤，各电争于外部。惟外部畏怯，若美使恐吓，即画押。生死之机，在此一举。望大集志士，开会鼓动，电政府及各省督抚力争，并以报纸激发人心，或可挽回。所有支用，当俟后汇，勿吝小费，美中必源源接济。"② 美国各埠保皇分会接到此函电后，鼓动美国百数十埠华侨，联名上书清廷，请勿与美国续签禁约，并将此函立即发往上海、香港、北京等处，号召国人和各地华侨不购美货，抵制该条约，在当时也造成了不小的影响。

---

① 《中国维新报》第9册第15版。
② 方志钦，蔡惠尧.康梁与保皇会［M］.天津：天津古籍出版社，1997：113.

103

小　结

戊戌政变失败后，康梁逋逃海外，但维新改良派并没有因为变法失败而灰心丧气，而是继续动员和团结广大华侨挽救祖国，在国外华侨社会中建立保皇组织，继续其未竟事业。随着保皇会事业的扩大，美国后来实际上成为保皇会的活动中心。

由上述可知，保皇会在海外华侨中尤其华侨上层有着广泛的思想基础和群众基础，侨居在美国的很多富裕侨商都积极参与了这一组织。关心祖国命运的广大侨胞，普遍存在着中国封建社会的"忠君"传统思想观念。康梁保皇派在海外以"保救大清皇帝"相号召，尤其是康有为所到各地，向华侨声称他藏有光绪帝的密诏，具有更大的鼓动性。他向华侨宣传鼓动只有光绪帝复位，才能救中国，救皇帝也就是救中国。这种宣传把"忠君"和"救国"联系在一起，得到了广大华侨的理解、同情和响应，出现了"今同志怀忠君爱国之心，创保皇会以救圣主而救中国，各埠莫不踊跃争先举行"的热烈场面。[1]

从上述康有为政变后流亡海外的一系列活动中，可以看到海外侨胞爱国心切，渴望祖国改革，从而支持"勤王"。而身在异国的美国华侨，与别处侨胞一样，向来没有参加过政治团体，而康有为、梁启超作为广东人，既有学养，又有乡党关系（美国华侨绝大部分为广东人），在海外"振臂一呼，应者云集"。康有为组织保皇会，短期内得到这么多地区华侨的支持，并非偶然。华侨旅居海外，主要从事工商业，康有为早就呼吁"商政施行"，政变后又宣传保商保国，保皇会也称自己为

---

[1] 上海市文物保管委员会. 康有为与保皇会[M]. 上海：上海人民出版社，1982：92.

保商会，更是投华侨之所好。关怀侨胞是他们在海外活动获得支持的一大原因。另一方面，康有为、梁启超利用他们在国外华侨中的影响，宣传其保皇救国思想，从而激发了广大爱国华侨的爱国爱乡之心，形成了具有强大民族主义凝聚力的潮流。而老一辈华侨对政治思想的接受程度，也不过仅限于改革运动而已，根本不敢产生推翻清政府的念头。这恐怕也是保皇会能在海外华侨中迅速膨胀的主要原因和客观条件。

第四章 保皇派的商业活动

　　1899年,保皇会在加拿大创办了"保救大清光绪皇帝会",这个表面上具有政治性质的保皇会总部,实际上其真正意义是商业公司,保皇会可以说是当时康有为所创办的一个庞大的跨国公司。保皇会以保救大清光绪皇帝、保护国外华商之名,在短期内曾收到数目相当可观的华侨捐款,康有为在利用华侨捐款进行政治活动的同时,也把其中的相当部分资金用来投资实业公司,发行股票,进行经商赢利活动,以期获取更充裕的经费开展保皇活动。1903年正式组建实业性的"中国商务公司",招股约六十万元,总局设于香港(康有为自任督办),该公司将"倡办商务"当作"救国之大计",于是矢志在全球范围内"振兴中国之商务,挽回外溢之利权","以千万元公司复祖国"。[①] 此后保皇会在全世界开设银行,散发股券,投资交通,经办工商,发展经济。保皇会前后共集资达150万元之多。但由于保皇党人多为受中国传统教育的知识分子,管理经验缺乏,再加上公司内部账务混乱,职权不清,商股与党费不分,特别是作为保皇党总会长的康有为独揽大权,用人失当,最终所属商务公司全盘皆输,无一幸免,造成各地保皇会成员人心瓦解,保皇事业失败。

---

① 上海市文物保管委员会. 康有为与保皇会 [M]. 上海:上海人民出版社,1982:278,239.

一、发行股票

保皇会成立中国商务公司后，其总揽保皇会的一切商务活动。保皇会以实业救国为号召，在美洲华侨中大肆招股办实业，以配合和资助其政治上开展各项活动。保皇会组织在美国建立后，势头发展良好，再加上1903年梁启超和1905年康有为两次访问美国的盛况，奠定了美国华侨社会在海外保皇势力的中心地位，保皇派因之在美筹得了大量活动经费。他们在美国筹集资金的办法主要是发行各种股票，这一措施曾得到一些华侨商人的热烈响应，筹集到不少款项。

商会的资金来源以华侨捐款和认股为主，筹措商款虽然步履维艰，辛苦备尝，但各地华侨十分踊跃。保皇会会员认为"今日救皇救国，全恃此商会为根本"①，因而对商会非常支持。1902年9月，港澳总会负责人、公司开办董事何廷光等向各分会散发公司章程草案，征求意见，希望各埠相互鼓舞，竭尽所能，踊跃捐输。洛杉矶分会会长谭张孝结合实际情况，制定适合本埠使用的商会章程，与总会章程一同寄出招股，欲"趁人心之热，速以成之"。②徐勤设想在上海开办保火险和按揭公司等项生意，也意欲到美招股。1902年，加拿大的李福基、叶恩打算为其组建的公司卖出股票一百万元，用这些资金满足股票持有者的政治和资本目的。③1903年，梁启超游历美洲，在各地建立保皇会分会，侨商人心大振，遂集股开办商务公司，募款招股获得很大成功。谭张孝、刘章轩等侨商积极捐款，还鼓励其他华侨慷慨解囊，为商会作出了不可抹杀的贡献。因此，保皇会在美所集商股款项数目相当可观。梁

---

① 方志钦，蔡惠尧. 康梁与保皇会 [M]. 天津：天津古籍出版社，1997：258.
② 方志钦，蔡惠尧. 康梁与保皇会 [M]. 天津：天津古籍出版社，1997：166.
③ L. Eve Armentrout Ma. Revolutionaries, Monarchists, and Chinatowns: Chinese Politics in the Americas and the 1911 Revolution [M]. Honolulu：University of Hawaii Press, 1990：82.

启超在致何穗田的信中说："商会股份现东方各埠集得四十余万,将来美洲总可行百万内外"。① 梁由美国返横滨后致信康有为称,此行大约可得商款70余万,并再次遍发信函,催收各埠认捐的商款。② 而徐勤则估计商会总共能筹集150万元以上。③ 这些购买股票的华侨,一部分是保皇会会员,一部分属于私人投资。华侨所认捐的确切款数是多少并不重要,重要的是这些商款为保皇会日后开展各项活动提供了极大的便利。

由于年代久远,保皇会在美国等地发行的股票大都芳踪难觅,所幸美国柏克莱分校族裔研究系(Department of Ethnic Studies)图书馆还保存有几张保皇会的股票凭证。通过对这几张原始票证的分析,也许可以加深对当年保皇会在美国华侨中集股活动的了解。

这几张凭(股)票均为原件,纸质精良,发行于20世纪初保皇会在美国活动时期,具有很高的文物和史料价值。其中有两张完全雷同,仅原编号不同。三张凭(股)票中,第一张为持票人加入"中华帝国宪政总会"的捐款凭据。持票人的第二次捐款,捐额为60美元,在此之前他还捐了一次,可见持票人是个保皇派的积极分子;第二张为华墨银行的正式股票,捐额为25美元;第三张是他给"国民海军会"的捐款,捐额高达150美元。这三张股票的持票人都是气连拿埠(赫勒纳市)的冯镜泉。单从这一项来看,就可以肯定冯是个华侨富商(100年前的150美元是一笔很大的数目)。④

上列三张凭(股)票的捐购时间从光绪三十二年到三十四年(1906年到1908年),正是梁启超和康有为先后两次访问美国,保皇会在美国的势力达到高峰的时候。为了得到充裕的商业活动经费,当时保

---

① 丁文江,赵丰田.梁启超年谱长编[M].上海:上海人民出版社,1983:325.
② 上海市文物保管委员会.康有为与保皇会[M].上海:上海人民出版社,1982:242.
③ 上海市文物保管委员会.康有为与保皇会[M].上海:上海人民出版社,1982:237.
④ 资料来源:Library of Ethnic Chinese Studies, University of California Berkeley。

<<< 第四章 保皇派的商业活动

皇会想出了很多名目在华侨中筹款，仅上列三张凭（股）票就有三种名目。除此之外，如上章所述，保皇会还有其他的筹款花样。但概括起来，这些筹款花样无非是两类，一是通过新成立的政治组织，吸收会员所交纳的会费（如前所述，其会费名义上也是有偿的）；二是通过银行发行股票。前者主要是吸收华侨捐款，用作其政治活动经费；后者所发行的股票，主要用作经商营利活动，当然最终结果还是用于其政治活动。

从上述几张股票情况来看，冯镜泉一人认购多张且数额较大，足见当时美国华侨对保皇会股票认购的积极程度。也难怪，康有为、梁启超及其党人在华侨中筹款时，曾夸下海口说日后会加倍偿还。重利之下，必有勇夫。但从后来广大华侨倾力支持孙中山等革命党人而不求回报的情况来看，当时华侨（包括本持票人冯镜泉）捐款的主要目的是为了在政治上改变中国社会，而不是为了谋求经济上的回报。相信凭票的持有人当时并没有为了发财而捐款的动机。

持票人冯镜泉是美国华埠气连拿的一名富商，曾得到康有为的重用，也曾参与琼彩楼往来账务管理，是康有为坚决的拥护者。气连拿今通译作赫勒纳市，是美国汶天拿（今通译作蒙大拿州）部所属的12个支会的"总部"，也是保皇会全美7个总部之一。当时汶天拿省（蒙大拿州）华侨人数不过2000余人，且分属10余市，但这个州的保皇会最发达。冯镜泉所持的这几张凭（股）票便是有力的证明。值得注意的还有，如上列第二张股票表明，时华墨银行公司的股票人购号已写到8000多张。这些股票（包括序号）应该只是专用于气连拿的（旁边印刷上"气连拿"三字便可证明）。其时气连拿所"统辖"的汶天拿（今通译作蒙大拿州）的全部华侨人口也只有2000多人。气连拿作为"总部"，华侨人数应该较多。若以一半的人数即1000人算，则平均每人认领的股票张数就达8张之多。这当然只是粗略的估算。不过当时气连拿的华侨每人认购的股票数不只一张,则可以相信,其他各地更不必说,如旧金山、芝加哥、纽约等这些人数众多的华侨聚居地,保皇会所售股票数之多可想而知。

发行股票是保皇会最主要的筹集资金的办法,也是其重要的商务活动之一。保皇会通过发行股票和组织认捐活动,筹集到了大量经费。有了这些经费作支撑,保皇会就可以在北美和内地开办银行、大办实业以及从事经营出版印刷业的书局等,为保皇派的商业活动奠定了坚实的基础。

二、创办实业公司

保皇派在世界各地成立其组织后,在短时间内又举办了名目繁多的实业项目,主要有:香港的中国商务公司、中华酒店、华益公司,中国内地的广智书局、振华公司,美国的华美银行、琼彩楼,墨西哥的地产、华墨银行、电车、铁路、轮船公司,等等。一时间,保皇会设立了一个国际性的经济系统,其生意似乎欣欣向荣,蒸蒸日上。康有为开办商务公司的初衷是"下以竭国民之力,上以慰朝望之殷"①,努力争取各地华侨入股筹款,用经商所得的利润来支持保皇会的政治活动。1905年康有为游美洲前后的一两年,可以说是保皇会声势最盛的时期。在这时候,他们得到美洲大部分华侨的支持。表面看来,这个庞大的经济网络有很雄厚的政治经济力量,但是,事与愿违,投资实业并没有使保皇公司获得收益,相反,这些公司大都因经营不善或管理失当而最终倒闭破产。在商海利欲诱惑下,康门师徒矛盾四起,债务纠纷接连不断,康门弟子及保皇会会员因利益纷争而关系失和,致使许多会员对康有为和保皇会失去信心,很多华侨转而走上了支持孙中山革命的通路,保皇事

---

① 上海市文物保管委员会.康有为与保皇会[M].上海:上海人民出版社,1982:324.

业遭到极大的挫折。琼彩楼债务纠纷与振华公司丑闻案是影响保皇会兴衰的两件大事，同时二者也与美国华侨关系密切，引发的问题亦较严重，在这里把它们作为分析康有为经商活动对保皇会事业影响的典型案例。

（一）芝加哥琼彩楼事件

琼彩楼是保皇派在美国芝加哥开办的实业，由康有为授权、谭良负责经营，以酒楼饮食业为主。因对其投资了十万美元，故当地人又叫它"十万庄"。有关谭良的情况前面已有叙述，使他得以扬名的可能还是与保皇活动有关的琼彩楼事件。1905年春夏间，谭张孝陪同康有为游遍美国各地后，10月15日在波特兰分别，康有为去了纽约。谭那时任保皇会洛杉矶分会会长，其时正主持《文兴日报》，深得康有为的信任。谭请求开办酒楼，以酒楼赢利资助保皇会的留学生，支持保皇事业的发展。对这一请求，康满口答应，许诺拨公款一万元作开办酒楼的资本，即将暂存于谭处的7000多元保皇会公款给谭使用。派谭总办此事，允其继续吸纳股金，逐步扩大经营。原本打算在洛杉矶选址，但始终未觅得满意的铺位，谭一直迟疑等待。康接连发信催办，称"此事为兴学育才大举，无论如何，公款亦当拨足"。同时也一再强调他是多么看重这件事和谭良本人。"此事重大，付托于汝。汝太谨慎畏葸则迟误失事机矣。安有捧七千巨金而白坐者乎？"在信的末尾，康有为还是一再催促，"速办，速办，无复多迟疑以误事"。[①] 后来，谭良终于在芝加哥找到合适的铺位，定名"琼彩楼"，上悬一块刻有"保皇党"三个大金字的招牌。

琼彩楼开张前，其账目混乱状态就已出现。1905年11月康有为命谭从七千多元中提取五千元借与李美近，剩余的两千多元更不敷使用，

---

① 方志钦，蔡惠尧.康梁与保皇会［M］.天津：天津古籍出版社，1997：256.

不得已，谭频向康请求拨款。康除亲自拨与有限的数目外，便命香港华益公司纽约分公司支援琼彩楼。于是，纽约方面的冯镜泉、汤铭三、康有霖、陈继俨等就直接参与琼彩楼拨款事宜。康同璧、康同荷、梁启超等人也卷入琼彩楼的财务运作中。1906年6月琼彩楼正式开张营业，但是资金短缺严重阻碍了各项工作的正常进行。招股章程发出后，响应者寥寥，即使入股，亦是小数目。此时康有为感叹道："入美经月，各埠人情稍悉。商会寥寥（乃至不及二、三千），待我虽殷勤，而交股甚少。此事原因固多，而各埠实以无赚钱之把握，不能以空言动也。观此情，商会事几同秋扇矣。"①

此时，康有为正亲自在墨西哥创办华墨银行，认为"墨中办银行最相宜。……其发银纸三倍于其本，盖新国欲开利源，故如此之优也，各国皆无之矣"。康还天真地认为办这件事是"长袖善舞，大利无穷"。② 同时还买地"炒"地（康有为语），并筹办长达8英里的电车业。由于"炒"地小有收获，"前日吾买一地二千四百元，今日卖出三千八百元，一日而赢一千四百元。又前月吾买一地三千元，今已五千，无怪日初以白手四年致四万也"。③ 初尝甜头后，康有为认为在墨商业势必大有赚头，赢利前景在望，故此他多次催促谭尽快派息，还清借债，以应墨西哥各项投资之急需。大约在1906年秋天，他给谭张孝寄来催筹款和还借款信："墨中电车须款数十万，……芝事皆弟经手，必当筹款数万以应。弟去年言转易甚易，不可不践言。又，去年夏初借万元，一分息，拟订三个月交还。今一年本、息皆绝不交，不提还。而电车事迫不及待，弟可速筹还。此是弟然诺经手，不得以无力辞。凡借款皆当量而后入，苟不计还之，然否？行必致公，信而有同，故欺

---

① 方志钦，蔡惠尧. 康梁与保皇会 [M]. 天津：天津古籍出版社，1997：58.
② 方志钦，蔡惠尧. 康梁与保皇会 [M]. 天津：天津古籍出版社，1997：66.
③ 方志钦，蔡惠尧. 康梁与保皇会 [M]. 天津：天津古籍出版社，1997：260.

<<< 第四章 保皇派的商业活动

(其)惮之。"① 谭张孝收到此信后，可能并没给康满意的答复或者根本不予理会，致使康心生不满。

由于琼彩楼账目事前并未商定各笔拨款性质（是否借款）如何，以致数目混乱，相互拖欠，纠缠不清。康有为向谭张孝所催款项不至，再加上后来"美银行倒，墨事大差，地价减下"，使康在墨的经商计划落空。又因负责墨西哥商业的黄宽卓、黄日初因争权而发生内讧，康也说是"皆为谭庇牵去，贻累港局"，以至康担心诸事"万一不能办，全美大哗，保会溃散"，终于爆发了康、谭二人关于琼彩楼债务的纠纷。所有这些事最终使得康心力交瘁，"为商务事累几呕血，刻下头痛肝痛"，因此大病数月。②

1908年2月，他致函梁启超，诉说自己为本门各实业积劳成疾的情形，函中首先怒斥谭张孝"私吞"琼彩楼本息，声言要将此事公之于众，诉诸公堂，甚至要将其抄家追债，逐出师门，还大骂谭为"谭盗"，"张孝前后借去十六万（华数），其万二千五百（美数）乃做股，为养学生者，以此钳我。后再借附充一万，彼借四千，亦我手。其余十万则铭三先后（无我命）误借与之（季雨本知其奸，亦徇情，可怪），至今利息本钱分文不能交，亦不养学生（皆扣借款）。今得芝埠年结，竟无借入二万四千之数（华银四万八千），是其私吞矣。铭、雨二人，擅借巨款而置之不理，可恶已极。若谭盗则更不必言，刻拟布告，又拟控追，拟作欠公学款而抄其家"。③

康有为显然也写信给谭张孝表示其不满，谭在给康的回信中说："捧诵至此，惊疑之下，神魂若失，瞠目瞪视，无所措手。"谭提供给康自己所记录至1908年底的账目，海内外入股琼彩楼71,000多元，加

---

① 方志钦，蔡惠尧. 康梁与保皇会 [M]. 天津：天津古籍出版社，1997：78.
② 方志钦，蔡惠尧. 康梁与保皇会 [M]. 天津：天津古籍出版社，1997：242.
③ 丁文江，赵丰田. 梁启超年谱长编 [M]. 上海：上海人民出版社，1983：443.

上开办资本1万多元,共计不过9万多元。双方提供的数额出入甚大。康有为对此说颇有怀疑,认为"此事必当大整顿",于是派林兆生、陈宜甫往芝加哥调查琼彩楼往来账目。1908年3月10日康给谭的信中说:"令陈宜甫派查琼彩楼数目,并与全权整顿一切,开除一切,可一切虚听之。此事必当大整顿。非宜甫之才不能妙于措置。今特令宜甫来整顿改良一切。吾全听宜甫之所为,汝可一切听宜甫,并将一切内外数目告之示之。"后又指示:"兆生随我,绝无暇来理事,已派定铭三来,孝为总理,孝行,铭为代办总理可也。"① 这样谭张孝对琼彩楼的活动等于被架空了,其保皇会总理之职也被人代替,有名无实。

1908年,琼彩楼内部混乱情况和康、谭的争执渐渐公开化,保皇会会员和股东们均以为谭靠一笔糊涂账发了大财。在矛盾白热化的时候,康、谭两人极尽互相责骂之能事,琼彩楼事件遂演变为有损于保皇会声望的社会丑闻。康指谭"行同诱骗,直是棍盗",谭毫不相让,谓康"言不由衷",这只不过是其"唾骂之惯技,不足为奇,不足取信"。② 对于康有为的指责,谭张孝逐句逐字做了批驳。首先指出康有为所说存在谭处的16万巨款没有丝毫利息纯属子虚乌有,非常离奇,不可思议。即便是有此巨款,也不过是经手之款,并非个人私借,又怎么能责怪他不纳息呢? 谭说他只不过是受康有为摆布的"傀儡",康的"间接代理"而已,自己不但"丧失医业利权不算,而买得今日之结果"。③ 谭认为自己所支各款都是按照康有为之命行事,并非他一人"私自支出,擅自挪用",往来款项"数目清楚,首尾了然",不理解康有为"责备至此,是否糊涂",而且还理直气壮地说道:"原信具在,难逃洞鉴。"④ 认为康所说的话也是前后"自相矛盾",简直是"白昼

---

① 方志钦,蔡惠尧.康梁与保皇会[M].天津:天津古籍出版社,1997:266.
② 方志钦,蔡惠尧.康梁与保皇会[M].天津:天津古籍出版社,1997:8.
③ 方志钦,蔡惠尧.康梁与保皇会[M].天津:天津古籍出版社,1997:249.
④ 方志钦,蔡惠尧.康梁与保皇会[M].天津:天津古籍出版社,1997:253.

第四章 保皇派的商业活动

发梦，令人可笑"。①

谭张孝与康有为的矛盾公开化，显然对作为弟子的谭是不利的。在一般人看来，激怒康有为是对"恩师"的大不敬，自然会遭到康有为其他追随者的指责与不满。这种压力首先是来自康的亲戚。1908年10月15日康之弟康有需在致谭的信中多次催促谭良速还欠款："康先生念兄至交，屡函嘱弟勿追，拟拨他款为兄代抵……弟为兄受累久矣，务请将千元及息迅速清还，不然徒累弟难为耳。"② 康的外甥游师尹致信给康说："孝当舅父至难之际，而挟人心怂各埠以拒，可恶至极！"并声明日后"必须报此阴谋"。③ 对于这些指责，谭张孝一直忍而不发，不愿破坏多年师生感情，以下犯上。"论情则有师弟之亲，论理则先生亦在股东之列，岂可过为决裂，与以太甚耶？"④

如果说这些指责与非难还可忍受的话，但接下来康的心腹徐勤公开发表的《布告琼彩楼函》中公开指责和诋毁其行为，可能着实激怒了谭张孝。"芝加哥琼彩楼之事，总长以党中公费所入甚少，公款及养学生支无所出，乃徇谭张孝之请，以党费预股万元，以济办公。总长远在欧洲，乃谭张孝以诡谋诱纽局诸人，日言琼彩楼之败而请救。四月借万元，七月再借万二千元，九月又再借揭万二千元，正月以全顶西人股，请得二万七千五百元，而总长不认，不收股票。谭张孝自借四千，谭昌借五百，二谭以无本生涯，冒认多股，遂至全为谭张孝所据，十三万四千之本、无一文息之交。"还把康有为患病认为是谭造成的，某些保皇会会员有些动摇也是谭造谣所至。"总长去春怒责，至于得疾，遂至于今。然琼彩楼岁支万数，皆为党计，总长无一私支焉，请一一查实数，

---

① 上海市文物保管委员会.康有为与保皇会[M].上海：上海人民出版社，1982：425.
② 方志钦，蔡惠尧.康梁与保皇会[M].天津：天津古籍出版社，1997：265.
③ 上海市文物保管委员会.康有为与保皇会[M].上海：上海人民出版社，1982：395.
④ 方志钦，蔡惠尧.康梁与保皇会[M].天津：天津古籍出版社，1997：238.

益见总长之苦衷。天下岂有支款为人，而以身受过者乎，其他处亦可推矣。而谭张孝私收挨士多利同志国事报股本数百，挨士多利同志以无股票大哗，攻张孝，卒至总长代交股本，而代发股票，他如此尚多，可问挨士多利同志也。然总长犹不忍布告之，而张孝已先造谣惑众，至往者热心之同志，亦有为其所惑误者。"①

面对多方指责，谭张孝百口难辩。忍无可忍情况下，谭公布了他与徐勤1908年6月的信函，认为徐"所言琼彩楼事，多有不实不尽之处。不过他不知首尾，也不能怪他。但是非颠倒，甚为不妥，若任其胡言乱语而不申诉，是有原告而无被告也。诸君只听一面之词，究不知其中实在情形也"。最后感叹道："所可惜者，十年患难与共之人，无一不凶终隙末，甚或恩将仇报，诸君试思之，可为寒心也。"还引用《诗经》里的一句话表达他的忧愤之心："将恐将惧，惟予与汝；将安将乐，汝转弃予。"② 跟随康有为多年的谭张孝，为保皇事业出钱出力，鞠躬尽瘁，却落个私吞公款的骂名，着实令他寒心。

经过谭的解释和说明，在大量的事实面前，康终于承认谭提供的账目是正确的。但他仍批评谭疏于记录账目，致使帐目混乱。1908年8月18日，康有为致谭张孝的信中说，"吾前于弟信之甚，至故大付托；而弟立单借款，不清各息，复岁月请款，致启吾疑"，从而造成"芝事误墨事、港事、纽事，全局同倒，皆缘芝误提款故。于是疑汝甚，至而吾亦因汝心痛，病数日"。③ 康承认此事主要是由他自己的多疑而致，并给谭道了歉："总之，此次我实过疑，致起不肖之心剥核，遂至而弟从前数目未清，适遘港、墨事不妥，弟坐其祸。"又希望谭能不计前嫌，以此为鉴，彼此都反躬自省。"今皆作过去烟云，前事又勿计。吾

---

① 上海市文物保管委员会.康有为与保皇会［M］.上海：上海人民出版社，1982：424-425.
② 上海市文物保管委员会.康有为与保皇会［M］.上海：上海人民出版社，1982：424.
③ 方志钦，蔡惠尧.康梁与保皇会［M］.天津：天津古籍出版社，1997：84.

与弟经此阅历，各省躬思过，痛改之可。"①

但是，破镜难以重圆。此事对各方造成的伤害是难以弥补的，对保皇事业造成的损失更是不可估量的。为了对整件事"彻底澄清，辨析毫厘"，以"明心迹而折流言"②，还历史真面目，谭张孝于1909年1月在美国公开出版了有关琼彩楼的文件《征信录》，其内容包括琼彩楼账目的记录和康有为关于琼彩楼投资、管理问题的指示以及利润的分成等信函。《征信录》的发表，使整件事的始末基本得到还原，披露了许多鲜为人知的事项，在保皇会中掀起了轩然大波。谭张孝自己的委屈基本上得已昭雪，整个事件真相大白，同时也使康有为威望日下。《征信录》的发表，同时也表明谭张孝与琼彩楼的缘分到此为止，之后，他实际上退出了琼彩楼和保皇会的领导班子。但直至1911年，还有股东如何家本（国内）、黄处达（新加坡）向他查询有关情况，而接管该楼的周国贤、游师尹却回天乏术，琼彩楼的经营每况愈下。此后，曾为保皇会重要人物之一的谭张孝逐渐退出保皇会的活动。

其实，引致这桩纠纷的直接原因，一方面是由于琼彩楼来往资金账目混乱，致使康有为疑心重重；另一方面是由于康、谭二人对经营琼彩楼资金的用途有着不同的理解和处理。简单地说，康认为涉及这桩生意的借款、公款的出入皆算利息，"商款则必须纳息，与公不同。记得当时借与孝时，已极勉强"。认为谭张孝利用职务之便乱来，"孝以为总局人人乱来，真是谬甚！…孝真妄心也"。③ 在以后写给谭的信中，也多次谈到这一点，"商务中，各人皆无借款，借必纳息。……弟心中以局内中人人乱来（亦效法也），此乃误谬。……保会借过，亦必清还，

---

① 方志钦，蔡惠尧. 康梁与保皇会 [M]. 天津：天津古籍出版社，1997：85.
② 方志钦，蔡惠尧. 康梁与保皇会 [M]. 天津：天津古籍出版社，1997：260.
③ 方志钦，蔡惠尧. 康梁与保皇会 [M]. 天津：天津古籍出版社，1997：86.

汝岂以一切乱来耶？……我不欲公私龃龉，致生嫌疑"。① 而谭则以为自己作为琼彩楼的CEO，每年除了向总部保皇会交年费外，对琼彩楼的管理应该有独立的决断权，而且认为借款还款也应该算是业务资金正常往来，压根儿没想到借钱纳息的事。

琼彩楼事件的发生还与康有为本人的性格有很大关系。康对其所用之人缺乏最起码的信任，体现了他多疑的一面。从以往康有为的傲慢自大来看，对其弟子的专断独行也是在所难免的。所有这一切，终于导致如此大的分歧。但是，康、谭都认为自己的观点是正确的，才因此闹得不亦乐乎，引起了当事人的互相猜疑、互相攻讦，导致草堂师徒两败俱伤，兄弟情义终至破裂，破坏了保皇会的内部团结。正如康自己所言："（吾）岂止疑汝恨甚，几欲控布，徒念情义至深中止，几决裂矣。"② 旅居加拿大的康门弟子杨灵石曾奉派协助谭张孝，看到康有为的信中有指斥自己的文字，愤而致信函康有为，质问他为何无故败坏弟子名誉，强烈要求澄清当年对他的诽谤，恢复其名誉和清白。

总而言之，保皇会经营琼彩楼是得不偿失的。保皇会并没有因为开设酒楼业务为自己赢得多少活动经费，相反，却因之失去了多年的师生情谊，失去了芝加哥保皇分会乃至全世界的人心。琼彩楼的历史是保皇会式微的真实缩影，是一部分康门弟子和海外华侨摈弃保皇信念、投奔和回归革命的如实反映。琼彩楼的失败，标志着康有为救国理想的幻灭，加速了保皇派欲在中国建立君主立宪政治制度愿望的终结。

（二）振华公司纠纷

振华公司是叶恩、欧榘甲等保皇会骨干与广西候补道刘士骥于1907年12月共同议定创办的实业投资公司，也是保皇会在国内从事的

---

① 方志钦，蔡惠尧. 康梁与保皇会 [M]. 天津：天津古籍出版社，1997：84.
② 方志钦，蔡惠尧. 康梁与保皇会 [M]. 天津：天津古籍出版社，1997：84.

<<< 第四章　保皇派的商业活动

商业活动之一。振华公司内讧事件是后期保皇会商务活动失败的主要原因之一，本书不把保皇会回国创办实业作为重点研究，但振华公司对保皇会事业影响较大，也与美国华侨有密切联系，在这里对它作一简单论述。

振华公司丑闻案是因1909年5月刘士骥在广州被杀害而引人注目的。刘只是清末一个候补道官员，在中国近代史上可以说是个无足轻重的小人物，但他的死因与康有为、振华公司等重要的人和事联结在一起而蜚声中外。刘士骥，字铭博（又字铭伯），广东龙门县人，广西补用道。1902年曾荐举经济特科，次年充两广学务处查学员，在两广以热心新式教育、兴办学堂而闻名。随同他到北美招股的保皇党人梁朝杰曾证实，刘士骥"久官粤西，素著循能之誉，其在粤省办学，及南洋劝学，懿绩休息，尤彰彰在人身曲"①，指的即是此事。因而1906年受闽浙及两广总督联名奏派往南洋视学，在南洋受到保皇会的欢迎。他虽然未加入保皇会，但平时与康有为私交甚笃，两人书信往来频繁，对康有为甚为推崇，甚至"不惜牺牲一切以从之"。② 保皇会总部有文告曰其为"极同志之人"。③ 作为亲保皇党的清朝士绅，刘士骥南洋之行成为其后来与保皇派联合兴办振华公司乃至北美招股之行的发端。

当刘士骥在南洋视学之时，与保皇会合作举办实业计划是由保皇会骨干人物、康有为的门徒欧榘甲向他提出的。因此时保皇派的影响大不如以前，希望通过吸收外资回内地兴办实业，"以争利权，而张党势"④，借此改善保皇会一系列商务活动的困顿状况，并谋求在国内发

---

① 见梁朝杰：《振华公司在美州招股始末真相》，据美国加州大学柏克莱分校族裔研究系图书馆所藏资料。
② 见刘作捐：《康梁徐谋财害命铁证书》，广州，1910年，原书无页码。转引自贺跃夫.刘士骥被刺案与康有为保皇会的衰落 [J].广东社会科学，1987（3）：37.
③ 丁文江，赵丰田.梁启超年谱长编 [M].上海：上海人民出版社，1983：361.
④ 丁文江，赵丰田.梁启超年谱长编 [M].上海：上海人民出版社，1983：359.

展政治事业。所以早在1906年保皇会就曾在商办广东粤汉铁路公司中认股三十万元。这次回广西兴办实业，被保皇会看作是"扩张党势"的一个大好机会。因此康有为对此举十分赞成，为刘士骥出谋划策，推荐保皇会人才。① 刘归国后，应广西巡抚张鸣岐之招，入其幕中，负责地方自治局工作，由是得以接近张鸣岐。可以说，海外保皇党人兴办实业计划是通过刘士骥这位"亲保皇派"清政府官员的特殊身份，最终实现了与清政府上层的联手。但清政府此行的目的与保皇派的意图完全不同，它是企图通过吸引侨资、兴办实业来挽救摇摇欲坠的封建政权。所以保皇派与清政府的这种合作只是貌合神离，同床异梦，合作从一开始就注定了这次计划的失败。

很快，欧榘甲制定了吸引侨资回国兴办实业的计划。1907年12月间，几个保皇会的重要人物——欧榘甲、梁应驹（少闲）、叶恩（惠伯）、刘义任（章轩）等先后到广西拜见张鸣岐，勘察桂地矿产，议定创设振华实业公司，开采贵县天平山银矿，修筑铁路，置办轮船，开垦荒地，开办银行等项。1908年夏，张鸣岐奏准清政府，委派刘士骥以广西候补道身份出洋，负责从海外华侨中集资三百万，并由康有为提供七千元作为承办费用。于是刘"舍其美德优差，慨然涉万里重洋，欲以号召华侨，共成斯业"。② 与之同行的有欧榘甲、梁应驹、叶恩、刘义任、梁朝杰等。一般的著述没有提到此行中有梁朝杰其人，但据梁朝杰的信函称，梁是与刘士骥同船前往招股，所以梁朝杰也应与欧、梁、叶、刘诸人一道同行。

从康有为为振华公司到海外招股提供费用来看，不难看出康的良苦用心。在康有为看来，他们从一开始就对振华公司投入了资金和人力

---

① 上海市文物保管委员会.康有为与保皇会［M］.上海：上海人民出版社，1982：356.
② 见梁朝杰：《振华公司在美州招股始末真相》，据美国加州大学柏克莱分校族裔研究系图书馆所藏资料。

(公司人员除了刘士骥，其余诸人均是保皇党人)，振华公司的所有权和经营权理所当然归保皇会所有。但康有为所打的如意算盘为时过早，他忘了所举荐的几个弟子同党中如叶恩和欧榘甲对他早已心生不满。欧榘甲曾因著《新广东》一书，大肆宣扬广东脱离清政府独立而名噪一时，此事激怒其师康有为，康大骂他"离经叛道"，打算"摈榘甲于门墙外"，经徐勤等的说情，此事才告一段落。① 后来，欧榘甲向康有为借款捐道台，康没有答应，欧"怨叛大生"，与康有为之间的距离越来越远。② 叶恩是香港华益公司的负责人，经营期间亏本十万元，康有为追查其责任，此事增加了叶的怨恨。后来叶恩为粤汉铁路招股入美，康有为令他"挪路款"于党事，叶不肯，康又指示他"改招银行或铁厂，叶不从"，而叶恩要招股办织布局，康有为也从中破坏，致使各埠纷纷追还股本二十万元，"叶愈愤"。③ 可见康有为与叶恩之间也是积怨已久，难以弥合。总之，在振华公司招股以前，保皇会内部就已矛盾丛生，后来叶恩和欧榘甲欲脱离康有为的控制、自立门户也是情理之中的。

振华公司欲招股的对象是加拿大和美国，前者是保皇会总会所在的大本营，后者是保皇会的活动中心。1908年秋，刘士骥一行首先来到加拿大。登岸后，为了做好宣传发动工作，刘等人在华侨社会中积极进行演说。以致后来所到之处，"侨民欢迎，股份云集"，仅两三个月，集股达二万股，其中来自保皇会会员者"逾十之九"。④ 在这里，振华公司的招股获得巨大成功。但梁朝杰在其文中曾提到最初到加拿大各埠招股之不易。"吾深知创兴实业之难，故所到各埠，无不会同演说，以

---

① 冯自由.大同报之改组[M]//革命逸史：第二集.北京：中华书局，1981：111.
② 《中华新报》(汕头)己酉六月初九日.转引自贺跃夫.刘士骥被刺案与康有为保皇会的衰落[J].广东社会科学，1987(3)：38.
③ 上海市文物保管委员会.康有为与保皇会[M].上海：上海人民出版社，1982：200.
④ 上海市文物保管委员会.康有为与保皇会[M].上海：上海人民出版社，1982：333.

为鼓吹。初到域多利,近一星期,未有头绪,商于李梦久,梦久云,吾虽尽力,而无法可设,该埠黄李两姓人多,而极顽固。新宁黄氏某人,其族之所属望也,若彼肯落笔认股,该埠可无阻力矣。此非伯隽先生出言不可,铭伯亦以是为言。故仆为之尽情劝告黄某其人,彼即慨然认股。而宪政会集众认股,一席间得股千份,此则彼等爱国爱党之情所发露,非但区区为身家计,其意可嘉,而岂料适以资后争利诬罔之具哉?此为振华招股第一着手之情形也。以次及温纽两埠,今众尤为踊跃。"①透过这一描写,我们足以感受到刘一行初到加拿大招股的艰难以及策略运用的重要。

显而易见,刘士骥等人主要是通过宗亲关系的凝聚力来发动当地华侨认股的,这是他们招股成功的一大特点,接下来他们到美国招股时也沿袭此法。很显然,能够在加拿大各埠华侨中成功招股,和刘士骥作为著名的亲保皇派官员的名声有很大关系,所以参加认股者也多为保皇会会员。而他们认购振华公司的股份也暗含了拥护保皇会及其主张,意味着"爱国",正如梁朝杰所说,"此则彼等爱国爱党之情所发露,非但区区为身家计。"②值得注意的是,刘士骥等也不讳言自己的亲保皇会立场,或者说,着意渲染自己的亲保皇会立场来博取华侨群众的好感,以便招到更多的股份。"铭伯(刘士骥)莅场演说,率首先恭维会众,次称颂南海,以为鼓舞,无有异词。"③打着康有为保皇会的旗号,这无疑是清朝官员海外筹款成功的秘诀。

但令刘士骥等没有想到的是,他们借保皇会之名捞得大量认股额的

---

① 梁朝杰. 振华公司在美州招股始末真相 [M]. 据美国加州大学柏克莱分校族裔研究系图书馆所藏资料.
② 梁朝杰. 振华公司在美州招股始末真相 [M]. 据美国加州大学柏克莱分校族裔研究系图书馆所藏资料.
③ 梁朝杰. 振华公司在美州招股始末真相 [M]. 据美国加州大学柏克莱分校族裔研究系图书馆所藏资料.

同时，也必然无法与保皇派脱离干系，这是他的上司张鸣岐所不愿看到的。因为刘士骥一行到加拿大招股时，很快就得到了张鸣岐对其施加压力的信函，据梁朝杰记录："自政闻社被禁后，无几，铭伯之子作楫来函云，张抚台对其幕友姚吾刚、孔希白等言，令致函铭伯，在美招股，万不可涉及康梁党事，若一有举案，即已招足三百万，亦必将奏案撤销，且令刘不必回见云云。"① 张要他招股时与康有为及保皇党划清界限，以免授国内保守派以口实，给振华公司和他本人带来一些不必要的麻烦。

而此时康有为等保皇党人为了控制振华公司，也在加紧部署。一位香港的保皇会会员曾揭露，刘士骥一行途经香港时，徐勤曾在香港华益公司邀集党人集议，宣布"振华公司特别权利，非党人不能享受，并须截留股本一半，为香港扩充"，刘士骥当场力驳，徐"格于公理，遂怏怏而去"。② 徐勤能说出那样的话，显然暗中曾得到过其师康有为的授意。1908年10月前后，康有为由锡兰返回槟榔屿时，当天即致信寓居日本的梁启超，让他尽快入美洲负责监督振华诸人招股事宜。信中写道："吾与好龙已有嫌，不便再干预，故以全权付弟，催弟入美督办，且弟久不到美，又无人游埠劝捐，无从筹款。弟着一行，必叫多得一起二得，未有若是。未知弟即能入加否？弟即看得振华公司甚重，而美中又可劝捐，又无他人，必须一行。否则徒为他人作嫁，后嫌难言。"③ "好龙"即指叶恩，此时他与刘士骥等人已启程赴美招股。但梁启超接信后却有意违抗师命，并未成行。其原因从他当时致徐佛苏的信中可略知一二："在经济界谋树立……近年来非不尝谋此，而屡试辄踬，故今

---

① 梁朝杰. 振华公司在美州招股始末真相[M]. 据美国加州大学柏克莱分校族裔研究系图书馆所藏资料.
② 上海市文物保管委员会. 康有为与保皇会[M]. 上海：上海人民出版社，1982：395.
③ 1908年9—10月间与梁启超书，手稿，现藏于北京图书馆。转引自张荣华. 振华公司内讧与康、梁分歧[J]. 复旦学报（社会科学版），1997（1）：75.

颇惮之。"① 保皇会经营商业多次失败让梁启超有点灰心失望,这恐怕是他对振华公司不热心的主要原因。另一方面,梁启超也不像康有为喜欢事事插手,他对振华公司采取置身事外的态度,以避免给自己带来麻烦。后来康有为只得转而电令徐勤赴美督办。于是徐勤在动身前,先发电报给刘士骥等人。等他办妥护照、翻译等赶赴纽约,已是次年三月,而振华诸人已招股完毕回国,此是后话。

收到张鸣岐来函后的两天,刘士骥又收到康有为的来信,康称欲派其亲信康季雨等来美洲与刘接洽。信中明言公司的宗旨应"为党事计",并通知刘,他拟调梁启超来美国,"以全权附卓如,……望兄一切与商"。② 紧接着刘等人又收到署名"雪镜介研逸"的来电,该电文是徐勤和王镜如等人联名所发,后为刘士骥之子刘作楫在其父被刺后公布的刘士骥日记中所披露(刘子加标题为《康徒徐勤等由庇能来欲夺振华为彼享用电》)。原电云:"振华为君助吾会公业,应举任(即梁启超)主持,欧(即欧榘甲)无庸任事。雪镜介研逸 九月廿日记(雪即徐勤,一字曰雪庵;镜即王镜如;介即陈介叔;研即黎研贻;逸即陆逸君)"(注:此电实九月十九日发)③。此电再清楚不过,"雪镜介研逸"五人的建议并非空穴来风,也是出于康有为的授意。

保皇派甚至为振华公司制订了具体章程,规定叶恩、欧榘甲等人只负责招股,收银则由徐勤、康季雨等康有为的亲信承担,督办梁启超来负责。当然这只不过是康有为个人的幻想,旋即遭到刘士骥的断然拒

---

① 丁文江,赵丰田.梁启超年谱长编[M].上海:上海人民出版社,1983:474.
② 见刘作揖:《康梁徐谋财害命铁证书》,广州,1910年,原书无页码。转引自贺跃夫.刘士骥被刺案与康有为保皇会的衰落[J].广东社会科学,1987(3):39.
③ 张玉法.清季的立宪团体[M].台北:"中央研究院"中国近代史研究所,1971:341.

绝。刘复电曰,"来电断不能行,切切勿发此议论。 九月廿日记"。①此时的刘士骥在内心已对康有为产生反感,康有为一次次处心积虑地干预招股,目的就是要把振华公司变为保皇会旗下的公司,为其所控制,从而将刘士骥在北美所招之股一举变为保皇会的股金。10月25日,梁启超、徐勤、孟麦华、陆逸君四人又联名打电报警告刘士骥,"闻振华背议独立,党无涉,康师不能干预,骇甚。定宗旨、固党势,乃招股"。② 这是一个警告刘士骥等人不交出振华公司的控制权,就不能继续招股的最后通牒。在这种情况下,刘士骥等人别无他路,只有公开亮出抵制保皇会干预的旗号。因此,11月12日,刘士骥复电以"振华奏案,为国不党"相答,与保皇会针锋相对。

刘士骥对康有为的抵制情绪早在几个月前就产生了,从其子后来公布的刘的日记表明,早在五月二日和八月一日康有为就曾两次公布招股函,刘在日记中写道:"接由芝加高寄来南海五月二日函,被该处搁置如此之久,可恨!内封密函一,大略言,叶刘欧三人有自主之心,自利之意,非为党事,如得大利,后亦背吾。伊此次收财权,请吾自领,并与汤铭三、陈仲远共领之。又另纸云,顷得卓如告急书,称振华公司三人皆欲背而自立,而内人之云,犹有异心,力主持之,请吾收权,云云。吾囊于斯人为救国耳,非为其党事也。此次密函,惟知有党,未尝及国,其情大可见矣。昔从其言,振华立败,可畏哉!吾十年迷信,至此为之破矣,此行真有价值也。八月廿七日记。"③ 康有为提醒刘士骥"叶刘欧有自主之心",警告他要抓牢振华公司的财政大权。刘认为创

---

① 见刘作揖:《康梁徐谋财害命铁证书》,广州,1910年,原书无页码。转引自贺跃夫. 刘士骥被刺案与康有为保皇会的衰落[J].广东社会科学,1987(3):39.
② 见刘作揖:《康梁徐谋财害命铁证书》,广州,1910年,原书无页码。转引自贺跃夫. 刘士骥被刺案与康有为保皇会的衰落[J].广东社会科学,1987(3):40.
③ 见刘作揖:《康梁徐谋财害命铁证书》,广州,1910年,原书无页码。转引自贺跃夫. 刘士骥被刺案与康有为保皇会的衰落[J].广东社会科学,1987(3):40.

立振华公司是"为国"而不是"为党",且表明自己终于看透了康有为,对康多年来的崇拜已化为厌烦。康有为八月十一日向刘士骥发出"第二次干预招股函"(原注:抄录原函,八月十一日发),内容为:"铭伯仁兄同年观察执事,闻到美,甚欲一见,即电约,承复电不克来,至歉!此次招股,得关重大,吾在远,不能相左右,已交下舍弟季雨及铭三,与君代我密设计。兄此来为党事计,但党为情形,非面莫罄,吾方南行,不能入美,今以全权付卓如,并令入美,望兄一切与商。若就近在美,与季雨、铭三,或陈仲远商,自得实情,有怀千万,未知何时得面。党事见卓如想已悉,立宪之诏以三十万买得之,今吾若得三十万,亦无事不办矣。"① 此函也明确提出振华公司是"为党事计",且提出让其弟康季雨等人与刘共同商谈招股事。很明显,康有为这次欲派其心腹正式干预振华公司的招股。正是有了这两次"干预招股函",使刘士骥心里产生了越来越强烈的反感。所以,当刘士骥看到接连两封干预招股的电报后,他的态度才会如此强硬,马上作出明确拒绝的反应。至此,刘士骥对康有为多年的崇拜,永远画上了句号。

更令刘士骥始料不及的是,他在接下来收到的一封"密函"中,居然说跟刘一起来招股的诸人已发生"叛变"。有关这一事件梁朝杰在文中曾有记载:"某日,铭伯接到密函,屏人与欧密议两三点之久,又越日出函与吾观,函言叶、刘皆叛,而云为尤甚。铭伯云,此信本不欲令人见,但非君莫能排解吐排解纷难。请为书解释其事,明诸人之不叛,吾问铭伯,章云二人见此函,其意如何?铭伯云,此函不敢与他等观,此事不欲与他等知也,阋墙招侮,最为失策,故吾为函调停其事。"② 但事实证明,这是一则谣言,不过足以引起刘士骥等人方寸大

---

① 见刘作揖:《康梁徐谋财害命铁证书》,广州,1910年,原书无页码。转引自贺跃夫.刘士骥被刺案与康有为保皇会的衰落[J].广东社会科学,1987(3):41.
② 见刘作揖:《康梁徐谋财害命铁证书》,广州,1910年,原书无页码。转引自贺跃夫.刘士骥被刺案与康有为保皇会的衰落[J].广东社会科学,1987(3):42.

乱。叶、刘、欧等人以前虽然对康有为的行为非常不满，但还不足以导致他们产生背叛之心。也许正是此函最终使他们产生了与康有为等保皇党人划清界限、自立门户的想法。

刘士骥一行虽然已产生自立之心，但并未对外界公开表明，而是继续实行以前的招股策略，表面上依然维持与康有为的正常关系，以便利用康本人及保皇派在美加华侨中的影响，大招其股。此时康有为与刘士骥等人仍保持书信往来，且康有为仍着力要拉拢刘士骥身边的人。

1909年1月初，刘一行在美顺利招得股金三百万元。这时刘以长函致康有为，声明"振华奏案，英美使臣出示劝股，不啻政府为之保护"，威胁保皇会不要公开攻击欧榘甲、叶恩等，阻止振华招股，说"十年患难相从，一旦决裂，微诧铤而走险，未知鹿死谁手，微诧彼数人所办之事，奉政府之命，而攻之，欲破坏之，是政府之敌也。"① 至此，振华公司与康有为保皇会公开决裂。刘等人公开表明，此次招股是"奉政府之命"，谁欲破坏谁就是政府的敌人，即威胁康有为不要再行干涉。接着，刘士骥等人还乘保皇会商务衰败之际对康有为等大加攻击，掀起风潮，危及保皇会全局。此时正值保皇派各商业公司资金周转困难之际，振华公司一举招募三百万资本，而康有为东奔西走多年，才募得资金数十万元。康有为等人本来还指望振华公司招股后可以挪款解救危局，但振华公司的招股却使事情更糟。

康有为等对振华公司的"背议"十分恼怒，但为了夺得振华公司的财权，还是继续作进一步的努力。康有为专门拟了反击振华公司的三策："一布告海外报纸，攻振华招股为党棍，以解散之，一由梁启超致函坚帅（指张鸣岐），告惠伯等为混骗，使撤销此事，一贿买御使奏参

---

① 见刘作拌：《康梁徐谋财害命铁证书》，广州，1910年，原书无页码。转引自贺跃夫.刘士骥被刺案与康有为保皇会的衰落[J].广东社会科学，1987（3）：42.

此事为混骗，并参张坚帅。"① 康有为担心此三条公布后引起保皇会更大的内讧，所以并未实施。1909年3月底，保皇会还向美国官方控告刘士骥、叶恩在美国华侨中招股是行骗，刘、叶因而被美国警察拘留。但经清政府驻美公使出面交涉，二人很快就得已释放。经此一劫，刘士骥等人不再讳言与康有为保皇派的分裂，开始大肆公开反击康有为。特别是熟知康有为和保皇会经商内幕的欧、叶等人，公开攻击康及其亲信，揭露其中的腐败情况，在华侨中掀起轩然大波，引发了保皇会内部极大的混乱，被称为"十年以来未有之变局"。② 经此一击，康梁在美洲华侨股东中人心大失，造成"五洲侨商望风瓦解，闻变股票"。③ 双方互相指责，最终将冲突公开化。保皇会一时陷入困境，"局面大变，人心大解，风潮四起，……楚歌四面"。④ 康有为等十分窘迫，面对无法控制的局面，不知所措。

有关此时刘士骥等人与保皇派之间的分歧，梁朝杰有记录云："（刘士骥）闰二月三日由费城来信，伯隽先生大人阁下：在美京及波利磨得共辰夕，所慰无量。方以为共到费城，可有旬日晤语，研究收拾美东人心之计，不图彼等函件相讦，各执一词，议论呶呶，未免激愤，惟其心并无不慊于执事之处，而色斯举矣，飘然远行。昨冯镜泉到费，几与惠伯大人冲突。赵万胜登告百，分离之象已形，将来且不忍睹不忍闻之事正多。弟行将返矣，屡次切直陈词，不蒙采纳，亦无如何矣。独念执事对此，真果能置之不知不闻矣乎？抑尤有匡救之术耶？从兹一

---

① 见刘作挦：《康梁徐谋财害命铁证书》，广州，1910年，原书无页码。转引自贺跃夫. 刘士骥被刺案与康有为保皇会的衰落[J].广东社会科学，1987（3）：40.
② 己酉年十一月初四日（1909年12月16日）保皇会伍鸿进等《请看叶恩、欧榘甲、梁少闲诸贼之罪状》，转引自蔡惠尧. 康有为、谭张孝与琼彩楼[J]. 历史档案，2000（2）：104.
③ 上海市文物保管委员会. 康有为与保皇会[M]. 上海：上海人民出版社，1982：334.
④ 上海市文物保管委员会. 康有为与保皇会[M]. 上海：上海人民出版社，1982：460.

别，相见何时，望努力自爱，匆匆不具。"① 可见在美保皇党人冯镜泉、赵万胜等人也卷入此次内讧中。

同时梁朝杰又感叹道，"此函缱绻于朋友之情，且属望以维持党务商务之事，情词如见，不知同是局外，已既无策，人亦有何述？空负其热肠而已。"但还是复书给刘士骥云，"公热心欲维持宪政党，众所深悉，欲维持众心，必当支持总局，乃事势之所必然。昨惠伯与镜泉核数，弟以为经此清算，可释前嫌，再接汇兑，乃为善策。不料又复生出波澜也。倘不顾纽局之倾倒，则十年经营，前功尽弃，为首领者，其谓如何？弟无能力丝毫之补救，实自愧也。"② 梁对刘士骥等人与康有为的决裂虽然也甚感惋惜，但表示也无能为力。

1909年初，刘士骥、叶恩、欧榘甲、梁应骝等人招股完毕，携带300多万股银回到国内。4月在香港邀请保皇党诸人集议。商务公司的代理督办徐勤说，振华公司的特别权力非常人不能享受，欲截留股本一半，为香港企业扩充资金等。刘竭力反驳说："公司权利，惟股东得而有之，岂能以党相限制？且以振华公司名目招股，今截留一半，商律无此办法，股东必不承认"，语未毕，徐愤而离去。③ 1909年5月15日，刘士骥从美国返抵广州，5月27日傍晚在寓所被刺身亡。几个月后，当局擒获凶手两名，供云主谋人是梁启超的学生——檀香山华侨何其武。叶、欧等联名向广西巡抚控告，将刘案归咎于康有为一方，促使张鸣岐移文港督缉拿康梁等七人。

为了夺回振华公司的控制权，以及洗脱谋财害命的罪名，康有为一面令徐勤赴美洲挽回影响，一面亲拟了一系列股东察贴、征信录、公

---

① 梁朝杰. 振华公司在美州招股始末真相 [M]. 据美国加州大学柏克莱分校族裔研究系图书馆所藏资料.
② 梁朝杰. 振华公司在美州招股始末真相 [M]. 据美国加州大学柏克莱分校族裔研究系图书馆所藏资料.
③ 丁守和. 辛亥革命时期的期刊介绍：第四集 [M]. 北京：人民出版社，1987：27.

告、证书、控状等，指控叶、欧及张鸣岐等人侵吞股款、谋乱刺杀、买凶诬仇。拥康会员力图挽回众心，一面演说历年商务原委，致信各埠解释陈情，一面声讨欧、叶等人的罪状，直骂他们为"匪""贼""狗子"。美国保皇会会员冯镜泉更是气涌心头，声称日后待机替康等"报得此仇"。①

不久，刘的儿子刘作楫指控康有为、梁启超、徐勤等保皇会领导人物是串谋刺杀刘士骥的主脑，并公开了刘士骥的生前日记。跟着欧榘甲、叶恩等人出来支持刘作楫，并声明振华公司跟保皇党没有关系。作为温哥华保皇会会长的叶恩，一怒之下，愤而脱党，并且发表了《征信录》，无情揭露康有为、梁启超腐化奢侈的生活："盖康自欧入美，其气象与前迥异，妄自骄贵"，生活奢侈"拟于欧美帝王"，不吝惜华侨的血汗钱，"并移公款私图生意"，从不向会众公布捐款用途。"梁处东洋，虽奢侈稍逊于康，然往往妄传内廷有可图起用消息以骗康，康时拨款万数以听其所为，而卒归无效。"② 在叶恩的影响下，加拿大其他各埠也有保皇派宣布脱党。这样，加拿大保皇派便发生了分裂。在这期间，维多利亚的青年昊子垣、李翰屏、方千谦、黄希纯、吴侠一、黄蔚生、司徒旄七人以革命排满为宗旨，乘机组织击楫社，虽然不久就解散，但却为同盟会的成立打下了基础。

针对叶恩发表的《征信录》，香港保皇会会员邝寿文指责叶恩是"自诬攻其长，又冒人名，而令诬攻其至亲义之师，以几邻于叛逆之罪"③，并声言自己"则虽笃念旧交，曲为隐讳，忍之又忍，必有不能忍者矣"。④ 同时对叶恩所发表《征信录》逐条批驳，罗列出所谓的"十四大谬"，甚至认为纽约分局、华墨银行、华益银行等诸商业的亏

---

① 上海市文物保管委员会. 康有为与保皇会 [M]. 上海：上海人民出版社，1982：405.
② 丁守和. 辛亥革命时期的期刊介绍：第四集 [M]. 北京：人民出版社，1987：26.
③ 上海市文物保管委员会. 康有为与保皇会 [M]. 上海：上海人民出版社，1982：326.
④ 上海市文物保管委员会. 康有为与保皇会 [M]. 上海：上海人民出版社，1982：326.

空倒闭皆叶惠伯（叶恩）所致，"纽、墨事不指攻叶，而攻康为责欠，为全吞，有是理乎？而架空飞诬，然实自相矛盾"。并称自己是知情人，认为污蔑"康总长"这个"舍身救国，万国同钦"的"维新元勋"，"非独义所不可，亦应万国刑律所不容"。最后骂叶恩是"含粪射人"，整件事只不过是"虚诬而已"。① 为了洗脱杀人凶手的嫌疑，康有为等反诬刘士骥是被欧榘甲的心腹骆木保刺杀，最后得出结论，"欧逆为刺杀刘道之主使真凶"，欧榘甲、叶恩等是"肆意牵诬仇怨，以快其私，恣口攀陷，罗织多人"。②

梁启超虽没有直接参与振华公司事务，但却在被缉拿之列。梁为此致一长信给张鸣岐用以自辩。"仆始以为悠悠之口，殊不足信，而言者凿凿，谓非子虚，不禁大惊。呜呼！岂以我公之明察，而竟听彼素不相知者一面之词，以轻入人罪也"。"数年来，海外宪政会员所办之商务，仆自癸卯夏以后，即丝毫未尝与闻"。③ 从而说明了振华公司一案与他没有关系。对振华诸人的分立之举以及由此而产生的保皇会内讧，梁启超称事先早已预料其中的隐忧。还说欧榘甲外表丑陋，内心龌龊，指责康有为不应该对欧榘甲予以重用，"惟生平不喜欧云樵之为人"，"其（欧榘甲）生平遗行，罄竹难述，……其貌不扬，其心必异"，"仆之恶其人（指欧榘甲）也，非自今日，而乃在五六年以前，尝屡言诸南海，惜不能用"。言下之意，自己事先早已提醒过康有为，而康却不听劝告，引发这场内讧也是事出有因，而他自己却是"置身事外"的。梁认为叶恩则是正人君子，在此事中只是受人利用操纵而已，"惠伯则古今第一等君子人，而土木偶者也。今振华则云樵之振华耳，以云樵之振华而谓能得良结果，仆请抉吾目悬门以俟之也"。④ 在这封信中，梁启

---

① 上海市文物保管委员会.康有为与保皇会［M］.上海：上海人民出版社，1982：332.
② 上海市文物保管委员会.康有为与保皇会［M］.上海：上海人民出版社，1982：338.
③ 丁文江，赵丰田.梁启超年谱长编［M］.上海：上海人民出版社，1983：495.
④ 丁文江，赵丰田.梁启超年谱长编［M］.上海：上海人民出版社，1983：498.

超还不忘为其恩师康有为洗脱罪名,"南海于其(刘士骥)归前一月,已游欧洲,当变生时方在埃及,又岂能于数万里之外而预闻此旬月间所发生之阴谋者?……故仆能以自信者深信南海"。① 尽其所能为其师辩解,足见梁对康的爱戴。

但康有为却不承认此事责任在于自己用人不当,而把此事归咎于梁启超推荐失当以及欧榘甲等人的"背叛"。康有为在1909年给梁启超的信中这样写道:"振华之事实案渐明,此事发难自汝始,否则我几听之。迩月来同人证明,盖知其奸,尚以为仅属刘、欧,今乃知全党皆先定奸谋,而龙门某道十年患难不改,乃今正资以卖我也。今闻其复勉等电,云振华为国不党,又电少闲,云奏案(华益与借款)不能移款,彼之心术乃大明白矣。"康有为甚至以其长相不佳对梁应驹进行人身攻击。"此人头倾,吾向疑之,但不欲言。相佳,终较人品可信,有人坏而相佳者矣,未有相坏而人能佳者,此又文悌矣。"同时对叶恩、欧榘甲等人的背叛表示伤心。"今彼取吾之叶、刘诸元功,欧、梁诸同门至亲而利用之,乃深入吾重地,刮取数百万而去,乃又以奏案相恐压,日言为党,今则言为国(不党)矣。以此张坚伯亦为其所卖,彼弃两道缺不取而奔走于美,其意益欲探取数十万为将来计,而吾某某乃皆有叛心而同啖利,于是内外事矣,大事成矣。人心之坏如此,可惊可畏,太行孟门,岂去斩绝,诚然。今大局倾覆,而振华分毫不救,叛形已成,(或今怵于吾等之将归至少改辙,则不可知)。此事吾欲决然布告各埠,(吾已派八九人为振华董事,计彼必不容,吾令数董事不认之)。令勿交款。汝致书坚伯直攻以散之,汝谓若何?否则坐听其探取此百万。而仪侃去年吾停其织布局,仪先不服矣,后来人人纷纷入美招股矣。"②

辛亥革命后不久,振华公司因经营困难而倒闭。一切尘埃落定后,

---

① 丁文江,赵丰田. 梁启超年谱长编 [M]. 上海:上海人民出版社,1983:497.
② 丁文江,赵丰田. 梁启超年谱长编 [M]. 上海:上海人民出版社,1983:531-532.

第四章　保皇派的商业活动

康有为于1912年2月4日给梁启超写了一封长达"数万言"的信。此函对包括振华公司在内的整个商务活动失利的原因做了总结。康在信中指出：

"至商务无论公私如何，吾岂能辞咎，布告各埠引罪多矣。……汝既言之，吾亦直告汝，今商务之败固多端，亦非一人，而最甚者叶恩也。……无叶则虽谭张孝亦不能明盗（以有力也），何况它人？叶欲归总理，亲求我，面求璧与丙转求，吾皆不允。而汝到加，亲受其情，亲许之，至硬词请吾电认，否则汝难堪。吾深知叶赌而无商才，以汝严硬，不得已从汝所请。及至加后，叶力请归，犹不许；彼乃谓不干商务，只顶空名。与约法三章，乃听其归，又令子节管银以制之。不料港人尊戴太过，又忌子节而排不许入。归三月而渔票去六万，酒店二万三，徐闻去五千。吾皆不知，既知而责追之，遂酿反案，一为织布（助以侃），二为振华（助以闲）。皆因渔票之故，遂至截纽、墨汇而大变作，一切尽倒，命案激发，谣谤横生。吾本寡人世想，而为此怒极积病，几死于是。但吾一切与汝共事，互有得失，吾亦从不肯诿过于人。试问商败至今五六年，吾曾有一言以用叶委过于汝否？若有则人应闻之。若必责我（商罪），则我最大罪为不能坚守拒汝之荐叶也。汝可反躬思之，汝不迫吾认错，吾亦不及此也。若当时破除情面，拂汝大怒而不受叶，则商务无今日之败，亦无命案，且必开党禁矣。然而必然者，则旧朝当亡，必生出种种支离也。不然以汝之智，何受人些须招呼小费，而付人以数百万之大业乎？……而吾亦大谬，自以制叶有人，不妨从汝，不料在远不能制，而一败至斯也。今兹百叛兼起，商务全倒，且命案支离，党禁久迟，吾几死，则皆一叶展转致之。"①

从康有为给梁启超的信函来看，康有为认为，造成振华公司内讧及

---

① 1912年2月4日与梁启超书，手稿，藏北京图书馆。转引自张荣华. 振华公司内讧与康梁分歧 [J]. 复旦学报（社会科学版）1997（1）：74.

133

海外各商务事业经营失败，都是叶恩一手造成的。由于梁启超错误地荐举加拿大侨商叶恩负责加拿大保皇总会事务，才导致一连串失利、猜疑、内讧、分裂的出现，所以梁启超也是难辞其咎的。

振华公司丑闻说明，某些保皇会会员与康有为在经济上和思想上早已积怨甚深，矛盾和冲突由来已久，这次只不过是有引而发。不管保皇会高层领导如何推卸责任，这宗牵涉到保皇会、清朝当局和民间的谋杀案丑闻，将这次保皇会成立以来最严重的内讧推向高潮。这场内讧延续了两年多时间，无疑成为保皇会后期商务活动失利的主要原因之一。康梁等人在国内外的声望从此一落千丈，保皇会迅速分化，会员们离心离德，远非昔日的众志成城可比。

也就在那几年，康有为在其他地区经营的商业活动也逐渐衰败，墨西哥的一系列商业活动更具典型性。1906年春，康有为一次偶然的机会在托雷翁买卖土地获得厚利，随即在墨投资办企业。然后，就跟一些墨国华商合股，在托雷翁成立华墨银行（Compania Bancaria Chino Y Mexico），作为商务公司的分公司。这家银行是当地最大的金融机构之一，主要业务是买卖地产及处理香港、纽约保皇会所设商业机构的来往款项。1906年秋，这家银行又向墨西哥政府承办建筑托雷翁市电车路，并在那里建筑两幢房屋准备经营，容纳来墨西哥的华人移民。[①] 1907年，美国发生金融恐慌，牵动全球，墨西哥也大受牵连。托雷翁许多商人破产，地价大跌，华墨银行也由于投资过多而财政吃紧。当时的负责人黄宽绰与黄日初又在争夺华墨银行的支配权，不肯拨款完成电车路的建筑工程，最终导致该工程停办。[②] 尤其是1910年，墨西哥爆发反对封建统治的资产阶级革命，推翻封建式僧侣及庄园主的统治，并驱逐外

---

① 麦礼谦. 从华侨到华人——20世纪美国华人社会发展史 [M]. 香港：三联书店有限公司，1992：181.

② 麦礼谦. 从华侨到华人——20世纪美国华人社会发展史 [M]. 香港：三联书店有限公司，1992：182.

来资本。革命军攻克托雷翁,屠杀了316名华侨(康有为侄子康同惠也死于此次动乱),华侨财产损失310万墨元,康有为所投资的财产全部被没收。① 至此,保皇会的经济系统全盘崩溃,保皇会事业受到致命的打击。

三、商业活动失败对保皇事业的消极影响

晚清的重商主义思想对保皇派创办实业公司起了很大的推动作用。清末的重商思想围绕着如何振兴商务、增强中国实力和出口能力不断向纵深发展。康有为和梁启超对此都发表过精辟的见解。康有为说:"人之欲甚多,然大者莫如饮食,男女为其切于日用也。"② 因此,"普天之下,有生之徒,皆以求乐免苦而已,无他道矣"。③ 康有为是主张中国工业化的第一人④,强调中国应"定为工国,而讲求物质"⑤,中国应仿效西欧以工立国。梁启超也强调,商业也是一个国家发展所必需的,与农工矿业是相互联系、相互制约的,"四者相需,缺一不可"。⑥ 康、梁上述经济思想都是围绕着振兴商务,把商业看作发展资本主义经济的核心环节,是重商思想的重要内容。

正是在这种重商主义的推动下,保皇会自从1900年保皇公司成立后就开始经商。但是随着保皇会组织日益扩大,会员日益增多,所需经费自然不菲,给保皇活动的开展带来一定的难度。在这种情况下,以康有为为首的保皇派投资实业是无可非议的,也可以算得上生财有道,在某种程度上是时势使然。他们正是想通过开办实业,能对杯水车薪的资

---

① 麦礼谦.从华侨到华人——20世纪美国华人社会发展史[M].香港:三联书店有限公司,1992:182-183.
② 康有为.康南海文集:第8册[M].上海:上海共和编译局,1912:258.
③ 康有为.大同书[M].上海:上海古籍出版社,1956:88.
④ 叶世昌.中国近代经济思想史[M].上海:上海人民出版社,1998:200.
⑤ 康有为.戊戌变法:第2册[M].上海:上海人民出版社,1957:158.
⑥ 梁启超.饮冰室合集:卷四[M].北京:中华书局,1989:58.

金情况有所补益，推动保皇活动向深度和广度发展。康有为流亡期间，对崇尚实际、讲究利益、注重金钱的西方社会风尚耳闻目睹，自然而然地有所接受、有所仿效。一些华侨的迅速致富也为他们树立了诱人的赚钱示范效应，所以，重商观念的影响无疑促使他们开展商业活动。保皇派经商也是内因、外因联合作用的结果，是知识分子走出象牙塔，投入社会实践，努力改造自我，实现个人价值的有益尝试，是近代中国"实业救国"的转型思想的影照。因之，康有为等保皇党人经商体现了进步的时代精神，具有一定的进步意义。

但是，他们毕竟受时代的、阶级的和个人的桎梏束缚太重太深了。保皇会虽然制定了有关章程如《中国商务公司缘起附章程》《商会改良章程》等，明确规定了各任职人员的职责权限，但由于对现代经商理论和实务掌握、了解不够，在生意场中具体操作起来却有章不依，人为控制取代了市场原则，章程竟成一纸空文，不起丝毫作用。所以，保皇会虽然在海外各地成立了一个具有相当规模的跨国经济系统，但好景不长，由于经营失策，权责不清，账务混乱，商股党费不分，特别是由于督办康有为不谙商务却大权独揽，指挥失当，不懂市场规律瞎投资，致使有的股本投向购地、建楼、购古董而套牢无利，有的股本则被挪用于政治活动，所以到 1908 年，一系列问题便接连出现。商务公司与华墨银行亏空二十余万元，却不敢向股东宣布，不给股东派息，引致股东大哗，多数实业投资最终难逃失败、破产的厄运。芝加哥琼彩楼案与谭张孝关系破裂致使《征信录》的发表，振华公司丑闻后刘士骥被刺，这两件内讧事件更使得保皇会事业雪上加霜，步履维艰，康梁因此声名狼藉。

其实，在保皇会建立伊始，其内部就开始出现争权夺利的端倪。如加拿大总理人选，美洲华侨多举人望甚重的叶恩充任，而康有为有意让李福基或梁铁君担任，梁启超却以为此任"舍孝高（按指罗普）无别人"①，徐勤则声称：无论何人担任总理，商会财权"必当夫子自操之。或派一二至亲信可靠之人为此乃可"。② 他们各执一端，互不相让，致使最终选不出适当人员任总理。1908年以后，宗派活动和腐化现象使保皇会在美国的声望每况愈下，保皇会所开设的公司、银行等商业的失败，加速了保皇组织内部的分化瓦解。广大华侨会员也因保皇领导人之间的种种丑闻继而对之失望，同时也加速了对孙中山革命派的靠拢。康门"下海"经商，不但导致康梁师徒、党徒渐为利欲所迷，钱财纠纷接二连三发生，而且与先前康门讲求学术、关心时务的作风也大相径庭。康有为也深刻体会到了这一点，他在1910年致梁启超的信中对保皇事业的失败原因做了剖析："总之，权利二字一涉，即争盗并出，或阴或阳，其来万方。入其中者，必狡险辣毒，与之相敌然后可。"③ 经商活动的失败，使政治方向错误的康有为和保皇会在海内外华人心目中的声望江河日下，二人人心尽失，后悔不迭，无怪乎康有为慨叹："我岂徒身败名裂，牵累万端，为此大痛几死，今惟有日病待亡。"④

保皇会领导人伍庄曾列举一些例子，对当时保皇会经济系统的紊乱状态做了一个很好的总结："……纽约（即华益）分局之款，与华墨银行之款，与商务公司之款，容易混乱。纽约总局总理兼纽约分局司理，而纽约总局则所有华益分局之款，与总局公款，及华墨银行股款，杂然并收。而商务公司与华墨银行初时又为一家。股票皆由叶惠伯（叶恩）签名，其后始分开。故数目之分拨易乱。如纽约分局为华墨银行之款，原与商务公司无涉，而纽约分局在乙丙两年（即1905、1906年）为商务公司支息，达四万余元。诸如此类，分拨不清，混乱易起；所以后来

---

① 丁文江，赵丰田.梁启超年谱长编［M］.上海：上海人民出版社，1983：316.
② 上海市文物保管委员会.康有为与保皇会［M］.上海：上海人民出版社，1982：230.
③ 丁文江，赵丰田.梁启超年谱长编［M］.上海：上海人民出版社，1983：532.
④ 丁文江，赵丰田.梁启超年谱长编［M］.上海：上海人民出版社，1983：532.

闹出大乱子。港、纽、墨三处数目辇辖,致港以截汇通告,败坏大局。港谓纽欠,纽谓港欠。不只局外人莫名其妙,即局中人亦弄不清楚。……不只纽约如是,香港亦如是。港局华益司事即商务公司司事,亦即办理党务收支公款之人。故党中公款与商款混淆。加以报款、学款(邓批广州南强中学)、建筑款,收入同归一库。支拨皆其经手。所为数目繁琐,出入不易钩稽……"他对保皇会在商业上的失败又做了如下总结:"……保皇党所集150万余元之商股,由光绪二十九年癸卯(1903年)开始经营,至宣统元年己酉(1909年)全盘失败,固然是时局所牵涉,而人谋亦确不臧。第一,商股与党费不分;第二,甲号与乙号混乱;第三,以办党人而兼办商务;第四,办商之人亦不见得高明;第五,督办有权调款,而司理无权拒之。因此种种,则责任互相推诿,而掩蔽容易,稽核困难矣。"① 伍庄对保皇会失败原因的剖析,可谓一针见血。

尤其要指出的是,康有为等人没有摆正保皇变法与经商赢利的关系,不仅把大量的人力、物力、财力投放到实业投资中,保皇变法的"正经事"被撂在一边,颠倒主次,不分轻重,而且到后来竟把二者截然分开看待,忘掉了它们互相推动、互相促进的联动关系,这样,实业投资失去了应有的意义和作用,保皇事业势力走向穷途末路。当发生矛盾冲突时,他们并没有采取积极的、稳妥的办法解决之,而是往往将其归咎于某一两个人,以致裂缝不断扩大,矛盾越积越深,覆水难收,最后引起矛盾的大爆发,一些人因此纷纷离弃康有为和保皇会,严重削弱了内部团结。

保皇党组建的商业公司,也可以说是其政治性政党的分支机构,它为后来保皇派组织的内部腐败埋下了祸根。商业上的失败,对党务的发

---

① 伍庄. 美国游记 178—182. [M].旅美三邑总会馆史略(1850—2000)所载.

展是一个严重的打击,同时也给保皇派带来了灾难性的后果。外部环境的影响也是不可忽视的。中国国内形势的剧变,极大地削弱了他们在美洲华人社会中的影响力。同时,革命思想风起云涌,革命形势迅猛发展,最终成为不可遏止的燎原之势,保皇派在与孙中山等革命党人对美国华侨的争夺中逐渐失去了竞争力。这样,保皇会的海外投资和保皇活动不能取得实效也在情理之中。在海外华侨中轰轰烈烈开展的保皇事业就这样随着历史的车轮消失在尘埃中,这是康有为、梁启超的悲剧,也是保皇会的悲剧。

小 结

保皇会在美国等地活动期间,曾收到数目可观的华侨捐款,康有为为了获得更充裕的经费开展保皇活动,把其中的相当部分资金用来投资实业公司。由于管理不善,经营失策,所投资的实业公司大都倒闭破产。在商海利欲的熏蒸下,康门师徒反目成仇,内讧接二连三不断涌现,致使许多支持者对康有为和保皇会失去信心,很多华侨转而走上了支持孙中山革命的道路,保皇事业受到极大的挫折。保皇党商业上的失败,对党务的发展打击很大。外部环境的影响也是不可忽视的。中国国内形势的剧变,极大地削弱了他们在美洲华人社会中的影响力。同时,随着革命思想风起云涌,革命形势迅猛发展,保皇派在与孙中山等革命党人对美国华侨的争夺中逐渐失去了竞争力。保皇会的海外投资和保皇活动不能取得实效亦是理所当然的。

第五章　若即若离的合作：保皇派与革命派的前期接触

康梁保皇派与孙中山革命派是晚清出现在中国政治舞台上的两股颇有影响的势力，两派为中国的进步和发展都付出了高昂的代价。几乎同时，二者先后来到美国，在华侨社会中宣扬其救国思想。为了共同抗击腐败无能的清政府，孙中山革命派曾试图和康梁保皇派接近，力求二者联合起来挽救衰亡的中华民族。尽管此主张得到梁启超等人的积极响应且制定了具体的合作方案，但在康有为等顽固保皇分子的干预下，合作最终破裂。特别是梁启超游美后，言论大变，完全放弃了和革命派的合作主张。至此，二者彻底结束合作，公开对立。

第一节　檀香山华侨与孙中山的革命活动

革命先行者孙中山为了推翻清王朝的统治，建立资产阶级民主共和国，在国内外曾掀起了轰轰烈烈的筹款、革命活动。与康梁保皇派不同，孙中山所领导的革命派活动首先是在海外华侨社会中建立革命组织兴中会。据统计，从 1878 年至 1911 年，孙中山本人曾六次赴檀香山、

<<< 第五章 若即若离的合作：保皇派与革命派的前期接触

四次赴美国大陆共计九年半时间①，从事革命宣传和发动筹款等活动，美国华侨的侨居地成为革命派的重要基地，广大旅美华侨是革命的主要动力源泉之一，所以美国华侨与孙中山革命有着十分重要的关系。他们在组织上踊跃参加革命组织，投身反清武装起义，积极参加和保皇派的斗争，参与创建"中华民国"等；在经济上为革命慷慨捐款，创办报刊宣传革命，发展祖国航空事业等，可以说，他们为辛亥革命作出了很大的贡献。众所周知，孙中山曾用这样一句话对华侨作出了高度评价："华侨是革命之母。"② 对于这个评价，应当说美国华侨更是当之无愧。纵观孙中山革命思想的形成及革命活动的开展，都无不与美国华侨有着紧密的联系，而且自始至终得到了美国华侨的鼎力支持。在漫长的革命斗争中，他们之间不仅结下了深厚的友谊，而且关系至为密切、深远。

一、檀香山华侨与兴中会

檀香山是南太平洋群岛的通称，由于盛产檀香木而得名，现称为夏威夷群岛，主要由夏威夷（Hawaii）、茂宜（Maui）、欧瓦胡（Oahu）和卡瓦伊（Kauai）4个大岛及16个小岛组成。1874年，夏威夷的卡拉卡瓦（David Kalakaua）在美国海军的支持下取得了王位，第二年与美国签订了"互惠条约"，夏威夷便成为美国经济、文化、政治的属地。1893年，美国侵略者在夏威夷进行颠覆活动，成立"临时政府"，威逼夏威夷女王利利奥固兰尼（Li Liuo Kalani）退位，成立夏威夷共和国，从这时起，美国实际上已统治着夏威夷群岛；1898年美西战争爆发后，夏威夷群岛并入美国版图。但直到1950年，夏威夷才正式成为美国的第五十个州。③ 为了方便起见，本书把檀香山华侨也归为美国华侨的一

---

① 肖飞.孙中山与美国华侨[J].求索，2000(3)：134.
② 张永福.南洋与创立民国[M].北京：中华书局，1933：绪言.
③ 孙穗芳.我的祖父孙中山：上册[M].台北：禾马文化事业有限公司，1995：99-100.

部分。

如前所述，我国第一个资产阶级革命团体兴中会，就是在檀香山华侨中首先建立的。就孙中山本人来说，他也是美国华侨中的一员。孙中山14岁时（1879年），随母杨太夫人由家乡赴檀香山投奔其兄孙眉生活。自这次远行始，孙中山的思想开始发生很大的变化，自称："始见轮舟之奇，沧海之阔，自是有慕西学之心，穷天地之想。"① 到檀香山后，孙中山先到盘罗河学校补习算术等科目，后于1879年9月到基督教学校意奥兰尼学校（Lolani School）继续读书，学习西方社会政治学说、自然科学基础知识、英语及圣经等，课余在其兄经营的"德隆昌"米店帮忙料理店务。② 1882年7月以优异成绩毕业后，又到另一基督教的高级中学奥阿湖书院（Oahu College）就读。同年夏，由于在校热衷于读圣经及参与宗教活动，曾想受洗入教，因其兄孙眉阻止未果，其兄令其回国修国学。同年7月返回家乡翠亨村。在檀香山居留的四年时间，比较国内外不同境况，使孙中山产生了改良祖国的愿望。他后来忆述："至檀香山，就傅西洋，见其教法之善，远胜吾乡，故每课暇，辄与同国同学诸人相谈衷曲，而改良祖国、拯救同群之愿，于是乎生。当时所怀，一若必使我国人人皆免苦难，皆享福乐而后快。"③

孙中山在家居住4个月后，年底，在香港和陆皓东等由美公理会传教士喜嘉理（C. R · Hager）行洗礼，加入基督教。④ 11月接孙眉函召，再赴檀香山。因为在翠亨村毁坏神偶及在香港受洗入教，遭到孙眉斥责。后到茄荷蕾埠商店当店员。1885年4月，自檀香山经日本回国。5月26日，在翠亨村与同县卢慕贞结婚。8月，往香港中央书院复学。

---

① 刘伟森. 全美党史：上 [M]. 台北：海宇文化事业有限公司, 2004：33.
② 刘伟森. 全美党史：上 [M]. 台北：海宇文化事业有限公司, 2004：33.
③ 广东省哲学社会科学研究所历史研究室等. 孙中山年谱 [M]. 北京：中华书局, 1980：12.
④ 孙中山年谱 [M]. 北京：中华书局, 1980：15.

<<< 第五章 若即若离的合作：保皇派与革命派的前期接触

那时中法战争刚结束，清政府在打胜仗的情况下卑怯求和，法国占领了中国藩属国安南（越南），使孙中山甚感痛愤。曾自称"予自乙酉中法战败之年，始决倾覆清廷，创建民国之志"。① 如果说海外各国的民主和富强激发了孙中山的改良救国思想，而此时其思想又受到一次激烈冲击，深刻认识到只有推翻腐朽的清政府，才能免受列强的欺负，中华民族才能得救。

1886年春夏间，孙中山在香港中央书院毕业后，决定学医，"医亦救人之术也"。除努力习医外，还请教师教授中国经史。入校后常发表爱国言论，以"中国现状之危，我人当起而自救"等作宣传。在同学中结识与会党关系密切的郑士良。② 课余常往来于香港、澳门间，发表不满清朝的言论，提出"勿敬朝廷"。与陈少白、尤列、杨鹤龄三人志趣相同，互抒救国抱负，倾慕洪秀全的事业，被人视为大逆不道，被称"四大寇"。③ 1891年，课余写稿投港、沪各报刊，鼓吹改造中国政治。1892年春，到澳门镜湖医院当西医师，开设中西药局。医术精明，尤擅长外科和治疗肺病，对贫穷病人免费送诊，因此，行医"不满两三月，声名鹊起，……就诊者户限为穿"。④

1894年，中日甲午战争爆发，中国惨败，孙中山所以谋求救国之策。同年6月和好友陆皓东一起到天津，上书直隶总督李鸿章。其上书的主旨是"人能尽其才，地能尽其利，物能尽其用，货能畅其流"。⑤ 然而李鸿章年事已高，无意革命，虽然认为孙中山所言甚是，但并不能为其所用，最终不予接见。孙中山失望之余，认识到"满清政府，积

---

① 孙中山. 有志竟成[M]//蒋永敬. 华侨开国革命史料. 台北：正中书局，1989：2.
② 孙中山年谱[M]. 北京：中华书局，1980：19.
③ 孙中山年谱[M]. 北京：中华书局，1980：23.
④ 孙中山年谱[M]. 北京：中华书局，1980：25.
⑤ 孙中山年谱. 孙中山. 上李鸿章书[M]//中山大学历史系. 北京：中华书局，1980：8.

弊重重，无可救药，非彻底改革决不足以救亡"。①"若欲救国救人，非锄去恶劣政府不可。"② 可能是上书李鸿章失败后，孙中山对清朝的希望彻底破灭。自此以后，孙中山再没有回到医学上来，而是坚定地走上了推翻清王朝的革命之路。这一年秋，孙中山自上海重赴檀香山，决定在这里建立革命团体。

1894年孙中山赴檀后，就着手成立反清革命组织兴中会，开展革命救国事业。孙中山为此先到茂宜岛与其兄孙眉商量，孙眉当时是茂宜岛的大畜牧家，有牧场数千百亩，在当地有"茂宜王"之称。听到其弟建立反清革命团体的想法后，孙眉第一个赞成，且"自愿划拨财产一部为助，更移书檀中各亲友为总理称容"。孙眉的思想如此开通，可能是受前一年夏威夷革命的影响。但由于当时华侨思想保守，大部分人对政治漠不关心，特别是一些华侨亲属在大陆者，"闻总理有作乱谋反言论，咸谓足以破家灭族，虽亲戚故旧，亦多掩耳惊走"。③ 虽然孙中山苦口婆心游说了几个月，"不图风气未开，人心锢塞，在檀鼓吹数月，应者寥寥，仅得邓荫南与胞兄德彰二人，愿倾家相助，及其他亲友数十人之赞同而已"。④

在这种情况下，孙中山仍决定以少数人"组织团体，共策进行"。1894年11月24日，在卑涉银行（Bishop Bank）经理何宽家里举行了夏威夷"兴中会"第一次会议，会上公推刘祥、何宽为正、副主席，成立大会的会址在何宽家。黄华恢为司库，程蔚南、许直臣为正副文案，李昌、郑金、邓松盛、黄亮、李禄、李多马、钟工宇、林鉴泉等为

---

① 冯自由. 华侨开国革命史. 载中国社会科学院近代史研究所. 华侨与辛亥革命[M]. 北京：中国社会科学出版社，1981：20.
② 胡汉民. 总理全集：第二集[M]. 上海：民智书局，1970：141。
③ 冯自由. 华侨开国革命史——华侨与辛亥革命[M]. 中国社会科学出版社，1981：20.
④ 孙中山. 有志竟成[M]//蒋永敬. 华侨开国革命史料. 台北：正中书局，1977：2.

<<< 第五章 若即若离的合作：保皇派与革命派的前期接触

值理。何宽是孙中山的密友，同时也是华人教堂的领袖。刘祥是一家杂货店的经理，在广州起义失败后，对革命有所失望，就脱离了兴中会。① 钟工宇，又名钟宇，是檀香山政府职员，也是孙中山的好友。这些人后来在梁启超到檀时都变成了保皇会的会员。兴中会规定以"振兴中华危局"为宗旨，入会誓词为："联盟人某省某县人某某驱除鞑虏，恢复中国，创立合众政府，倘有贰心，神明鉴察"②，并宣布了所起草的九条章程。章程规定每位会员应交纳会底银五元，另设银会，集股举办公家事业，每股科银十元，可认一股至万股，成功后收回本利百元。其中认股最多的是邓荫南和孙眉，分别为 300 元和 200 元。③ 以后陆续入会者又有 90 多人，到 1895 年 10 月广州起义时，在夏威夷分会注册的会员总数约 130 多人。

　　檀香山兴中会成立初期，还有很多不完善的地方，如这个章程最初还没有明确提出反对清王朝的目的，更不敢有武装起兵字样，孙中山的真正意图，当然首先是争取华侨支持，筹到革命经费，武装反对清政府。因为该章程的三分之一是和筹款有关，那些同意入会交纳会底银的华侨，也许当时只不过想把它作为一种赌资（即孙中山在会上提议设立"银会"，规定革命成功后加倍偿还），想在革命取得成功后赢上一把。当然，这把赌注是需要很大勇气的，稍不留神，可能就会有杀头灭门之灾。不过，这些会员一般应是爱国心使然，对于孙所承诺的革命成功后加倍偿还并未放在心上。无论如何，兴中会的成立，标志着近代中国第一个资产阶级革命团体的诞生和中国资产阶级革命活动的开始。

---

① [美] 马充生. 夏威夷华侨对孙中山早期革命活动的支持 [J]. 华侨华人历史研究，1996（4）：77.
② 冯自由. 华侨开国革命史——华侨与辛亥革命 [M]. 北京：中国社会科学出版社，1981：21.
③ "中华民国"五十年文献编撰委员会. 革命之倡导与发展：上 [M]. 台北：正中书局，1969：228.

由于清政府的高压统治和人民根深固蒂的传统思想，中国人一般不愿意卷入政治漩涡中。孙中山能够成功在距离中国大陆遥远的檀香山建立革命组织，可能是因为当时的夏威夷群岛还没什么影响，又不在清政府的行政管辖范围内。另一方面，檀香山是孙中山少年读书的地方，同学同乡较多，参加兴中会的华侨差不多一半来自广东香山县，同时他也可以依靠孙眉的影响和财富，较易获得支持。由此可以看出，兴中会的成立最初也是以乡党和亲戚关系网为依托。还有一个重要的原因，在兴中会成立的几个月前，夏威夷刚刚经历了一场革命，在美国的支持下建立了民主共和国。华侨因此接触到新观念，思想较开通，容易接收革命。

兴中会成立后，孙中山即策划回国举行第一次推翻清政府的武装起义——广州起义。但是，所募得的全部经费只有会底银288美元加上银会股银1,100美元，即美金1,388美元。孙中山非常焦急，区区千元与所预算需要的数目相差甚远。孙眉听说后，就以每头六七元之价贱售其一部分牛牲，以充义饷。邓荫南将其商店和农场全部变卖，把所得款项悉数交给孙中山,"表示一去不复返之决心"。① 同时孙中山为使各会员同受军事教育，特假其师芙兰缔文牧师所设寻真书室校外操场，聘请曾到过中国充当南洋练兵教习的丹麦人，教授各同志兵操，每星期操练两次，准备回国参加义军。至12月，孙中山携带所得美金6,000余元（合香港币约13,000元），② 于1895年1月回国策划起义。檀香山会员跟随孙中山回国参加这次起义的有邓荫南、宋居仁、夏百子、陈南、李杞、侯艾泉等。

由上所述，孙中山并不是一开始就坚定了用革命的手段推翻清政

---

① 冯自由. 华侨开国革命史. 载华侨与辛亥革命 [M]. 北京：中国社会科学出版社，1981：21.

② 冯自由. 华侨开国革命史. 载华侨与辛亥革命 [M]. 北京：中国社会科学出版社，1981：26.

<<< 第五章 若即若离的合作：保皇派与革命派的前期接触

府，而是经历了一个从改良到革命的思想转变。只是在改良思想彻底破灭后，才不得不放弃对清王朝的幻想，被迫走上了用革命手段来挽救危亡的中国之路。

二、檀香山华侨对孙中山革命派的贡献

檀香山华侨各会员中，除孙眉为大畜牧家资产丰厚外，大多并非富裕之辈。他们有的在当地政府或洋行做小职员，有的自己经营小商店，也有人开设小农场维持生计，实力并不是很充厚。对于孙中山的革命宣传，起初大部分华侨的反应是很冷漠的。在兴中会成立初期支持孙中山活动的有限的檀山华侨中，孙眉与邓荫南无疑出资最多，支持最力，所以有必要对二人进行简单介绍。

孙眉，孙中山的长兄，字德彰，号寿屏，1854年生。因家计艰难，1871年，孙眉随母舅杨文纳到檀香山谋生。开始时受雇于人，后得到杨文纳之助向夏威夷政府申请开垦荒地，在离火奴鲁鲁不远的依华（Ewa）种植稻米。之后，孙眉又在火奴鲁鲁市中心的国王路（King Street）和旅馆路（Hotel Street）之间的怒安路（Nuuanu Street）左边开了一间商店。① 后与一土著"公主"联姻②，因得土地承租权，在茂宜岛租得荒地千数百亩，独自创业，广事畜牧垦殖，亦设店销售农产品。③ 1878年，孙眉奉父母命返里与谭氏践约成婚，同时乘夏威夷政府特许其招华工来檀大兴垦殖之便，在乡间设办理移民事务之所，与人合股接管了一艘移民用船，接运应募的数百名劳工前往檀香山，进而大

---

① 孙穗芳. 我的祖父孙中山：上册 [M]. 台北：禾马文化事业有限公司, 1995：100.
② 此说已由孙穗芳证实，见我的祖父孙中山：上册 [M]. 台北：禾马文化事业有限公司, 1995：51.
③ 钟工宇. 我的老友孙逸仙. 载丘权政, 杜春和. 辛亥革命史料选编 [M]. 长沙：湖南人民出版社, 1980：1.

展实业。① 1885年前后，孙眉已领有土地约六千英亩，雇工千余，牛、马、猪等牲畜数万头，并开有商店，积资甚殷，是当时茂宜岛上的巨富。②

1893年，檀香山发生导致结束君主制的革命，很快檀香山便归属美国。孙眉亲眼目睹民主潮流，思想大受震撼，渐向共和。③次年，孙中山赴檀香山创立了首个中国革命团体兴中会。孙眉借助其在檀香山广泛的社会关系帮助孙中山开展活动，并资助其经费。广州起义失败后，孙中山亡命日本，转赴檀香山。孙眉鼓励他继续革命，不应气馁，并接济遭清廷通缉的杨太夫人，中山妻卢氏、儿子孙科、女儿孙琰等到檀香山。孙眉劝中山，此时在檀香山的革命党人士气不振，应谋别处发展。中山从之，于1896年6月后首次访问了美洲与英国的华侨。④

1899年底，梁启超到檀香山。因那时革命派与保皇派有合作之说，梁又持有孙中山亲笔荐函，故孙眉与兴中会人士大表欢迎，对其甚加信任。梁在檀香山创设保皇会，并创《新中国报》为机关报。孙眉力助之，且成为茂宜岛保皇会负责人。兴中会会员遂多转为保皇会会员。梁在华侨中宣传"名为保皇，实则革命"，并为保皇会募得数万元。⑤孙眉还令其独子孙昌对梁执弟子礼，托梁将其带到日本，入大同学校读书。其时孙中山正在日本，闻知此事，乃去函责梁之所为，并劝孙眉等勿受其摆弄，孙眉一时不悟。⑥梁则多次致函孙眉，备陈筹款保皇诸事，孙眉继续助之。光绪二十六年（1900年），清廷杀戮义和团并与列强签约，又有人揭露梁在檀香山欺骗敛财，中山亦怒责梁背约，孙眉始

---

① 冯自由. 革命逸史：第二集 [M]. 北京：中华书局，1981：1.
② 孙德彰先生墓表.
③ 冯自由. 革命逸史：第二集 [M]. 北京：中华书局，1981：2.
④ 冯自由. 革命逸史：第二集 [M]. 北京：中华书局，1981：3.
⑤ 冯自由. 革命逸史：第二集 [M]. 北京：中华书局，1981：3.
⑥ 冯自由. 革命逸史：第二集 [M]. 北京：中华书局，1981：3.

<<< 第五章 若即若离的合作：保皇派与革命派的前期接触

深悔前误，与梁绝交，并召回在日读书之子孙昌。光绪二十九年（1903年）10月，中山由日本至檀香山，改组《檀山新报》，并亲撰《敬告同乡书》《驳保皇派》二文，孙眉等至是纷纷登报脱离保皇党①，此后坚拒保皇。中山在檀香山成立"中华革命军"，孙眉助中山发行军需债券，一券十元，革命成功后还本息一百元。是时，孙眉财力不济，乃带头变卖一千余头牲畜认购。

在孙中山以后的革命活动中，每当其受打击情绪低落时，亦或缺乏革命经费时，孙眉总是挺身而出，一次又一次地变卖家产，不遗余力地在精神和财力上支持孙中山革命。孙眉作为受旧式教育不多的贫苦农民，侨居异乡，艰难创业，才成巨富。能够这样顺应历史潮流，将其大部分财产支持其弟及革命党人推翻清朝帝制、建立共和的千秋大业，终至破产，实属难得。有粗略统计，孙眉一生慷慨资助孙中山进行革命活动的费用，达70万美元之巨。② 孙眉在瓦胡岛和茂宜岛共有地产与股份上百份，而半数以上皆用之支援反清革命。据夏威夷公证登记，1895年至1899年间，孙眉在瓦胡岛十次卖出自己名下之地产；1890年至1902年间，在茂宜岛共卖出65次之多。③

在孙中山前期革命中，另一位对革命贡献最大的檀香山华侨是孙眉的好友邓荫南。邓荫南（1846—1928），原名松盛，字荫南，广东开平县人，出生在一个贫困的农民家庭，父亲邓善昆，为人正直，常以爱国思想教育其子。因邓荫南排行第三，故又称邓三。时人以其在革命党人年纪较大，所以尊称其为邓三伯。幼时赴檀香山经商，兼营农业，因其经营有道，又善居积，渐而致富。邓为人豪爽，乐善好施，热心公益事业，因而受到乡人的敬仰。与其兄邓灿均为三合会会员。1894年冬，

---

① 冯自由.革命逸史：第二集[M].北京：中华书局，1981：6.
② 孙穗芳.我的祖父孙中山：上册[M].台北：禾马文化事业有限公司，1995：52.
③ 郝平.孙中山革命与美国[M].北京：北京大学出版社，2000：29.

孙中山到檀香山倡设兴中会，邓荫南与孙中山的大哥孙眉友谊至笃，在孙眉的介绍下，邓和檀香山华侨二十余人率先参加了在火奴鲁鲁举行的兴中会成立大会，邓被推为值理（八名轮流任事的理事之一）。邓荫南不仅是缴纳入会费（股份银）最多的会员，而且还介绍了15人入会。由于其"生平好猎，善枪法，能从背后反射击鸟，百不失一，又能自制炸药炸弹"，为人热心而多能，因而极得孙中山的赏识。①

孙中山1895年回国策动第一次广州起义，邓荫南为此变卖家产，追随孙中山回国参加起义，表示了义无反顾的决心。后来这些钱在历次起义中被用尽，邓重陷贫困，但他仍然坚毅地从事革命活动。他这种倾家为革命的壮举，不仅得到革命党人的尊敬，连其政敌也为之叹服。梁启超曾对康有为说："此人倾家数万以助中山，至今不名一钱而心终不悔，日日死心为彼办事，阖埠皆推其才，勿谓他人无人也。"②回到国内后，他在香港租了环士丹顿街13号为策划起义总机关，外设"乾亨行"进行掩护，决定在广州发动起义。为了便于指挥，邓荫南又随孙中山到广州建立秘密机关，购运军械，准备举事。③

第一次起义失败后，陆皓东等人被捕牺牲，孙中山出亡海外继续进行革命活动，邓荫南也避居澳门，后来辗转到香港开办农场，实际上主要用来收容逃亡香港的同志。1900年10月，邓荫南还参加了史坚如暗杀两广总督、广东巡抚德寿的行动。炸药引爆后，只炸塌督署后墙十余丈，总督德寿并未受伤。史坚如被捕牺牲，年仅21岁。邓荫南乘小船经陈村水路脱险到香港，隐居英属新安屯门。④

此后，邓荫南在香港九龙青山开设了一个农场，经营垦殖畜牧业，

---

① 冯自由. 邓荫南事略［M］//革命逸史：初集. 北京：中华书局，1981：43.
② 丁文江，赵丰田. 梁启超年谱长编［M］. 上海：上海人民出版社，1983：233.
③ 载华侨与辛亥革命［M］. 冯自由. 华侨开国革命史. 北京：中国社会科学出版社，1981：85.
④ 冯自由. 邓荫南事略［M］//革命逸史：初集. 北京：中华书局，1981：44.

<<< 第五章 若即若离的合作：保皇派与革命派的前期接触

同时暗中仍密谋革命，曾与同志在农场试验炸药。1905年，同盟会成立后，邓赴南洋，联络志士，扩展组织。辛亥革命爆发，邓荫南受到极大鼓舞，他到新安发难，这是广东最早响应武昌起义的地方。辛亥革命后，邓放弃农场耕殖，移居广州。1912年，他任新安民军总监督，后任开平县民团团总。尔后讨袁护法、逐莫（莫荣新，桂系军阀）诸役，国民党人在这里组织民军都以他的名义相号召。① 1920年夏，粤军陈炯明自漳州回广东，邓荫南复编义勇队响应。随后邓先后受任东莞开平二县县长，因其赋性忠厚，常被当地属吏欺负，居官没几个月，即亏空万余元，遂急自请辞职，而那些属吏都各自积聚了丰富的财富。② 1922年陈炯明叛变时，孙中山蒙难于永丰舰，饷尽援绝。邓荫南闻讯，独以万元接济，并举兵开平，以为声援。8月9日，孙中山决定离粤赴沪，邓荫南奉命赴澳门组织军事机关，相机讨逆。

桂系军阀队伍退出广东后，邓也退居澳门，于1922年在此病逝。孙中山得知邓荫南逝世的消息，十分悲痛。他在邓荫南的遗像上题词："爱国以命，爱党以诚，家不遑顾，老而弥贞，载瞻遗像，犹怀友声"，高度评价了邓荫南的品格。邓荫南去世后不到一个月，孙中山再次在广东建立政权，发布命令："邓荫南为国尽瘁，老而弥坚，今忽溘逝，殊深震悼。邓荫南着授陆军上将。"③

邓荫南是最早追随孙中山革命事业的爱国华侨，一生变卖家产，散尽余财终不悔。在所有跟随孙中山革命的同志中，死后能够获得追赠陆军上将荣衔的只此一人，可见邓荫南对早期民主革命的重要性。

1895年冬，广州起义挫败后，孙中山重渡檀岛，计划再举。但居檀数月，兴中会同志多因"失败而灰心"，并对孙中山大有戒心，不敢

---

① 冯自由. 邓荫南事略［M］//革命逸史：初集. 北京：中华书局，1981：44.
② 冯自由. 邓荫南事略［M］//革命逸史：初集. 北京：中华书局，1981：44.
③ 邓荫南墓志铭.

往还，更谈不上吸收其他华侨入会。孙中山觉得"久留檀岛，无大可为，遂决计赴美，以联络彼地华侨，盖其众比檀岛多数倍也"。① 希望在美国大陆开辟新的领域，壮大革命组织。

1896年6月，孙中山由檀香山乘轮抵达三藩市（旧金山），第一次踏上美国本土，实现了他梦寐以求的愿望。然后横过美洲大陆，直到大西洋西岸的纽约等地。当时"美洲之华侨风气蔽塞，较檀岛尤甚"，孙中山虽然"沿途所过多处，或留数日，或十数日，所至皆说以国家危亡，清政腐败，非从民族根本改革，无以救亡，而改革之任，人人有责"，"然而劝者谆谆，听者终归藐藐。其欢迎革命者，每埠不过数人或十余人而已"。② 因此孙中山此行收获甚微，虽然在旧金山建立了兴中会，参加者仅有邝华汰、马锦兴、谭贞谋、刘明德、陈翰芬等10多名华侨基督教徒，皆为秘密入会。③ 但是孙中山并未气馁，以后又多次赴美宣传革命。9月23日，孙中山乘轮抵英国。

孙中山首次旅美实地考察华侨状况，虽没有实质性的成果，却有一个重要的发现。当时，美国有一个历史悠久而又庞大的"反清复明"华人组织洪门会馆（通称致公堂），华侨十之七八为洪门中人。但其会员因年代久远，渐渐淡忘了其原来宗旨，会员入会不过是彼此患难扶助而已，而且很大一部分加入了在美捷足先登的保皇会。是时孙中山在美国宣传革命时，问及其会宗旨"反清复明"为何意？"彼众多不能答也。"后来孙中山解释说，他们原来的宗旨，是反清复明，抱有种族主义，因为保皇主义流行到海外后，他们就归化为专想保护大清皇帝安全

---

① 孙中山.建国方略.载孙中山选集［M］.北京：人民出版社，1981：170.
② 孙中山.孙中山选集：第一集［M］.北京：人民出版社，1981：194.
③ 麦礼谦.从华侨到华人——20世纪美国华人社会发展史［M］.香港：三联书店有限公司，1992：177.

<<< 第五章 若即若离的合作：保皇派与革命派的前期接触

的保皇党。故由种族主义的会党，反变成保护清朝皇帝的保皇党。①"而洪门之众，乃始知彼等原为民族老革命党也。"② 孙中山深感与之联络的重要性，这就为他以后在美国本土的革命活动，提供了方便条件。

1895—1900年，是孙中山倡导革命最艰难的时期，此时不但要提防清政府或明或暗的围追堵截和逮捕，而且"适于此时有保皇党之发生，为虎作伥，其反对革命，反对共和，比之清廷尤甚"。③ 孙中山几次试图与之联合都未成功，两派最终在美洲乃至南洋各华侨聚居地公开反目。

第二节　保皇派和革命派的接触与合作

作为中国政治舞台上的两股重要力量，革命派和保皇派并不是一开始就是对立的，可以说二者本无实质性的矛盾。戊戌前两派在东京合作办学，改良派为了独占大同学校发生了驱赶孙文事件，两派开始产生裂痕，但并未达到交恶的地步。1898年戊戌变法失败后，尽管维新派改头换面成了保皇派，与革命派推翻清王朝的主张大相径庭，但两派并非水火不能相容，在日本曾一度有过合作的意向。及至1901年梁启超在檀香山以"名为保皇，实则革命"的幌子夺取革命派在檀地盘，横滨兴中会又为保皇党潜移默化，自会长冯镜如下以皆奉保皇之说，革命派原有的薄弱基础势力将全盘丧失，孙中山才开始感觉必须反击"保皇毒焰"。于是两派由组织之争进而发生文字宣传的舆论之战，交恶便

---

① 孙中山. 三民主义［M］// 孙中山. 孙中山选集：第一集. 北京：人民出版社，1981：192.
② 孙中山. 有志竟成. 载蒋永敬. 华侨开国革命史料［M］. 台北：正中书局，1989：6.
③ 孙中山. 有志竟成. 载蒋永敬. 华侨开国革命史料［M］. 台北：正中书局，1989：8.

日甚一日。因此，两派之间的论战，肇始于组织上的纷争，原带有党派斗争、争取群众的色彩，而论战的演进，更加剧了组织上的对立，终至闹到水火不容、不共戴天的程度。

一、戊戌前后的接触以及对美国华侨的影响

孙、康之间早在1893年就有过接触。当时，革命思想尚比较朦胧的孙中山自澳门改往广州行医，在门底圣教书楼设立诊所。而那时康有为在中国知识分子中已经颇有名气，在广州所主持的"万木草堂"与圣教书楼相距不远。那时孙中山就很想结识康有为，就托友人向康转达致意。不料康有为申言："孙某如欲订交，宜先具门生帖拜师乃可。"孙中山愤其妄自尊大，严词拒绝，后来二者"卒不往见"。① 1897年孙中山在广州倡设农学会，曾请康有为及其弟子陈千秋等加入，陈颇有意，但迫于康有为的威严而没能成行。是年春，陈少白至上海，居洋泾浜全安栈，听说康有为与梁启超晋京会试，于是也下榻同一家客栈，寻机造访。康很庄重地接见了陈少白。当陈少白痛言清朝政治腐败，非推翻改造决不足挽救危局时，康有为也表示同意，且介绍梁启超与之相见，谈论颇欢。② 1897年，康有为的胞弟康广仁与兴中会会员谢缵泰等有过几次秘密会晤，一再商谈两党合作事宜，同时康广仁表示他们并非亲满，而是在试图发动一次和平革命。1897年11月，康广仁从上海来信告诉谢缵泰：梁启超赞成合作。③ 这是梁启超对与兴中会合作的首次表态。

---

① 冯自由.戊戌前孙康二派之关系［M］//革命逸史：初集.北京：中华书局，1981：47.
② 冯自由.戊戌前孙康二派之关系［M］//革命逸史：初集.北京：中华书局，1981：47.
③ 谢缵泰.中华民国革命秘史.载广东文史资料·孙中山与辛亥革命史料专辑［M］.广州：广东人民出版社，1980：299.

<<< 第五章 若即若离的合作：保皇派与革命派的前期接触

　　1898年，戊戌政变发生，这时革命派也处在1895年广州起义失败后的最低点。为了拉拢改良派，当时正在日本流亡的孙中山等革命派，"在日闻此消息，乃商诸日本志士宫崎寅藏、平山周等，请其到中国救助康等出险。宫崎遂赴香港迎康至东京。平山则到北京，使王、梁二人易日本服至天津，乘轮赴日"。①康、梁顺利抵日后，孙中山认为和平改革的期望失败，这会促使康有为他们自省，同时也是接受两党联合的最好时机，于是打算亲自拜访慰问，乃托宫崎、平山向康示意。不料康自称"身奉清帝衣带诏，不便与革命党往还，竟托故不见"。又过了一段时日，孙中山为表示诚意，再次派陈少白偕平山至康处访谒，在与康有为所谈三个小时中，陈少白再次痛言清朝政治种种腐败，谓非推翻改造无以救中国，请康、梁改弦易辙，共同实行革命大业。但康有为始终坚持其保皇主张，并答曰："今上圣明，必有复辟之一日。余受恩深重，无论如何不能忘记，惟有鞠躬尽瘁，力谋起兵勤王，脱其禁锢瀛台之厄，其他非余所知，只知冬裘夏葛而已。"②杨衢云致函谢缵泰，谈及这次与改良派在横滨会谈两派合作未成，说："康党太傲慢，…不愿意同我们平等相处，他们一心想控制我们，或者要我们服从他们。"③在康有为心目中，对他有"知遇"之恩的光绪皇帝一定会重新掌握权力，这样他也会有朝一日作为朝廷重臣再次得到重用，当然不想和孙中山等"山贼野寇"为伍。

　　孙、康也有过一次办学方面的合作。1897年底，横滨侨商邝汝磐、冯镜如等在中华会馆发起组织学校，以教育华侨子弟，并请孙中山到国内为他们聘请一些新学之士为教师。孙中山为了争取改良派的合作，

---

① 冯自由. 戊戌前孙康二派之关系[M]//革命逸史：初集. 北京：中华书局，1981：48.
② 冯自由. 戊戌前孙康二派之关系[M]//革命逸史：初集. 北京：中华书局，1981：48-49.
③ 孙中山年谱[M]. 北京：中华书局，1980：42。

"以兴中会缺乏文士"之故，推荐梁启超充任校长。因梁正在上海办《时务报》，康有为另派其弟子徐勤赴任。康认为孙中山为该校所取名"中西学校"不雅，乃易名为"大同学校"，并亲书四个大字赠为门额。孙中山认为这是一个团结合作的好机会，对此并没提出异议。虽然这只是一件小事，足以看出康有为对孙中山革命派的专横态度和傲慢做派。在这一段时间内，孙中山、徐勤"彼此往来异常亲热，真无所谓有彼我之分"。[1] 但是，当这一年光绪帝下诏变法，新政措施次第出台后，一向以"帝师"自居的康有为，更觉自己地位显要。据陈少白记载，康有为担心为革命党所株连，于是写信给徐勤说，"不日我有大拜之望，尔等务宜与革命党人断绝往来，庶免受他们所累"，以后便中断了与孙中山等的联络。但一段时日之后，孙中山再次来到大同学校，却见到"孙文到不招待"的字条。[2] 作为该校校长的徐勤在《致宫崎寅藏书》中有关此事做了分辩："仆与中山樵宗旨不同，言语不合，人人得而和之。至于攻讦阴私之事，令人无以自立，此皆无耻小人之所为，仆虽不德，何忍为之。"[3] 徐勤虽然表现出一副无辜的样子，改良派对孙中山革命派的有意排挤却是事实。但此事尚未导致两派关系破裂。

正当合作之事陷入僵局之际，日本政府在清政府的压力下，给康旅费六千元，令其克日离境，康无奈于1899年3月22日远赴加拿大。梁启超终于有了办事的自主权，这给两派的合作带来了转机。此后，梁启超便成了维新派在日本的首领。他不像康有为那么矜持，那么固执己见。1899年，梁启超因乃师离去而暂脱羁绊，在和革命派的接触中显得异常活跃，手段不凡。同年3月28日，梁启超致函谢缵泰，通知康

---

[1] 陈少白. 兴中会革命史要[M]//辛亥革命：第1册. 上海：上海人民出版社，2003：46.
[2] 冯自由. 戊戌前孙康二派之关系[M]//革命逸史：初集. 北京：中华书局，1981：50.
[3] 丁文江，赵丰田. 梁启超年谱长编[M]. 上海：上海人民出版社，1983：183.

<<< 第五章 若即若离的合作：保皇派与革命派的前期接触

有为离日赴美消息的同时，表示赞成联合与合作的主张。他与孙中山"时相往还，顿形密切。一时孙康合作之声浪，轰传于东京、横滨之间"。①

这以后，孙中山与梁启超等在横滨继续就合作问题进行多次会谈。梁在商讨合作一事中，表现出不同乃师的灵活机智、随时应变的见识与才识，且颇为热心。约在是年夏秋间，梁启超致书孙中山表白自己对合作一事的态度："捧读来示，欣悉一切。弟自问前者狭隘之见，不免有之，若盈满则未有也。至于办事宗旨，弟数年来，至今未尝稍变，惟务求国之独立而已；若其方略，则随时变通，但可以救我国民者，则倾心助之，初无成心也。与君虽相见数次，究未能各倾肺腑，今约会晤，甚善甚善。惟弟现寓狭隘，室中前后左右皆学生，不便畅谈，若枉驾，祈于下礼拜三日下午三点钟到上野精养轩小酌叙谭为盼。此请大安。弟名心叩。"② 在这封回信中，梁启超坦率地承认了以往合作谈判中他确有"狭隘之见"，同时也申明自己以国家独立为宗旨，办事方略可随时变通，这也是他不同于康有为固执保皇的高明之处。这无疑使革命派加深了对梁的好感，对他将倾向革命自然寄予很大的期望。

通过一段时间的接触，孙中山当时真的认为梁启超已倾心革命，就与他拟定两党合作进行革命的计划。梁启超和其他12个赞同革命的同学共同给康有为修书一封，建议他放弃政治活动。信中这样写道："国事败坏至此，非庶政公开，改造共和政体，不能挽救危局。今上贤明，举国共悉。将来革命成功之日，倘民心爱戴，亦可举为总统。吾师春秋已高，大可息影林泉，自娱晚景，启超等自当继往开来，以报师恩。"③

---

① 冯自由. 戊戌前孙康二派之关系［M］//革命逸史：初集. 北京：中华书局，1981：50.
② 冯自由. 中华民国开国前革命史［M］. 台北：世界书局，1954：44-45.
③ 冯自由. 康门十三太保与革命党［M］//革命逸史：第二集. 北京：中华书局，1981：29.

两党代表于是打算推孙中山为会长,梁启超为副会长。梁觉得不妥,于是问孙中山:"如此则将置康先生于何地?中山曰:"弟子为会长,为其师者其地位岂不更尊?梁悦服。"①据说,当时梁启超与孙中山已经开始联合出版一种反清的期刊《中国秘史》,1898年下半年出版了两期,期刊主要谈论了宋、明和太平天国时期的种族问题。②梁启超还宣布说,保皇会将联合兴中会,在中国共同建立一个新的军队来制约政府。消息传到美国后,保皇会中的激进派为之雀跃,并对此表示了极大热情。而保守派则宣称这是一则流言,因为他们相信,光绪皇帝不需要军队也很快会重新执政,而康有为等人也会官复原职。③

在康门弟子中,实际上自政变以来,不少人因身处困境而颇感颓唐,对与孙中山革命派合作一事,内部有两种意见,一种是坚定的保守分子,处处唯乃师康有为马首是瞻,采取不合作态度,如徐勤者流;一种是激进分子,认为合作是顺天应人,但因骇于康有为师道尊严,不敢公开倡言,如梁启超、欧榘甲等人。欧美、南洋等地华侨自然也分成两派。双方的交往促使康门弟子中一些激进分子倾向于反清革命,与孙中山的政治立场有所接近。保皇会成立后,横滨的梁启超等人似乎并不积极,反而进一步向革命党靠拢。这种立场的分立自然影响到美国各地的保皇会会员。在1899年秋季,基于联合大举的共识,两派开始接洽组织结合,署名者共有康同门13人。消息传开后,各地康徒为之哗然,称此13人为"十三太保"。除梁启超外,其余12人为韩文举、欧榘甲、罗普、罗伯雅、张智若、李敬通、陈侣笙、梁子刚、谭柏生、黄为之、

---

① 冯自由. 革命逸史: 初集 [M]. 北京: 中华书局, 1981: 64-65.
② [美] 史扶邻. 孙中山与中国革命的源起 [M]. 台北: 谷风出版社, 1986: 143.
③ L. Eve Armentrout Ma. Revolutionaries, Monarchists, and Chinatowns: Chinese Politics in the Americas and the 1911 Revolution [M]. Honolulu: University of Hawaii Press, 1990: 74.

<<< 第五章 若即若离的合作：保皇派与革命派的前期接触

唐才常、林圭。① 正当两派的合作稍有起色之际，徐勤、麦孟华等这些最坚决的保皇党人，"阳为赞成，阴实反对"，他们对梁启超这种背叛康有为的做法大为不满，遂写信给康有为告发此事："卓如渐入'行者'（即孙中山）圈套，非速设法救解不可。"② 康有为得信后大怒，立即发了一封措辞严厉的信斥责梁启超等13人，且派门人叶觉迈携旅费赴日，命令梁启超和欧榘甲分别往夏威夷和旧金山。梁启超不敢违抗师命，即刻赴檀香山办理保皇会事务，"一切计划尽成泡影"③，十三太保团体因之消失，孙、康合作之局亦随之瓦解。

1900年6月，还发生了一件令孙中山对合作失望之事。日本志士宫崎寅藏那时仍对两党合作抱有幻想，认为康有为对其救命之恩应有所知恩图报，乃与孙中山商量往新加坡向康有为游说抛弃保皇、联合革命之事。孙中山认为康有为的顽固立场不会改变，但宫崎还是坚持要去。"香港康徒闻宫崎曾赴粤谒李鸿章，遽电告康，谓宫崎奉李鸿章命来南洋行刺请慎防。"④ 康有为见到宫崎后指控其为刺客，故宫崎到新加坡的第二天，即被当地警察逮捕入狱。警察从宫崎和其同伴清藤身上发现了两把锋利的武士刀和一把匕首，以及两万七千港币，因之警察更加怀疑。⑤ 孙中山得知此事非常着急，即刻前往营救，也被逮捕，最后在朋友的帮助下二人才得已获释。后孙中山被新加坡政府判为出境五年，宫

---

① 冯自由. 康门十三太保与革命党［M］//革命逸史：第二集. 北京：中华书局，1981：30.
② 苏德用. 国父革命运动在檀岛. 载蒋永敬. 华侨开国革命史料［M］. 台北：正中书局，1989：76.
③ 冯自由. 康门十三太保与革命党［M］//革命逸史：第二集. 北京：中华书局，1981：29.
④ 丁文江，赵丰田. 梁启超年谱长编［M］. 上海：上海人民出版社，1983：257.
⑤ ［美］史扶邻. 孙中山与中国革命的源起［M］. 台北：谷风出版社，1986：169.

崎则被判永久出境。① 新加坡总督当时还企图劝说孙中山停止其活动："作为一个爱国的中国人，正当中国面临外国侵入的时刻，煽起新的骚乱是不明智的。"② 当然孙中山并不这样认为，所以对一个英国的人劝告更不会在意。此事使孙中山非常失望，认为康有为这个"坏透了的孔学家是一文不值的"。③ 康有为顽固保守，思想右倾，连梁启超都"不禁讶其与张之洞之言甚相类也"。④ 尽管如此，孙中山此时还是主张"对康有为一派也应重视，暗中联络"。⑤ 大概到1901年底或1902年初，孙中山得知梁启超把檀香山兴中会会员都拉拢到保皇会门下时，对康梁一派才完全泯灭合作之念。

孙中山虽然一次次失望，但对康梁保皇派还一再抱有幻想，这和他当时的处境有很大关系。从1895年到1900年，是孙中山革命事业的低谷。他在自传中这样形容自己当时的处境和心情："此五年之时，实为革命进行最艰难困苦之时代也。盖余既遭失败，则国内之根据，个人之事业，活动之地位，与夫十余年来所建立之革命基础，皆完全消灭；而海外之鼓吹，又毫无效果。……当此之时，黑暗无似，希望几绝。"⑥ 孙中山积极推动与保皇派合作，期望在茫茫的黑夜中找到一丝光明。为了争取康梁改良派，孙中山甚至说过：如果康有为愿意解散保皇会和拥护革命，不但两党可以联合，而且他将说服他所有的同志接受康有为的领导。⑦ 但这只不过是他的一厢情愿。康有为和孙中山在当时地位和身份上的悬殊，也决定了二者不可能以平等的姿态合作。作为对光绪帝有

---

① 孙穗芳. 我的祖父孙中山：上册 [M]. 台北：禾马文化事业有限公司，1995：207-208.
② [美] 史扶邻. 孙中山与中国革命的源起 [M]. 台北：谷风出版社，1986：170.
③ 孙中山年谱 [M]. 北京：中华书局，1980：43。
④ 与横滨某君的谈话. 载孙中山全集：第一卷 [M]. 北京：中华书局，1981：198.
⑤ 丁文江，赵丰田. 梁启超年谱长编 [M]. 上海：上海人民出版社，1983：258.
⑥ 孙中山. 有志竟成. 载蒋永敬. 华侨开国革命史料 [M]. 台北：正中书局，1989：8.
⑦ 冯自由. 革命逸史：初集 [M]. 北京：中华书局，1981：74.

"知遇之恩"的"康圣人",曾经又是朝廷重臣,当然不愿同当时只不过被视为"一个叛乱者"的孙中山合作。康有为的弟子麦孟华就曾把孙中山斥为"盗匪、会堂分子,使中国丢尽了脸的人"。① 所以,康有为保皇派当时对孙中山的冷淡与傲慢也是情理之中的。

二、梁启超在檀香山的活动及其两面性分析

在与孙中山革命派的合作过程中,康、梁师徒的表现有很大不同。康有为一向以帝师自居,固执己见,颇为自负,根本看不起革命派,更谈不上和他们合作。而梁启超起初是赞同两派联合的,甚至主张"破坏主义""革命排满",用武力的方式救国,只不过他在合作的过程中表现得较为灵活。

1900年,梁启超奉乃师康有为之命赴檀香山为勤王运动筹款。勤王运动是戊戌政变后康梁保皇派进行的最重要的政治活动,也是其唯一的一次"武装勤王"运动。1900年,国内发生了义和团运动,八国联军入侵,保皇会认为这是反击后党、"决救皇上"的大好时机,康有为说是只要"能救皇上,则诸贼自除","必能和亲各国,保护教人"。② 1899年,梁启超、唐才常、林圭、秦力山等保皇派中的激进者,决议在长江沿岸各省起兵,袭取武汉作为根据地,武装勤王,拥立光绪皇帝复辟。梁启超为了在起事时借用兴中会会员的势力,在东京还特别设宴邀请孙中山、陈少白等,希望革命派支持这次武装行动。孙中山看到他们起事终究是为了反对清朝顽固派,所以表示赞助参加这次起事的筹划工作。

由于这次的"勤王"运动是保皇会进行的一件最大的事业,所以,

---

① 李剑浓:《政治中》(78),第147—148页,转引自[美]史扶邻.孙中山与中国革命的源起[M].台北:谷风出版社,1986:135.
② 汤志钧.康有为政论集:上册[M].北京:中华书局,1981:424.

保皇党动员一切力量，全力以赴。康有为虽然思想保守，对这次运动也给予了积极支持，他在新加坡负责指挥全局。梁启超被派往檀香山负责筹款，并担任与各方联络。由于当时孙中山"与梁方谋联合改组新党，友谊至笃"。① 临行前，梁启超约孙中山"共商国是，矢言合作到底，至死不渝"。② 托付孙中山为其介绍同志，孙坦然不疑，于是写信给其兄孙眉及兴中会其他成员，令他们在檀招待梁启超。梁冒名日本人柏原文太郎（Kashiwabara Bantaro）于1900年1月在檀香山登陆③，持孙中山介绍信拜见了李昌、何宽、黄亮、邓金、卓海、钟木贤等兴中会诸人，所到之处颇受欢迎。梁启超抵檀香山十日后，还写信对孙中山表示："弟此来不无从权办理之事，但兄须谅弟所处之境遇，望勿怪之。要之我辈既已订交，他日共天下事必无分歧之理，弟日夜无时不焦念此事，兄但假以时日，弟必有调停之善法也。匆匆白数语，余容续布。此请大安。一月十一日。"④ 这里梁启超已隐约透露出他将在此地发展保皇组织的念头，希望孙中山能谅解他的处境。就梁启超而言，合作之念似尚未完全放弃，但怵于师威，他又不得不听从乃师康有为的盼咐，可见他性格中软弱矛盾的一面。

梁启超又到茂宜岛去访孙眉和其母舅杨文炳，孙眉对其更是优待备至，并令其子孙昌拜梁为师，后来梁将其带至日本读书。梁启超在檀香山住了几个月后，逐步熟悉了情况，1900年1月下旬便在怒安奴街永和泰楼上组织成立保皇会，并选出黄亮（保皇会总理）、钟工宇（保皇会库管）等作为领导人，其后檀岛各埠纷纷设立保皇会所。檀香山保皇会像其他各埠保皇会一样制定了章程。该章程共分为五章，主要包括

---

① 冯自由. 檀香山兴中会 [M] //革命逸史：初集. 北京：中华书局，1981：15.
② 冯自由. 革命逸史：第六集 [M]. 北京：中华书局，1981：13.
③ 麦礼谦. 从华侨到华人——20世纪美国华人社会发展史 [M]. 香港：三联书店有限公司，1992：177.
④ 冯自由. 檀香山兴中会 [M] //革命逸史：初集. 北京：中华书局，1981：15-16.

成立宗旨、立会缘起、办事人员、入会规例及会费收支例,并附有《诵救圣主歌》等,其要点如下①:

1. 成立缘起:非变法维新不可救中国,非英明仁圣如光绪帝者不可主持变法维新,而保皇即所以保国,保国即所以保身家,故成立保光绪帝会"最为名正言顺"。

2. 组织:保光绪皇帝大会设于檀香山,其余各地分设支会;大会设总理一人,副总理、协理数人,分会设会理数人,会中所有文件及事务由总理、协理、值理议定。

3. 会费:入会者每人缴银二元。另可捐款,由大会发给凭票,上面书写姓名及捐款数目,俟光绪帝复辟,"治定成功",持有凭票者,可换取公债股票。

夏威夷各华侨担任檀香山保皇会值事者,共有84人,其中除了总理、管库、正副书记各1人外,另有副理4人、副书记3人、协理17人、演说员5人、值理52人。②

为了更好地开展工作,顺利筹款,梁启超给兴中会会员解释说,这个组织虽然名叫保皇会,实际上"名为保皇,实则革命"。③ 侨商因他是孙中山介绍,又持有孙的亲笔函作证,再加上保皇派当时所从事的武装勤王运动也为此说提供了证据,所以多数华侨对此深信不疑。"自是檀岛兴中会员,多为保皇会所用,而兴中会之名,则久已不复挂人齿

---

① 《美属檀香山保光绪皇帝会之例》,夏威夷州档案馆,转引自张希哲,陈三井. 华侨与孙中山先生领导的国民革命学术研讨会论文集 [M]. 台北:台北国史馆,1997:534.
② 《美属檀香山保救大清光绪皇帝会值事芳名》,夏威夷州档案馆,转引自张希哲,陈三井. 华侨与孙中山先生领导的国民革命学术研讨会论文集 [M]. 台北:台北国史馆,1997:534.
③ 冯自由. 檀香山兴中会 [M] //革命逸史:初集. 北京:中华书局,1981:16.

矣"。① 当时檀岛各埠疫疠盛行，美国官吏放火焚烧疫区，以防传染，华人财产损失惨重，因而更加仇恨西人。梁趁机向侨商宣传只有保救光绪复辟，才能拒御外侮，才能保护海外侨民之权利，倡言"起兵勤王一途，实较革命排满为事半功倍"。② 侨商于是踊跃参加保皇会，纷纷解囊捐饷助其勤王，孙眉也捐了1000元。梁在檀居住半年多，竟募得款项华银十余万元，另外招上海广智书局股银五万元。③

梁启超这次檀香山之行无疑受到了空前的欢迎，这是孙中山等革命党人在当时的情况下无法得到的殊荣。保皇会管库钟工宇，以前是孙中山最亲密的朋友，他对当时梁启超在檀香山的受欢迎程度做了如下描述："梁启超作为一位政治流亡者来到檀香山，事先并没有宣布。但消息却像野火般传开来。……人人都想见这位著名的改良派。我也拜访了他，被这个人的魅力深深迷住了。我们这伙人是这样的热心，于是成立了一个'保皇会'分会。……我们收集捐款送往澳门和香港的本部。梁启超本人忙着到处去演说。……所有这些以及其他的谈话，都使我们热情鼎沸，激动不已。……许多人慷慨解囊，捐钱给梁以供他个人使用……"据钟工宇记载，檀香山华侨向保皇会捐款总计达20万元。④ 当时，华侨家庭的年平均收入为484美元，大部分人每月工资仅二三十元。⑤ 保皇会在很短时间内就能募得如此巨款，足见康、梁在华侨心目中的地位。

---

① 黄珍吾. 华侨与中国革命 [M]. 台北："台湾国防研究院中国文化研究室"，1963：88.
② 冯自由. 孙眉公事略 [M] //革命逸史：第二集. 北京：中华书局，1981：6.
③ 冯自由. 檀香山兴中会 [M] //革命逸史：初集. 北京：中华书局，1981：16.
④ 钟工宇：《我的七十九年》，第301—302页，转引自 [美] 史扶邻. 孙中山与中国革命的源起 [M]. 台北：谷风出版社，1986：162.
⑤ Edward D. Beechert. Woring in Hawaii：A Labor History [M]. Honolulu：University of Hawaii Press：143. 转引自张希哲，陈三井. 华侨与孙中山先生领导的国民革命学术研讨会论文集 [M]. 台北：台北国史馆，1997：542.

<<< 第五章　若即若离的合作：保皇派与革命派的前期接触

檀香山保皇会成立后，梁启超再次致书孙中山，依然斩钉截铁地保证："我辈既已定交，他日共天下事，必无分歧之理。"① 不久，孙中山得知梁启超在檀香山设立保皇会，并且在华侨中募得巨款用于勤王运动，曾写信责其失信背约，并劝孙眉及其他会员不要被梁所骗。然而孙眉及在檀兴中会会员受毒已深，久未觉悟。梁启超离开檀香山之前，还特意致书孙眉，向其保证与孙中山合作之"诚心"："弟此行归去，必见逸仙，随机应变，务求其合，不令其分，自问必能做到也。"② 这也是孙眉对其深信不疑、久不觉悟的原因。兴中会在檀地盘已失，给革命派造成了无法挽回的损失。

梁启超把檀香山这个原本属于革命派的地盘变成保皇派的地盘，并且成功让大部分兴中会会员转变为保皇会会员，当然也是颇费周折的。1900年3月13日，梁在致康有为的信中汇报了他在檀香山成立保皇会的艰难经过："弟子近作一事，不敢畏罪而隐匿于先生之前，谨以实告。其事维何？则已在檀山入三合会事是也。檀山之侨胞，此会居十之六七。初时日日演说，听者虽多喜欢，然入我会者卒寥寥，后入彼会，被推为其魁，然后相继而入……且'行者'日日布置，我今不速图，广东一落其手，我辈更向何处发轫乎？此实不可不计及，不能徒以'行者'毫无势力之一空言可以自欺也……"③

为了应对孙中山的责难，1900年4月23日，梁启超又致书孙中山，仍然劝其要改变思想，稍稍变通，以求他日两党共同"入主中原"："夫倒满洲以兴民政，公义也。而借勤王以兴民政，则今日之时势最相宜者也。古人曰：'虽有智慧，不如乘势。'弟以为宜稍变通矣。草创

---

① 《致孙中山（1900年1月11日）》，中国社会科学院近代史所藏手抄本《梁启超书信》，转引自郭世佑. 梁启超庚子滞留檀香山之谜 [J]. 浙江学刊，2002（2）：60.
② 1900年7月17日梁启超致孙眉函，转引自郭世佑. 梁启超庚子滞留檀香山之谜 [J]. 浙江学刊，2002（2）：61.
③ 丁文江，赵丰田. 梁启超年谱长编 [M]. 上海：上海人民出版社，1983：200-201.

既公平，举皇上为总统，两者兼全，成事正易，岂不甚善！何必故画鸿沟，使彼此永远不相合哉？……望兄采纳鄙言。更迟半年之期，我辈握手共入中原，是所厚望。"① 用梁启超的话说，把光绪皇帝变为总统，既实现了保皇派的保皇思想，也满足了革命派的民主共和主张，可以说是两全其美的。但这种谎言很明显是难以实现的。再加上梁启超上次的"名为保皇，实则革命"已带有很大的欺骗性，孙中山已经不再相信梁的花言巧语。

从以上两封信可知，梁启超在檀香山发展保皇会起初成绩并不理想，后因加入当地三合会（致公堂）被推为"智多星（三合会首领）"，才打开局面。梁在檀一边写信给康有为报告自己是如何挖革命派墙角，与其抢占地盘；一边写信给孙中山，仍信誓旦旦地保证要合作到底，这充分说明梁启超在和孙中山合作过程中使用了狡猾的手段。他利用孙中山等革命党人的忠厚、守信的特点，利用他们急于合作、合并两党、共同反对清王朝的革命热情来占其地盘，失信于人，难怪革命派不再对其抱有幻想。后来孙中山谈到这次与梁启超的合作颇有被骗之感，愤怒道："康尚有坦白处，梁甚狡诈，彼见风潮已动，亦满口革命，故金山之保皇党俨然革命党，且以此竟称于人前者，真奇幻而莫测其端倪矣。"② 既然孙中山把梁已当作狡诈之人，当然不会再期望与之合作。当然，梁当时救国心切，无论他用何种方式筹款也许我们都不应该责备他。

但话又说回来，梁启超在檀香山受到欢迎并为勤王运动筹到巨款，不是只凭其狡猾的手段就可办到的，这恐怕主要和梁本人在海外华侨中享有较高的声望有关。梁启超在檀岛活动时不过27岁，已有功名在身，

---

① 中国社会科学院近代史所藏手抄本《梁启超书信》，转引自孟祥才. 梁启超传[J]. 北京：北京出版社，1980：76.
② 孙中山年谱[M]. 北京：中华书局，1980：60.

<<< 第五章 若即若离的合作：保皇派与革命派的前期接触

文章享誉海内外，再加上少年英俊，又善演说，稍有知识、稍有地位的人自然为之倾倒。梁在家信中曾说，"金山（指美国旧金山）人极仰慕我，过于先生（指康有为）。"① 此语并非梁氏自夸。不光旧金山华侨对其仰慕，美国各埠莫不如此，更别说檀香山。他到檀岛后，保皇会发展势头迅猛也是理所当然的。梁本人在檀岛的所作所为虽然有其不光彩的一面，但也不能因此得出梁氏善欺诈的结论。勤王讨贼，利用皇上权威变法救国，此种宗旨易于为海外华侨所接受，特别易于被华侨资产阶级上层所接受，其中也包括孙中山的哥哥孙眉。这一点从1894年孙中山来檀募款回国起义时就可以看出。孙中山欲用革命的手段"驱除鞑虏，恢复中华"，当时华侨的所有捐款加上孙眉贱卖牛牲以及邓荫南变卖全部家当的款项，也不过只有6000多元，与梁启超初次到檀即筹到十几万元形成了鲜明对比。从本质上来说，孙中山的救国事业与梁启超的救国事业并没有什么根本区别，而梁的保皇救国更容易被华侨所接受。再加上梁启超携有孙中山的介绍信，所以梁氏便很容易为当地人士所接纳。檀岛入保皇会的确切人数很难说，梁氏在1900年3月13日给叶惠伯的信（未刊）里说，檀岛正埠入会已一万二千人②，可见支持者之众。

保皇派发起这次勤王运动虽然筹到了巨款，但事情的进展并不顺利。领导这次活动的唐才常还未起事就因事泄在汉口被杀，一大批维新人士被株连。据冯自由所述，唐才常等均与孙中山有合作之约，虽以勤王为号召，实际上是想利用康有为的声誉在海外华侨中筹款。所以勤王运动失败后，参加起义的秦鼎彝、陈犹龙等人攻击康梁保皇会捐款用途不明，私吞了这次起义华侨所捐款项60余万，才导致了这次起义的最

---

① 丁文江，赵丰田. 梁启超年谱长编［M］. 上海：上海人民出版社，1983：177.
② 1900年3月13日梁启超致叶恩函，抄件，转引自郭世佑. 梁启超庚子滞留檀香山之谜［J］. 浙江学刊，2002（2）：59.

终失败。康、梁师徒怀疑这些是革命党主使的，于是对其怀恨在心。勤王运动失败后，据说当时梁启超曾气愤地宣称"从此披发入山"①，有放弃政治活动的想法。但这件事也加深了革命派与保皇派之间的矛盾，从此二者"革命改良，各张旗帜，亦自兹始"。② 这以后，革命派不但要进行推翻清王朝的革命，还必须同反对革命的保皇立宪派进行无情的斗争。此后，革命与保皇两条路线的大论战就开始酝酿，并在1905年达到高潮。

　　平心而论，在两派的合作过程中，梁启超还是有诚意的。问题的复杂性在于随着形势的变化，梁启超在策略方面不停调整变化，但其根本宗旨是始终未变的。戊戌变法失败梁启超亡命日本之后，就接触到西方近代启蒙学者的自由思想，推崇孟德斯鸠、卢梭等人的社会政治学说，其政治思想大为激进，由主张维新变法、倡导民权，逐步发展到提倡破坏主义，主张革命排满。他不仅高谈革命，赞成共和，与孙中山等革命党人合作，而且对康有为的保皇事业也产生了怀疑，康也曾一度威胁说要将其逐出师门。特别是庚子之役失败后，梁启超更加力倡"破坏主义""革命排满"。1901—1903年间，梁启超因倾向民主共和，宣传破坏主义，与康有为发生过严重的思想分歧。梁启超还写信向康有为公开承认自己当时这种思想变化，"此绝非好与先生立异者，实觉此事为今日救国之要着而已，望先生听之，以大度容之为盼"③，并希望康也认清今日之情势。1902年下半年，梁启超写下了著名的《拟讨专制政体檄》，历数专制制度对国人犯下的种种罪恶，发誓与专制制度不共戴天，号召人们行动起来，组织大军，不惜牺牲，摧毁万恶的专制制度。1902年12月，他又发表了《释革》一文，明确指出，革命是"天演界

---

① 冯自由.革命逸史：第六集 [M].北京：中华书局，1981：15.
② 黄中黄.辛亥革命：第1册 [M].上海：上海人民出版社，2003：295.
③ 丁文江，赵丰田.梁启超年谱长编 [M].上海：上海人民出版社，1983：287.

第五章 若即若离的合作：保皇派与革命派的前期接触

中不可逃避之公例"，是"救中国独一无二之法门"，中国数千年的积弊已经不是局部的改革所能奏效，必须采取革命手段，从根底处"掀而翻之，廓清而辞避之"。① 言词之激烈与革命派相比，有过之而无不及。

康有为的另一个弟子欧榘甲也是保皇派中较有影响、主张革命的激进分子。欧号云樵，广东惠州归善县人，是康门生中较有社会地位和文采者，也是秘密社会中的一员。1899年夏秋间，梁启超及其同门多人在日与孙中山来往甚密，渐趋向革命真理，因有联合组党之议。欧榘甲也是其中赞成者之一。后康有为派梁启超到檀香山开设保皇会，将功赎罪，却打算"摈榘甲于门墙外"。经徐勤、麦孟华等说情，才派他到美国旧金山充任《文兴报》主笔。② 1901—1902年间，欧榘甲又和致公堂领导人一起成立《大同日报》并任总编辑，曾大力宣传广东应脱离满清、宣布独立之说，同时得到美国侨众热烈欢迎，其后由横滨《清议报》汇编成《新广东》一书出版，在海外华人社会中引起轩然大波。因欧的特殊身份和背景，其革命主张迅速在华侨中蔓延。欧还向华侨宣称，在美国的外地人确实比中国人受优待，这更激起了华侨对美国移民政策的不满。③

康有为听到这些言论，非常气愤，从他1902年6月3日写给欧榘甲的一封措辞激烈的信中，可以看出康有为的这种愤激之情。"近得孟远决言革命，头痛大作……汝等迫吾死而已。欲立绝汝等又不忍，不绝汝又不可，汝等迫吾死而已。记己亥汝责远之决绝，且安有身受衣带之

---

① 梁启超：《释革》，《新民丛报》第二十二期，1902年12月，转引自钟珍维等. 梁启超史话［M］. 新会：新会市市志办公室，1999：215.

② 冯自由. 大同报之改组［M］//革命逸史：第二集. 北京：中华书局，1981：111.

③ L. Eve Armentrout Ma. Revolutionaries, Monarchists, and Chinatowns: Chinese Politics in the Americas and the 1911 Revolution［M］. Honolulu：University of Hawaii Press，1990：86.

人而背义言革者乎？……总之，我改易则吾叛上，吾为背义之人。皇上若生，吾誓不言他；汝改易，则为叛我，汝等背义之人。汝等必欲言此，明知手足断绝，亦无如何，惟有与汝等决绝，分告天下而已。"①康有为的意思很明确，梁启超、欧榘甲等赞成革命，就是背叛师门，就是与之断绝多年的师生情谊。同年，康有为发出《与同学诸子梁启超等论印度亡国由于各省自立书》公开信，"此书当时专为教告梁启超、欧榘甲等二人，离索既久，摇于时势，不听我言，谬倡新说以毒天下，吾国人尚慎鉴之，勿甘从印度之后也"。② 又撰文《答南北美洲诸华商论中国只可行立宪不可行革命书》，说革命自立是"求速灭亡"，而"立宪可以避免革命之惨"，认为"革命之事，必不能成，徒使四万万自相屠戮耳"。③ 还再三"布告同志"："本会以保皇为宗旨，苟非皇上有变，无论如何万不变。若革命扑满之说，实反叛之宗旨，与本会相反者也。谨布告同志，望笃守忠义，勿听妄言。仆与诸公既同为保皇会人，仆以死守此义，望诸公俯鉴之。"④ 向广大保皇会会员表示了忠于皇帝、保皇不变的决心。由于二者政治思想的脱节，康、梁师徒多年情分也险些被葬送。

但1903年的美洲之行又带来了梁启超思想的回归。1903年2月20日，梁启超离开日本横滨，踏上了考察美洲的旅途。梁启超首先抵达加拿大，在此做了短暂停留后，开始进入美国境内。梁此次到美国的目的是为了招募更多成员，扩大保皇会组织，同时筹到更多的经费用于他感兴趣的活动（如军事问题）。4月底，他仍对革命推崇备至。但在他后来的信件中，他称虽然那时他支持革命，但从来没有公开倡导过，只不

---

① 致欧榘甲书［M］//康有为与保皇会.上海：上海人民出版社，1982：157.
② 汤志钧.康有为政论集：上册［M］.北京：中华书局，1981：505.
③ 丁文江，赵丰田.梁启超年谱长编［M］.上海：上海人民出版社，1983：288.
④ 上海市文物保管委员会.康有为与保皇会［M］.上海：上海人民出版社，1982：162.

<<< 第五章　若即若离的合作：保皇派与革命派的前期接触

过私下里和一些保皇会的领导谈论而已。① 梁启超所到各地，很多富裕华侨慷慨解囊，为其本人和保皇组织捐款。但这些侨商作为一个群体，为了保护自己的财富，其思想总是保守的。这在一定程度上影响到梁的思想变化。5月12日，梁启超抵达美国纽约，当地华人社会对他的到来表示出极大的关注和热情。他在此停留六个星期，花了大部分的时间和保皇会领导人交谈，此时的信件中已不再含有革命思想。在接受《纽约时报》记者采访时声称：他对光绪皇帝没有多少感情，他只是希望中国是一个有议会、宪法和现代教育的民主国家。② 显而易见，在他的影响下，美国激进的保皇会会员也变得日益保守了。

在美国时间越长，他变得越发保守。接下来他对旅美华侨社会进行了实地考察后，看到了华侨素质低下的另一面，这成为他思想转变的重要原因。梁看到在美的华侨虽然身居文明、民主的国度，却仍然保持着以"血缘"为纽带的大家族社会组织形态，生活方式上还保持着陈规陋习，随地吐痰、乱丢垃圾、赌馆、鸦片、烟馆充斥唐人街。解决事情的方式只不过是拳头相见，攘臂操戈。还有层出不穷的斗殴、仇杀、秘密结社，无不令当地行政官员头疼。梁还发现，美国华人社区治理得极为糟糕，华人普遍缺乏参政议政的能力与素质。梁启超由美国华人文明程度的匮乏，而想到中国本土国民素质的普遍低下，进而归纳出中国人的四大不足：一曰有族民资格而无市民资格；二曰有村落思想而无国家思想；三曰只能受专制不能享自由；四曰无高尚之目的。③ 他最后悲哀

---

① L. Eve Armentrout Ma. Revolutionaries, Monarchists, and Chinatowns: Chinese Politics in the Americas and the 1911 Revolution [M]. Honolulu : University of Hawaii Press, 1990: 88.
② L. Eve Armentrout Ma. Revolutionaries, Monarchists, and Chinatowns: Chinese Politics in the Americas and the 1911 Revolution [M]. Honolulu : University of Hawaii Press, 1990: 90.
③ 梁启超. 新大陆游记 [M]. 长沙：湖南人民出版社，1981：144-149.

地得出结论:"今若采多数政体(共和),是无异以自杀其国也。""一言以蔽之,则今日中国国民,只可以受专制,不可以享自由。"① 当然,这种偏激的言论是毫无根据的,对中国人民来说也是不公正的。接着,梁启超又解释说,共和政体在当时这种国民素质普遍低下的境况中未必适宜,开明的专制政体也许更适合中国的情况。他把中国的共和希望寄托于二十年、三十年以后甚至更长的时间。现在看来,这种说法无疑是正确的。

1903年冬,梁启超美洲归来后,言论大变。从赞成革命到反对革命、从心向共和到回归保皇,放弃"破坏主义""革命排满"主张,宣布与共和长别。陆续发表《敬告我国民》《论俄罗斯虚无党》《答和事人》《中国历史上革命之研究》等文章,反复强调不能以革命的手段来解决中国的社会问题。他提醒人们说,中国一旦实施革命,就会内乱不已,生灵涂炭,不仅如此,甚至还将导致引狼入室,外敌入侵,民族分裂,后果不堪设想。他思想的这种变化连他自己都感到诧异,他说:"吾之思想退步,不可思议,吾亦不自知其何以锐退如此其疾也。"② 1904年他在《答和事人》一文中说:"夫鄙人与破坏主义,其非无丝毫之关系,当亦天下所同认矣。然则岂与异己者为敌哉?……反抗于舆论之最高潮,其必受多数之唾骂,此真意中事……吾向年鼓吹破坏主义,而师友多谓为好名,今者反对破坏主义,而论者或又谓好名,顾吾行吾心之所安而已。"还一再表示自己所作所为只是追随"真理"而已。"自认为真理者,则舍己经从,自认为谬误者,则不远而复,如恶恶臭,如好好色,此吾生之所长也。若其见理不定,屡变屡迁,此吾生之所最短也。"③ 当然他也承认其思想有摇摆不定的一面。

---

① 梁启超. 新大陆游记 [M]. 长沙:湖南人民出版社,1981:148.
② 王勋敏,申一辛. 梁启超传 [M]. 北京:团结出版社,1998:115.
③ 崔志海. 梁启超自述 [M]. 郑州:河南人民出版社,2004:65.

第五章 若即若离的合作：保皇派与革命派的前期接触

梁在《清代学术概论》中也谈到了自己性格中的这些弱点："启超既日倡革命排满共和之论，而其师康有为深不谓然，屡责备之，继以婉劝，两年间函札数万言。启超亦不慊于当时革命家之所为，惩羹而吹齑，持论稍变矣。然其保守性与进取性常交战于胸中，随感情而发，所执往往前后相矛盾，尝自言曰'不惜以今日之我，难昔日之我。'世多以此为诟病，而其言论之效力亦往往相消，盖生性之弱点然矣。"① 另一方面，因为从小受中国传统儒家教育长大，他与康有为多年的师生情谊不仅是他不敢割舍的，也因传统道德观念的束缚使他不能"绝其师而去"。1910年保皇会开始走向没落时，梁启超曾写信给孙中山解释当时与其合作过程中的种种误会，他说他原可以同孙中山合作，只是他和康有为的关系太深，不能离开保皇党。② 从中我们也可以体会出梁启超当时的为难。

一个人的思想发展，往往需要经过迂回曲折的道路。归根结底，梁启超的出发点是好的，在有利于国家独立富强这个大前提下，其思想总是在不断变化的。他写给孙中山的信中也强调了这一点："至于办事宗旨，弟数年来，至今未尝稍变，惟务求国之独立而已。若其方略，则随进变通，但可以救我国民者，则倾心助之，初无成心也。"③ 1912年辛亥革命胜利后，梁启超结束其14年的海外流亡岁月回国，在其《初归国演说辞》中也回忆了他这次思想转变的原因，"其后（即赞成革命排满后），见留学界及内地学校，因革命思想传播之故，频闹学潮，窃计学生求学，将以为国家建设之用，故不欲破坏之学说，深入青年之脑中；又见乎无限制之自由平等说，流弊无穷，惴惴然惧；又默察人民程

---

① 丁文江，赵丰田. 梁启超年谱长编 [M]. 上海：上海人民出版社，1983：297-298.
② 梅斌林. 关于辛亥革命前孙中山在美国芝加哥活动的回忆 [M]//广东文史资料：25辑. 广州：广东人民出版社，1979：65.
③ 冯自由. 清季革命保皇两党冲突始末 [M]//革命逸史：第六集. 北京：中华书局，1981：13.

度，增进非易，恐秩序一破之后，青黄不接，暴民踵兴，虽提倡革命诸贤，亦苦于收拾；加以比年国家财政国民生计，艰窘皆达极点，恐事机一发，为人劫持，或至亡国。……自此种思想来往于胸中，于是极端之破坏，不敢主张矣"。①

从美洲归日不久，梁启超考虑再三，终于主动作出姿态，写信给徐勤，谋求缓和与康有为的紧张关系。"长者（即康有为）处因相隔太远，而弟往书颇疏，故生出种种支离。实则弟自问一年来对不住长者之举动极多，无怪其恼怒，一切严责之语，弟皆乐受。因长者知我为可责之人，乃肯见责也。前日之事实，或有实由弟之悖谬者，亦有出于无心，而既生支离后，愈滋支离者。今弟所自认悖谬之处，悉以诚心悔改，其他出于无心者，亦断无不可解之理。"② 所以从1903年《新民丛报》后，他又回归保皇，重新跟随康有为宣传改良救国的政治运动，反对"革命排满"的破坏运动。

小　结

有学者认为，两派合作不成功的主要原因在于康有为反对与革命派合作，当然这也是其中的原因之一。康有为作为保皇派的"教主"，为了捍卫自己的权威，是不容任何人有背叛其意志的想法的。也有人认为两派合作失败是因为在根本政治宗旨上存在着深刻的分歧，康梁派一向倡导中国实行以保皇为主要手段的君主立宪制，通过不流血或少流血的方式来达到国家富强、民族独立；而孙中山革命派则认为清王朝已不可救药，应用摧枯拉朽之势建立一个新的民主共和国。这种说法也有一定

---

① 崔志海. 梁启超自述［M］. 郑州：河南人民出版社，2004：52-53.
② 上海市文物保管委员会. 康有为与保皇会［M］. 上海：上海人民出版社，1982：117.

第五章 若即若离的合作：保皇派与革命派的前期接触

的道理，但这并非是二者产生分歧的根本所在。因为两派虽然在反清还是保皇上有所分歧，但根本目的上并无不同。从两派的政治利益上说，无论民主共和还是君主立宪，都是为了变革封建制度，都属于资产阶级民主主义范畴；从两派宗旨上说，无论革命还是保皇，都是为了救国。梁启超说他的宗旨务求国之独立，但可以救我国民者则当倾心相助；陈少白也说"救国"是梁启超的宗旨，"简直说，革命和保皇，亦不过是救国之一策"[1]。当然，二者所倡导的政治前途不同也是造成两派合作终究不能成功的又一原因之一。

而笔者认为，造成两派最终合作破裂的真正原因是梁启超本人的思想变化。他赞成合作并表现出积极姿态，是因他那时接触到西方先进的政治制度，认为中国封建王朝已到了穷途末路，既然和平救国的道路行不通，用革命的手段推翻之也不是坏事。虽然与革命派合作的过程中被康有为遣往檀香山，但其合作的诚意还是有的，这一点从他的政论中可以看出。1903年美洲之行前他一直还是赞成革命的，只不过他的思想总是随着环境变化，所以梁启超在檀拉拢兴中会成员建立保皇会并不能简单说成是"骗子行径"，这样对一个政治家来说也是不公平的。实际上，直到1903年旅美归来后，他都认为中国国民素质低下，没有当家做主的能力，中国目前还不适合建立民主政治制度，这时他才真正放弃了革命救国的主张。

总之，孙中山与康梁派之尝试合作但终不成功，是与两派既有若干相通之处而又存在根本政治宗旨的分歧紧相联系，也同决策者本人的思想变化有重要关系。

---

[1] 陈少白. 兴中会革命史要[M]//辛亥革命：第1册. 上海：上海人民出版社，2003：64.

第六章　分道扬镳：保皇派和革命派对美国华侨的争夺

经历多次对保皇派的失望后，革命派对合作一事就不再积极主动。特别是在1903年，梁启超放弃革命救国的思想后，革命派对联合保皇派的幻想彻底破灭。保皇派内部也发生了很大的变化，原先一部分赞成革命的激进派又变成全部反对革命的温和派，保皇会又成了名副其实的改良派。

而此时，国内革命形势也变得日益高涨。特别是1903年5月，邹容的《革命军》一书在上海出版，孙中山评价该书"为排满最激烈之言论，华侨极为欢迎，其开导华侨风气，为力甚大"。[1] 保皇派中人又以革命形势高涨为梁启超鼓吹革命的结果，对梁启超口诛笔伐。徐勤给康有为的信中写道："此事实卓如为罪之魁也……不观于今日卓如之情形乎？未革满清之命，而先革草堂之命；且不独革草堂之命，而卓如已为其弟子所革矣。今日港沪之报纸之大攻吾党者，全出卓如弟子之手……且卓如不特其弟子攻之已也，其所最崇拜而重托者，一为之，一荫南，然一则阴险以害之，一则糊涂以累之。卓如欲另立一党，弟子可决其不旬日即败矣。"[2] 在梁启超不断撰文和声言自己回归保皇后，保

---

[1] 孙中山年谱 [M]. 北京：中华书局，1980：59.
[2] 王勋敏，申一辛. 梁启超传 [M]. 北京：团结出版社，1998：116.

<<< 第六章 分道扬镳：保皇派和革命派对美国华侨的争夺

皇派内部对梁的不满表示才逐渐平息。从此两派就如水火不能相容，公开对立，互相攻击，而梁启超成为保皇与革命交战的主笔。双方在海外华侨社会中大造舆论，尽其所能拉拢华侨在组织和经济上的支持。而美国和檀香山更是革命派和保皇派争夺的主战场，美国华侨自然是他们争夺的主要对象。

第一节 不遗余力：在组织上争取华侨

1903年，革命派和保皇派的公开对抗如火如荼地开展起来，章太炎的《驳康有为论革命书》，就是针对康有为的《答南北美洲诸华商论中国只可行立宪不可行革命书》进行批驳的。康有为在文中提道："以中国之政俗人心，一旦乃欲超跃而直入民主之世界，如台高三丈，不假梯级而欲登之；河广十寻，不假舟筏而欲跳渡之，其必不成而堕溺，乃必然也。"[1]这些言论与梁启超倡言的相同，认为当时的中国还不适合建立民主共和的政治制度。"然以中国土地之大，人民之众，各省各府，语言不相通，各省各府，私会不相通，各怀私心，各私乡土，其未大成也，必州县各起，省府各立，莫肯相下，互相攻击，各自统领，各相并吞，各相屠城，流血成河，死人如麻，秦、隋、唐、元之末季，必复见于今日。加以枪炮之烈，非如古者刀矛也，是使四万万之同胞，死其半也。"当然这种言论纯属危言耸听，是为了让安分守己的中国人首先在精神上对革命感到恐惧。康还认为当今"列强竞争，虎视眈眈，若同胞相残毁，"如"鹬蚌相持，渔人得利，必先为外人有矣，若印度是也……始为变法自强而来，终为内乱自亡而去，始为救国保种而来，终

---

[1] 汤志钧．康有为政论集：上册[M]．北京：中华书局，1981：475.

为鬻民灭国而去……言革命者,必谓非经大杀戮,不能得大安乐,故杀人数万万,乃其本怀,原不足动其心,然使杀之而必能救中国犹可也,然自相屠杀,剪其种族数万万,而必到鹬蚌相持,渔人得利也"。最后向人们呼吁:"志士仁人,何忍出此!"① 按照康有为的说法,革命不但荼毒生灵,还会给外人可乘之机,招致被瓜分,使殖民者坐收渔人之利。同时他还拿当时的印度作为典型实例,劝告国人千万不要重蹈覆辙。当然,康有为的说法并不是全无道理,英国殖民者占领印度的主要原因,就是因当时印度国内四分五裂,一片混乱,才给英国殖民者可乘之机。

针对康有为的这些言论,章太炎在其文章中直截了当地把康有为奉为神圣不可侵犯的光绪帝称之为"载湉小丑",在国内外影响很大,极大地打击了保皇派。保皇派更是不甘示弱,梁启超在致康有为的信中扬言:"有彼即无我,有我即无彼。"向乃师表示了自己反击革命的坚强决心,誓"与革党死战"。② 为了打垮对方,同时争取更多华侨的支持,孙中山革命派和康梁保皇派都积极主动寻找突破口,尽其所能在组织上拉拢华侨,特别是在美国表现得尤为活跃。

一、在檀香山争夺华侨

1900年,梁启超奉康有为之命赴檀香山办理保皇会,梁趁机夺取了革命派的阵地,成功地把兴中会的大部分会员笼络到保皇会。此事在上一章已有详细论述。后来梁还在檀香山创办了《新中国日报》,宣传保皇,反对革命。这样,保皇会无论从组织上还是从思想上,都已深深地渗透到华侨社会之中。这一次,保皇派暂时取得了胜利。

1903年孙中山再次回到檀香山时,檀山华侨由于受到保皇派的影

---

① 汤志钧. 康有为政论集:上册[M]. 北京:中华书局,1981:480.
② 丁文江,赵丰田. 梁启超年谱长编[M]. 上海:上海人民出版社,1983:373.

<<< 第六章 分道扬镳：保皇派和革命派对美国华侨的争夺

响，与以前已有很大不同，"会员投身保皇会籍者颇不乏人，正埠及小埠均设保皇会所，而兴中会之名则久已不复挂人齿矣"。① 种种景象，使孙中山顿生"党员寥落，面目全非，诚不禁今昔之感"。② 他在同年十月致黄宗仰的信中，对此作过自我反省："弟等同志向来专心致志于兴师一事，未暇谋及海外之运动，遂使保皇纵横如此，亦咎有不能辞也。"③ 表明他已逐渐清醒，开始意识到巩固海外组织的重要性。为了使华侨重新回到革命阵营中，孙中山随即决定同保皇派展开斗争。他先到希炉埠（Hilo），借基督教牧师毛文明（兴中会员）到檀香山传教之机，指示他到希炉岛进行革命宣传。毛假基督教堂为宣传机关，播道之余从事革命宣传，反对保皇谬论。孙中山到希炉埠后，亲往种植园及农场慰问华工，并在日本戏院公开演讲，听众达数千人，盛况为希炉前所未有。孙中山后来回忆说："吾民族在海外为革命事业公开演说，实为自希炉始，即吾对侨胞第一次演讲也。"④ 孙见群情激昂，建议组会。鉴于当时兴中会被保皇派控制，所以会名改用"中华革命军"。毛文明和黎协等人主持"中华革命军"，以后夏威夷同盟会成立，"中华革命军"并入同盟会。⑤ 此次孙中山到檀，还发行了一种军需债券以资筹募革命款项，券面印有青天白日旗图案，票额为银洋十元，载明"此券实收美金十元，俟革命军成功之日，见券即还本息百元。西廿纪○四年一月二十八日发"字样。但购者寥寥，募捐仅得两千余元，"视梁启超所筹之数，相去不可以道里计矣"。⑥ 这同时也说明，梁启超在华侨中

---

① 冯自由. 华侨开国革命史. [M]//华侨与辛亥革命. 北京：中国社会科学出版社，1981：55.
② 冯自由. 兴中会组织史. [M]//革命逸史：第四集. 北京：中华书局，1981：19.
③ 孙中山. 复黄宗仰函：孙中山全集：第一卷 [M]. 北京：中华书局，1981：230.
④ 孙穗芳. 我的祖父孙中山：上册 [M]. 台北：禾马文化事业有限公司，1995：231.
⑤ 苏德用. 国父革命运动在檀岛. 载蒋永敬. 华侨开国革命史料 [M]. 台北：正中书局，1989：77.
⑥ 冯自由. 檀香山兴中会 [M]//革命逸史：初集. 北京：中华书局，1981：17.

的个人魅力和保皇派在华侨中的影响是远远超过当时的孙中山及其革命派的。

12月13日，孙中山应兴中会骨干李昌、何宽的邀请，在檀香山正埠荷梯厘街戏院举行的欢迎会上，发表演说，反击保皇，宣传革命主张。他在这场演说中，就发扬民族主义精神，清政府断难实行君主立宪，革命为反对专制、免遭列强瓜分的唯一途径，革命胜利后如何建立民主共和国等问题，都一一做了阐述。孙中山首先分析了中国必须实行革命的原因："今日之中国何以必须革命？因中国之积弱已见之于义和团一役，二万洋兵攻破北京。若吾辈四万万人一齐奋起，其将奈我何？我们必要倾覆满洲政府，建设民国。"孙中山庄严宣告："我们一定要在非满族的中国人中间发扬民族主义精神；这是我毕生的职责。这种精神一经唤起，中华民族必将使其四亿人民的力量奋起并永远推翻清王朝。"针对保皇派认为民智未开、中国只能行立宪不能行革命的论调，孙中山历数了清王朝实行的种种专制愚民政策，指出："观于昏昧之清朝，断难行其君主立宪政体，故非实行革命、建立共和国家不可也。"因此，"革命为唯一法门，可以拯救中国出于国际交涉之现时危惨地位。甚望华侨赞助革命党。"① 孙中山还就革命成功之后的政体问题做了说明，"中国各大行省有如美利坚合众国诸州，我们所需要的是一位治理众人之事的总统"，"革命成功之日，效法美国选举总统，废除专制，实行共和"。②

同一天在檀香山正埠利利霞街戏院的演说中，孙中山又指出中国不能实行君主立宪的原因："驻外之中国钦差又不准中国人谈论国事。我等如无国之民，若在外国被人殴打，置之不理。今日所拖辫发乃表示尊

---

① 在檀香山正埠荷梯厘街戏院的演说［M］//孙中山全集：第一卷［M］.北京：中华书局，1981：226.
② 在檀香山正埠荷梯厘街戏院的演说［M］//孙中山全集：第一卷.北京：中华书局，1981：226.

<<< 第六章 分道扬镳：保皇派和革命派对美国华侨的争夺

敬满洲，若有违令，即被残杀。观于昏昧之清朝，断难行其君主立宪政体，故非实行革命，建立共和国家不可也。"① "有人说我们需要君主立宪政体，这是不可能的。没有理由说我们不能建立共和制度。中国已经具备了共和政体的雏形"。②

檀香山《西文早报》（Advertiser）1903年10月7日登载了孙中山到檀香山的消息，称"著名中国革命家孙逸仙博士由横滨乘西伯利亚船于五号到埠，在埠秘密或公开运动，华侨深信革命真理，多趋向之"。该报12月14日又报道了孙中山12月13日在檀香山的公开演讲："昨日下午著名革命家孙逸仙博士在荷梯厘街戏院（Hotel St. Theatre，即今之American Theatre）演说，身穿麻葛白西服，头蓄短发，仿佛小吕宋人。其言论风范，显出有感化人群力量。态度温和，举动严肃，不愧为革命领袖。渠勇敢言称：革命为唯一方法，可以拯救中国出于国际纷争之现时危局，甚望华侨赞助革命运动，听者动容，表示热烈与赞成。"孙中山还在Liliha Street华人戏院演说，听众满座，无地容足。该报又称："孙博士雄辩滔滔，征引历史，由古及今。"③《西文早报》的报道，扩大了孙中山在檀岛华侨社会中的影响，为进一步在檀反击保皇派提供了一定的群众基础。

孙中山的演说，在华侨中引起了热烈反响，保皇党则加紧了其攻击。保皇党在檀山正埠的机关报《新中国报》，由副主笔陈仪侃充任主笔，始则在报上诽谤、诋毁孙中山的名誉；继则演说保皇宗旨，指出国人还没有能力享受民权，以此阻挠孙中山的革命宣传活动，抵消其在华侨中的影响。孙中山对于保皇派报纸的煽惑，决定针锋相对，加强革命

---

① 孙中山全集：第一卷[M]．北京：中华书局，1981：226-227．
② 在檀香山正埠荷梯厘街戏院的演说[M]//孙中山全集：第一卷．北京：中华书局，1981：227．
③ 苏德用．国父革命运动在檀岛．载蒋永敬．华侨开国革命史料[M]．台北：正中书局，1989：74．

181

舆论宣传以反击保皇毒焰。1903年12月，孙中山把兴中会会员程蔚南经营的一份"毫无宗旨之旧式报纸"《隆记报》改为《檀山新报》，作为革命喉舌，以张泽黎主笔政。针对华侨深受保皇派"名为保皇，实则革命"的欺骗，和陈仪侃12月29日在《中国日报》发表的《敬告保皇会同志书》，孙中山亲自撰写了《敬告同乡书》在《檀山新报》上发表。在《敬告同乡书》中，揭露梁启超之流散布"名为保皇，实则革命"谬论的欺骗性。"彼所用之术，不言保皇，乃言欲革命，名实乖舛，可为傻笑"。① 孙中山指出，康、梁以布衣获清帝载湉的知遇之恩，百日维新，名震天下；政变之后，流亡海外。他们之所以组织保皇会，完全是为了"报知己也"，如果真如大家所说，他们只是借保皇之名以行革命之实，"则康梁者尚得齿于人类乎？直禽兽不若也。故保皇无毫厘之假借，可无疑义矣"。他请大家读一下康有为所著的《最近政见书》，在这本书里，康有为"劝南北美洲华商不可行革命，不可谈革命，不可思革命，只可死心塌地以图保皇立宪，而延长满洲人之国命，续长我汉人之身契"。保皇心迹说得如此明白，大家还要说"革命、保皇二事，名异而实同，谓保皇者不过藉名以行革命"。它提醒人们划清革命和保皇的界限，揭穿保皇党的欺骗宣传，"夫革命与保皇，理不相容，势不两立"。梁的《新民丛报》虽然忽言"革命、破坏、爱同种、爱真理"，等等，是"犹乎病人之偶发呓语耳，非真有反清归汉、去暗投明之实心也"。"今梁以一人而持两说，首鼠两端；其所言革命属真，则保皇之说必伪；而其所言保皇属真，则革命之说必伪矣！""革命者，志在倒满而兴汉；保皇者，志在扶满而臣清。事理相反，背道而驰。"革命与保皇，"决分两途，如黑白之不能混淆，如东西之不能易位。"至于本埠保皇报主笔（指《新中国报》的陈仪侃）等也一样，"所言保皇

---

① 孙中山全集：第一卷 [M]. 北京：中华书局，1981：229.

<<< 第六章 分道扬镳：保皇派和革命派对美国华侨的争夺

为真保皇，所言革命为假革命"。最后诘问康梁保皇派，"吾人革命，不说保皇，彼辈保皇，何必偏称革命？"号召侨胞"大倡革命，毋惑保皇"。①

接着，孙中山又发表了《驳保皇报书》，痛斥康有为、梁启超的空论爱国和散布"革命足如瓜分"的谬论，对之进行逐条批驳。

文章首先指出保皇派所谓的"爱国"的问题。保皇派和革命派深知对于身处海外的广大华侨来说，"爱国"两字最能触动赤子之心。孙康两派都利用其大做文章。孙中山反问康、梁开口闭口便谈"爱国"，其所爱之国为大清国乎，还是中华国呢？若所爱之国为大清国，则不当有"今则驱除异族谓之光复"之一语自其口出。若所爱之国为中华国，则不应以保皇为爱国之政策。最后宣称他们"保异种而奴中华，非爱国也，实害国也"。② 这一概念突破了传统的"忠君爱国"思想内涵，"爱中华国"还是"爱大清国"是孙中山革命派与保皇的改良派在爱国问题上的根本分歧。对广大华侨来说，他们当然能够区分什么才是真正的爱国，建立大汉民族的"中华民国"是广大华人的愿望，臣服大清只不过是被奴役的结果。孙中山此番言论可谓击中了广大华侨的软肋。

另一个辩论的焦点是"革命会不会招致中国被列强瓜分"？保皇会认为："中国之瓜分在于旦夕，外人窥伺，乘间即发"，革命必将引起列强瓜分之祸。孙中山指出，导致列强瓜分的原因，一是"政府无振作"，二是"人民不奋发"。当今国际是一个弱肉强食的社会，根本不讲什么仁义道德。中国清政府今日已是日薄西山，"尚有一线生机之可望者，惟人民之发奋耳"。"故欲免瓜分，非先倒满洲政府，别无挽救之法也"；中国人民只要"人心日醒，发奋为雄，大举革命，一起而倒

---

① 孙中山全集：第一卷［M］.北京：中华书局，1981：233.
② 孙中山全集：第一卷［M］.北京：中华书局，1981：233.

此残腐将死之满清政府，则列国方欲敬我之不暇，尚何有窥伺瓜分之事哉？"①孙中山认为革命不但不会招致瓜分，反而是救国的不二法门，这体现了孙中山为首的革命派寄希望于革命、寄希望于人民的坚强信念。孙中山又责问保皇派："既知中华亡国二百六十年矣，不图恢复，犹竭力以阻人之言恢复、言革命，是诚何心哉？"

对于中国人目前到底能不能享受民权的问题。保皇派认为，"中国人民无自由民权的性质"，"中国人富于服从权势之性质，而非富于服从法律之性质"，认为目前在中国还不适合建立民主共和之政体，因为中国的国民性还处在一个相当落后的状态。对此问题，孙中山并没有正面回答之，而是反唇相讥，"中国民权自由之事体，未及西国之有条不紊，界限秩然，然何得谓之无自由民权之性质乎"？②孙中山以西方进化论和天赋人权学说为指导，论证自由民权人皆有之，不独西人为然，而革命正是提高国民性和文明的途径。

孙中山接着又反驳了保皇派有关立宪与共和的先后次序问题。保皇派认为："立宪者，过渡之时代也；共和者，最后之结果也。"中国目前只能行君主立宪，民主共和是最后的结果。孙中山认为这是牵强附会，还用英文解释二者的区别："立宪者，西语曰 Constitution，过渡者，西语曰 Transition，不知以为知，而妄曰 Constitution 乃 Transition 时代，一何可笑也。"孙中山指出，先行立宪再行共和，对国家来说要遭受两次破坏。"夫破坏者，非得已之事也，一次已嫌其多矣，又何必故意行二次？"③既然立宪、共和都要破坏专制，既然有力量去破坏专制，"何不一棹而登彼岸，为一劳永逸之计也。"在这个问题上，孙中山承认保皇派也是要共和的，但又提出他们在方法论上却是错误的，保皇和共和

---

① 孙中山全集：第一卷［M］．北京：中华书局，1981：234.
② 孙中山全集：第一卷［M］．北京：中华书局，1981：237.
③ 孙中山全集：第一卷［M］．北京：中华书局，1981：236.

>>> 第六章 分道扬镳：保皇派和革命派对美国华侨的争夺

并没有先后之分，都是破坏专制制度，最终实现民主共和，而后者却是一劳永逸之计。

经过这场笔战，保皇派在檀香山的势力有所削弱，前之误投保皇者，纷纷登报脱党，重新加入兴中会，革命派的势力因之有所恢复。孙中山1904年在檀香山致黄宗仰书中谈到此事说："弟在檀岛与保皇大战，四大岛中已肃清其二，余二岛想不日可以成功。非将此毒铲除，断不能做事。但彼党狡诈非常。见今日革命风潮大盛，彼在此地则曰借名革命，实则保皇，在美洲竟自称其保皇党为革命党，欺人实甚矣。"又愤怒地指出梁启超比康有为更加狡猾，借革命之名大量敛财却来开展其保皇事业，"比之直白保皇如康怪者尤毒，梁酋之计狡矣！闻在金山各地已敛财百余万，此财大半出自有心革命倒满之人。梁借革命之名骗得此财，以行其保皇立宪"。① 经过多次演说鼓动宣传，侨胞们认识到了革命与保皇"名殊途异"，"于是曾误入保皇党者纷纷请示退出，先后得新会员杨锐、曾长福等多人，保皇之势，因此尽杀"。② 革命派经过数月的宣传演讲，终将大部分误入保皇会的会员重新拉到革命阵营。革命派总算挽回颓势，从保皇党手里争回主动，局面也稳定了不少。但不能否认，革命派在当地仍处于劣势地位。

二、对美洲洪门致公堂的争夺

通过革命与保皇两派在檀香山华侨中的激烈争夺，孙中山等革命党人认识到，要想在华侨中开展革命活动并打开局面，必须在组织上同保皇派进行一番较量。鉴于梁启超在檀香山加入洪门所取得的成功经验，经过一番考察研究，孙中山及其亲友发现，加入美洲洪门致公堂是拓展

---

① 孙中山全集：第一卷 [M]. 北京：中华书局，1981：235.
② 苏德用. 国父革命运动在檀岛. 载蒋永敬. 华侨开国革命史料 [M]. 台北：正中书局，1989：77.

革命地盘的必由之路。

洪门致公堂原名天地会，又称义兴会或义兴公司，始创于清初康熙年代，其宗旨为"反清复明"，三合会、哥老会皆其支派。三合会又称三点会，在美洲则通称致公堂。① 最初，因广东秘密组织三合会首领为躲避清廷迫害，漂洋过海逃亡海外，遂组织致公堂，用以联络同志。太平天国失败后，洪秀全部将陈金刚旧部也多逃往美洲，打算重整旗鼓。明朝遗老知"清祚已固，匡复大业非一时所能成就，乃创设一种秘密团体，为传播种族思想之导线，欲使后人历久不忘亡国之惨痛，因而徐图光复，是即洪门团体之所起也"。② 久而久之，洪门人士大都淡忘了本堂原来的宗旨"反清复明"。美国洪门致公堂总部设在旧金山，其他如纽约、波士顿、芝加哥、圣路易、费城、华盛顿、洛杉矶、西雅图、沙加缅都等数十埠，均设分堂，都隶属于旧金山总部，故洪门致公堂的势力在美洲影响很大。但洪门致公堂由于组织散漫，成员复杂，且又缺乏明确的政治纲领，因此多年来对于展开反清的运动，并没有起很大的作用。但其会员众多，且散布地区广阔，美洲华侨中加入洪门致公堂者"占十之八九"，"凡有华侨驻在之地，莫不有之"。③ 那些生活在大埠的华侨，未入洪门尚可谋生；如果生活在小埠，若非致公堂会员，就会受到排挤，无法生存。所以美洲洪门致公堂有很大的潜在势力，因而成为流亡到海外的反清党派（保皇派和革命派）所必须争取利用的同盟军。

1899年，康有为在加拿大成立保皇会后，派其弟子赴美国设立保

---

① 冯自由. 革命党与洪门会之关系 [M] //革命逸史：第六集. 北京：中华书局，1981：37.
② 冯自由. 洪门致公堂之渊源 [M] //革命逸史：第二集. 北京：中华书局，1981：113.
③ 冯自由. 洪门致公堂之渊源 [M] //革命逸史：第二集. 北京：中华书局，1981：113.

<<< 第六章　分道扬镳：保皇派和革命派对美国华侨的争夺

皇分会。不久旧金山、纽约、芝加哥、沙加缅度、檀香山各地保皇会相继成立，会中职员多属致公堂分子。保皇党人知洪门致公堂的宗旨为"反清复明"，于是编造说清帝乾隆实为大学士陈宏谋之子，实际上汉人江山恢复已久，更无反清复明之必要①，希望掌握洪门致公堂内部实权后为其所用。康门弟子梁启田、欧榘甲、陈继俨、梁启超、徐勤、梁朝杰诸人先后至美后，"知洪门缺乏文士，大可利用，有数人特投身致公堂党籍，阴图夺取其事权，洪门中人不知其诈，颇为所愚"。② 保皇会能在加拿大和美国迅速而成功地开展保皇组织，很大一部分原因是保皇分子加入致公堂并成为其首领，且在他们的影响下又拉拢到大部分致公堂会员加入其组织。为了在思想上进一步鼓动宣传，徐勤、梁启田趁机在旧金山创办《文兴日报》，大谈保皇扶满之说，还特意聘请致公堂英文书记唐琼昌、何柏如任译员；欧榘甲后来倡议创办的《大同日报》，也由致公堂书记唐琼昌大力支持所得。

1900年，保皇会骨干罗伯棠、唐琼昌在中国的家人因政治原因被清廷逮捕，后在两广总督陶模等人多方营救下获释。这件事在华侨中反应强烈。也许是出于对清廷的报复，唐琼昌逐渐趋于支持革命推翻清政府。欧榘甲旅美时，其激进言论得到众多华侨的响应。他还协助致公堂成立了《大同日报》且任总编辑，后来欧实际上成了致公堂的正式代言人。他这些追求权力的手段令《中西日报》的负责人伍盘照很反感，因之后来欧和唐琼昌也逐渐疏远。1903年4月底，欧与伍的矛盾终于爆发。《中西日报》发表社论公开批评保皇派和欧主持的《文兴报》，因该报公开宣称美国政府要求所有在美的中国人进行注册，是为了迫使华侨离开美国。这在华侨中引起了强烈不满和严重骚乱。《中西日报》

---

① 冯自由.黄花岗一役旅加拿大华侨助饷记[M]//革命逸史：初集.北京：中华书局，1981：231.
② 冯自由.美洲致公堂与大同报[M]//革命逸史：初集.北京：中华书局，1981：137.

187

出面澄清说该报道毫无根据，不足取信。《文兴报》否认对它的指控，反过来攻击《中西日报》是一家没有思想的报纸。而《中西日报》则称办报是为了扩大人们的视野，增长知识，同时指责《文兴报》用欺诈手段来削减《中西日报》的发行量。后来在旧金山华侨的调停下，二者间的战争才逐渐平息。① 但此事使经营《中西日报》的伍盘照与保皇派的关系越来越疏远。

在致公堂领导人唐琼昌等的影响下，致公堂很多职员也从保皇派中脱离出来，《大同日报》与《中西日报》一起批评《文兴报》对美国华侨注册的报道是个阴谋，因之保皇会要求《大同日报》道歉并赔偿700美元。② 赔款和道歉并不重要，重要的是保皇派从此失去了美国华侨社会中最有影响的组织——洪门致公堂的支持，这也成为其后来逐渐失去人心的一个重要原因。保皇派与致公堂的矛盾加剧，也给孙中山此次美国之行和致公堂联合提供了大好时机。

1896年，孙中山第一次游美宣传革命时，因当时华侨风气未开，成绩极不理想。因其不是洪门致公堂会员，"虽经总理苦心孤诣，舌敝唇焦，均难收效"。③ 洪门人士对其"竟视同陌路，无助之者"。④ 只是在旧金山结识了何柏如、唐琼昌及基督教徒陈翰芬等数人，其余毫无所得。自保皇党人加入洪门后，各埠致公堂对于革命更是冷眼旁观，而且加入致公堂的保皇会会员带头反对革命，孙中山所倡导的革命主义更是

---

① L. Eve Armentrout Ma. Revolutionaries, Monarchists, and Chinatowns: Chinese Politics in the Americas and the 1911 Revolution [M]. Honolulu: University of Hawaii Press, 1990: 88.

② L. Eve Armentrout Ma. Revolutionaries, Monarchists, and Chinatowns: Chinese Politics in the Americas and the 1911 Revolution [M]. Honolulu: University of Hawaii Press, 1990: 91.

③ 冯自由. 美洲致公堂与大同报 [M] //革命逸史：初集. 北京：中华书局，1981：136-137.

④ 冯自由. 华侨开国革命史 [M] //华侨与辛亥革命. 北京：中国社会科学出版社，1981：33.

<<< 第六章 分道扬镳：保皇派和革命派对美国华侨的争夺

寸步难行。1903年11月，革命派在檀香山华侨社会中挽回颓势后，孙中山欲再次赴美国大陆与保皇派展开斗争。在赴美之前，其大哥孙眉与母舅杨文纳认为孙中山第一次游美，成绩不佳，实由缺乏同志相助，因力劝孙中山在檀加入洪门致公堂，以加强革命党势力。并且提醒孙中山，现时保皇风头正劲，机关林立于美洲各埠，若不与洪门人士合作，势难与之抗衡。① 而孙中山虽然从事革命多年，但却未加入最老革命团体洪门致公堂，众人力劝之尽快入闱（即加盟）拜盟，以加强革命同志之合作。考虑到在进入美国本土前，保皇会必定会设法妨碍其入境，孙中山欣然从之。② 而那时美洲洪门致公堂势力日盛，经洪门前辈钟水养介绍，孙中山遂在檀加入洪门。当时檀香山致公堂职员，有很大一部分已加入保皇会，这些人极力阻止孙中山加入。钟水养说："洪门宗旨在于反清复明。孙先生未入洪门，已实行洪门宗旨多年。此等人应招纳之不暇，何可拒之门外，致贻违反宗旨之诮乎？"③ 反对者无言以对，孙中山才得以入闱其中，并被封为洪棍之职（即元帅）。可见，孙中山因和致公堂领导人还没什么接触，这次"入闱"致公堂，不但没得到什么优待（同时"入闱"的有六个人），反而因保皇党人的阻碍还颇费周折。

在抵美国大陆之前，杨文纳与孙眉又考虑到近来两派在檀笔战不断，保皇党难免会设法运动美国关员妨阻其登陆，劝孙中山应领取夏威夷出生证书，以备不测。④ 孙中山认为这样做颇为不当，杨文纳劝其做事要灵活应变，适时变通："古人成大事者多能通权达变，如伍员乔装

---

① 冯自由.革命逸史：初集［M］.北京：中华书局，1981：101.
② 冯自由.革命逸史：第二集［M］.北京：中华书局，1981：7.
③ 冯自由.檀香山兴中会［M］//革命逸史：初集.北京：中华书局，1981：17.
④ 据宋谭秀红、林为栋的《兴中会五杰》（侨联出版社，1989年，第87—91页）记载：此次孙中山入美所持为夏威夷政府发给的居民登记证，该证记录孙是在1895年12月6日由香港抵檀香山，并非出生证明。

189

出关，孔子微服过宋，皆是此意。此举以救国为目的，何必拘泥。"①孙中山只好听其劝告。于是孙眉托老年同乡数人，向茂宜岛当局证明，孙中山即取得在檀出生证书。

保皇派和革命派都把打入洪门内部、取得其领导地位作为开展活动的第一步，足见美洲洪门致公堂势力在当时影响之大。而保皇派骨干加入洪门的时间要比孙中山早几年，按理应该有很深的群众基础，但其"保救大清皇帝"的宗旨显然与洪门致公堂最初的"反清复汉"相悖，虽然编造出"从清乾隆时早已是汉人江山"之类的弥天大谎来附会，当然不如孙中山的革命宗旨"驱除鞑虏、恢复中华"听起来更实惠，更让人信服，这恐怕也是洪门致公堂更欢迎孙中山加入其组织的重要原因。虽然保皇党一直想把致公堂纳入自己的旗下，为其所用，但孙中山的到来打破了保皇派的这一梦想，再加上那时保皇党和致公堂因分歧而导致关系破裂，加速了致公堂向保皇党的反对派孙中山等人的靠拢。

三、在美国大陆的角逐

在檀一切准备妥当后，1904年3月31日，孙中山由夏威夷乘"高丽号"船前往美国大陆宣传革命，向保皇派在北美大陆所占据的优势地位发起挑战。由于这次行动公开，所以他还未起程，旧金山的报纸已经登载他拟来美洲大陆的消息。船在4月6日抵达旧金山，还未上岸，美国海关关员在检验入境证件时就称孙为中国乱党分子，在码头木屋拘留了孙中山，拒绝批准其入境。②孙中山所持护照为檀香山出生证书，当时檀已归属美国，依照法律是不得阻止其入境的。依冯自由推断，事情的起因应是这样的：孙中山在檀香山的时候，已经沉重打击了檀香山

---

① 冯自由.革命逸史：初集[M].北京：中华书局，1981：101.
② 冯自由.旧金山登陆时之被阻[M]//革命逸史：第二集.北京：中华书局，1981：102.

<<< 第六章 分道扬镳：保皇派和革命派对美国华侨的争夺

保皇党。他们因而担心，孙中山一旦抵达美国，就会给那里的同党带来更大的麻烦。在孙中山离檀赴旧金山之前，檀岛保皇党陈仪侃等得知孙中山即将赴美，事先通知旧金山保皇党使之设法阻止孙中山入境。旧金山保皇党人将此事告之于清领事何祐，何欲借此向清廷邀功，于是关照美海关，说有中国乱党孙某将于某日搭某船抵美，请禁阻其入境。虽然孙中山持有夏威夷出生证书，但何祐极力保证孙中山生长在广东香山县，所持护照，必为伪造，仍请美海关尽力禁阻，以保全清、美两国邦交。美关员信以为真，因而才阻止孙中山登岸。① 当时美海关规定，凡华人旅客所持入境护照有疑问者，先将其羁留原船候讯，讯后认为不正当的，由原船返回出发地点，仍有疑问的，改禁在木屋里。经关员两次审问，如决定仍不准入境的，才由移民局告诉不能入境原因，并限本人十天之内向华盛顿工商部上诉。如果本人败诉，仍由原船返回。这样，被禁的华人往往羁留木屋长达几个月。

与大多数所谓的非法华人移民一样，孙中山困居木屋数日，经移民局讯问后，被判令出境，回到原船拨回檀岛。正当孙中山焦灼异常、彷徨无计时，不经意看到被禁乡人所读《中日日报》中有"总理伍盘照"字样，遂记起伍盘照为著名基督教学者，平素以说教及办报而闻名于世。九年前，也就是1895年，孙中山将流亡国外时，广东的教友左斗山和杨襄甫曾写过一封介绍信要他交给伍盘照，信中说："揣此信之人，忠心为国，请尽力相助。"② 这封信孙中山一直随身携带。孙于是写了一个便条，内称"现有十万火急要事待商，请即来木屋相见勿延"之语，然后根据报纸上的地址，让一报童送往沙加缅都街《中西日

---

① 冯自由. 旧金山登陆时之被阻［M］//革命逸史：第二集. 北京：中华书局，1981：103.
② 孙穗芳. 我的祖父孙中山：上册［M］. 台北：禾马文化事业有限公司，1995：234.

报》，另有英文"到奉带书人七角五分"字样。① 伍盘照久闻孙中山大名，孙又是基督教友，立即前往移民局，入木屋谒见孙中山。孙告知此次来美被清领事函报海关指为乱贼，因此被判出境，希望伍给以帮助。孙中山又说自己已加入洪门，应通知本埠致公堂，请其出面解救。伍盘照等人便托总堂大佬黄三德及英文书记唐琼昌等聘请律师亨利·C.谢尔特策（Henry C. Schertzer）跟美京工商部交涉，②并由致公堂以士波福街房产向保单公司出保五百元保费，担保孙中山出外听候判决，于28日获准入境。孙中山与黄三德、唐琼昌从未谋面，而凭一函之介，就能救孙中山走出困境，一方面说明孙中山在当时美国华侨社会中已颇有影响；另一方面也反映了黄三德等致公堂领导人的侠仗之义。孙中山在美被禁22天后才重获自由，"事后人咸佩德彰文纳之有先见之明焉"。③孙中山脱难后，受到大佬黄三德、书记唐琼昌等人的热情招待，并安排其在致公堂会所食宿。④三星期后，美移民局对孙中山判决是："孙某既持有夏威夷岛出生证书，当然取得美国公民所享受之居留权利，绝无可以拨送出境之理由。"⑤

孙中山抵美受阻，可想而知，是保皇党从中作梗，但美国政府恐怕也难辞其咎。因为孙中山抵达美国时，恰逢清政府委派皇族溥伦贝子率团前来美国参加圣路易博览会，美国国务卿已经安排好欢迎盛会。美国

---

① 冯自由.基督教友及致公堂之助力［M］//革命逸史：第二集.北京：中华书局，1981：104.
② 《中西日报》，1904年3月23、30日，4月7、28日。转引自麦礼谦.从华侨到华人——20世纪美国华人社会发展史［M］.香港：三联书店有限公司，1992：188.
③ 冯自由.革命逸史：第二集［M］.北京：中华书局，1981：7.
④ 黄三德在其《洪门革命史》中称，孙中山脱难后，黄当日为其租赁英国大旅馆上等房招待他，一切费用，由致公堂支付。此说也有可能，因当时致公堂供孙中山居住的房间狭小，后来可能又迁至旅馆。
⑤ 冯自由.办党及筹饷之成绩［M］//革命逸史：第二集.北京：中华书局，1981：105.

<<< 第六章　分道扬镳：保皇派和革命派对美国华侨的争夺

政府也许不愿意在清朝亲王访问美国期间发生不愉快的意外事件，故配合保皇派和清领事采取该措施，防范可疑人物入境。① 这恐怕也是孙中山被困木屋的一个重要原因。

孙中山在旧金山登岸后，反而不需要什么顾忌，他开始公开从事革命宣传活动。5月，在旧金山华侨中进行了第一次公开演说。接着到华盛顿街戏院发表演说，鼓吹反清革命。为了加强革命宣传，抵制保皇党在各地的影响，孙中山在致公堂和《中西日报》社的帮助下，刊印《革命军》一万一千册，分寄美洲、南洋各地。"全美华侨得此有力宣传品之启导，不及半载，知识为之大进，此书之力为多焉。"② 同时从具有新思想的基督教徒入手，召集教友开救国会议。为募集起义经费，孙中山在会上将在檀香山印就的革命军需债券，向当地侨胞推销。孙宣称"此券规定实收美金十元，俟革命成功之日，凭券即还本息一百元。凡购券者即为兴中会员，成功后可享受国家各项优先利权"，各教友对于购券事，均表示赞成，但听说"凡购券者即为兴中会员，多谈虎色变"。孙中山于是稍作变通，说"此举志在筹饷，与会与否，一惟尊便"。同时告诉他们债券票面并不写姓名，这才消除了侨胞们的后顾之忧。各教友先后购券，共得美金2,700余元。③ 后来邝华汰（加省大学教授）又在卜技利埠募得1,300余元。其后孙中山偕黄三德周游美国各地，即用此款作为旅费。孙中山原欲在美建立兴中会，结果成就很不理想，正式宣誓入会者只有邝华汰一人，"殊非初意所及料"。④ 孙中山的革命排满思想虽然在美国宣传多日，但其募得的革命捐款只有区区

---

① 刘伟森.全美党史：上［M］.台北：海宇文化事业有限公司，2004：62.
② 冯自由.办党及筹饷之成绩［M］//革命逸史：第二集.北京：中华书局，1981：105.
③ 冯自由.办党及筹饷之成绩［M］//革命逸史：第二集.北京：中华书局，1981：106.
④ 冯自由.办党及筹饷之成绩［M］//革命逸史：第二集.北京：中华书局，1981：106.

4,000余元，而会员也仅仅收获一人。这与保皇派在美国募得的数万元和众多的保皇会会员来说，实在是无法相比的。实际上自从1900年罗伯棠、唐琼昌事件后，清廷与对加入保皇党的华侨已不敢肆意迫害，保皇组织基本上是比较安全的。康有为也曾写信布告同志："凡我会中同志，益可发愤舒放，无所牵畏矣。望遍告各埠同志，共相解慰，痛加鼓舞，扩充会事。"① 而那时孙中山还在清政府通缉之列，加入兴中会组织不但不安全，说不定还有株连家人的危险，所以从广大华侨的切身利益来说这是不足为怪的。

  鉴于洪门人士多已忘却反清革命宗旨，多半泥守旧习，毫无远大思想，不少分堂职员又身跨保皇会籍，孙中山于是向设在旧金山的致公堂建议，举行全美洪门会员总注册。孙中山和致公堂首领考虑到全美共有致公堂会员15万人，每一会员缴纳注册费美金二元，总数可收入美金30万元以上，这样不但能巩固洪门团体，排挤保皇势力，回复威信，且可借此收集巨款，作为致公堂基金和国内同志起义经费。黄三德和总堂各职员都极为赞同。孙中山亲自为致公堂重订新章程八十条，帮助其重整会务。新章程强烈谴责清政府的黑暗统治和保皇党的反动立场，并明文规定："本堂以驱除鞑虏、恢复中华、创立民国、平均地权为宗旨。"② 在新章程中，孙中山还提出了"两反一维护"这个具有革命意义的新内容，即"反对满清卖国政府，反对保皇党破坏革命，维护海外同胞的生活安全"。③ 其中第四条明确规定："凡国人所立各会党，其宗旨与本堂相同者，本堂当认作益友，互助提携；其宗旨与本堂相反者，本堂当视为公敌，不得附和。"如果说这条规定对保皇党的排斥看起来还比较隐晦的话，接下来的一条却是明目张胆地提出把保皇分子从

---

① 方志钦，蔡惠尧. 康梁与保皇会 [M]. 天津：天津古籍出版社，1997：36.
② 冯自由. 致公堂之总注册 [M] //革命逸史：第二集. 北京：中华书局，1981：114.
③ 孙穗芳. 我的祖父孙中山：上册 [M]. 台北：禾马文化事业有限公司，1995：236.

<<< 第六章 分道扬镳：保皇派和革命派对美国华侨的争夺

致公堂中剔除出去。"今有所谓倡维新谈立宪之汉奸，以推波助澜，专尊满人而抑汉族，假公济私，骗财肥己，官爵也，银行也，矿务也，商务也，学堂也，皆所以饵人之具，自欺欺人者也。本堂洞悉其奸，不肯附和，遂大触彼党之忌。"① 新章程明文规定致公堂职员不得加入保皇会，同时强调了其与孙中山革命派的亲密关系。

1904年5月，孙中山偕黄三德从旧金山出发，游历美国各大城市，主要经过斐士哪、北加非、洛杉矶、巴梳斐力士、巴士杰、纽柯连、必珠堡、圣路易、亚兰达、华盛顿、费城、波地摩、芝加哥等数十城市，最后到达纽约。所到之处，孙中山"必聚众演说洪门反清复明乘时救国之宗旨，而黄三德必开台演戏（洪门称招收会员拜盟行礼曰开台演戏）"。② 同时对洪门会员进行注册和革命宣传活动，驳斥保皇言论。但注册一事并不顺利，因很多分堂职员都身兼保皇会会员，"虽经总理舌敝唇焦，多方劝谕，而各分堂对于总注册事，仍属虚与委蛇，延不举办。各埠会员之报名注册者，寥寥无几"。③ 孙中山与黄三德"所到百数十埠，赞成者少；然观望或阳奉阴违，误入保皇而不可拔者实众。故收效甚微，仅为他日再来时，开一新途径而已"。④ 后来孙中山在美国奔走呼告七八个月，也只是"惨淡经营，稍获端绪"。⑤ 有些中下层华侨虽然对孙中山也表示了支持，但扔觉推翻清朝这件事总是大逆不道，因而在思想上有顾虑。孙中山总是深入侨胞下层宣传鼓动其革命思想，

---

① 冯自由. 美洲致公堂与大同报［M］//革命逸史：初集. 北京：中华书局，1981：150-151.
② 冯自由. 致公堂之总注册［M］//革命逸史：第二集. 北京：中华书局，1981：114-115.
③ 冯自由. 致公堂之总注册［M］//革命逸史：第二集. 北京：中华书局，1981：115.
④ 邓慕韩. 本党与洪门. 载丘权政，杜春和. 辛亥革命史料选辑：上［M］. 长沙：湖南人民出版社，1981：83-84.
⑤ 冯自由. 致公堂之总注册［M］//革命逸史：第二集. 北京：中华书局，1981：115.

有些听了之后，则嗤之以鼻，甚至予以嘲笑，有些则干脆拒绝孙中山去访问。① 6月10日，在致黄宗仰的信中，孙中山告之在美国的活动情况："弟近在苦战之中，以图扫灭在美国之保党，已到过五六处，俱称得手。今拟遍游美地有华人之处，次第扫之，大约三、四人月后，当可成功。保毒当梁贼在此之时，极为兴盛，今已渐渐冷淡矣！扫之想为不难。"孙中山在信中虽然持乐观态度，但事情的发展却很不理想。在这封信中，他同时也指出工作开展过程中受到保皇会会员的干扰，"有一二康徒极恐彼党一散，则于彼个人之利益大有损失，故极力造谣生事，以阻吾人之前途。所幸此地洪门之势力极大，但散涣不集，今已与各大佬商妥，设法先行联络各地洪家成为一气，然后可以再图其他也。"② 孙中山正是先把洪门致公堂紧紧团结在自己的周围，利用洪门势力，再与保皇派作斗争。

一段时间后，孙中山认为此时民智闭塞，一时难以奏效，遂将注册之事委托给黄三德，自己则转向留学界及国际方面的运动，撰写英文告欧美人书《中国问题之真解决》(The True Solution of Chinese Question)，希望借此引起留学生的注意和扩大革命的影响。这是以美国《独立宣言》为蓝本、用英文撰写的对外宣言，1904年8月31日撰成，于9月底10月初在纽约出版单行本，刊印1万册，分送给欧美各国报馆与杂志社及有关人士，并在纽约、横滨、香港被译成中文，成为一种著名的革命宣传品。孙中山认为"中国的闭关自守政策乃是满洲人自私自利的结果"，警告帝国主义"瓜分中国"的殖民政策只会给自己带来"危险与灾难"，支持清政府"注定是要失败的"，因为"满清王朝可以比作一座即将倒塌的房屋，整个结构已从根本上彻底地腐朽了，"它的

---

① 梅斌林. 关于辛亥革命前孙中山在美国芝加哥活动的回忆 [M] // 广东文史资料：25辑. 广州：广东人民出版社，1979：63.
② 孙中山. 复黄宗仰函：孙中山全集：第一卷 [M]. 北京：中华书局，1981：240.

<<< 第六章　分道扬镳：保皇派和革命派对美国华侨的争夺

"垮台只是一个时间问题而已"。他庄严宣告"全国革命的时机现已成熟，中国现今正处在一次伟大的民族运动的前夕，只要星星之火就能在政治上造成燎原之势"。文中还呼吁欧美人民对中国革命"在道义上与物质上给以同情和支援"。①

这次旧地重游，孙中山作为致公堂的"洪棍"，得到了旧金山致公堂的全力相助，这使他不仅在生活起居方面得到了帮助，而且在革命宣传方面也获得了很多便利。在日后的旅美活动中，又得到该堂大佬黄三德相伴。这些都使他对华侨社会中洪门组织的作用和潜力有了更进一步的认识，所以他自己不仅与之往还，而且建议远在日本的革命同志与美洲致公堂能够联合，相互照应，以利于招集同志，"增多热力"。② 孙中山在美8个月，虽然到过美国的几十个城市，在清除保皇派对华侨的思想影响方面取得一些成效，但这次赴美并没有动摇保皇会的根基，只是对这里的保皇势力给予初步的"扫荡"，革命力量仍处于劣势地位。保皇党虽然没有了致公堂和《中西日报》的支持，但保皇势力在美国仍然基础深厚。

不过，孙中山这次游美，所到各埠均发表演说，在华侨中播下了革命种子，起了启蒙作用，打破了保皇会在美国华侨中一统天下的局面。尽管成果不够理想，毕竟还是争取了部分致公堂华侨，向洪门会众传播了革命思想，为以后进一步开展工作打下了基础，使广大华侨看到了革命救国的另一条途径，同时也播下了革命的火种。直到辛亥革命前，旧金山洪门致公堂已与同盟会联合设立筹饷局，加拿大各埠致公堂也变卖产业救国，小小火种终成燎原之势，当然这些都是和这次孙中山游美散播革命种子打下的良好基础分不开的。

---

① 在旧金山的演说：孙中山全集：第一卷［M］. 北京：中华书局，1981：240.
② 孙中山. 复黄宗仰函：孙中山全集：第一卷［M］. 北京：中华书局，1981：241.

第二节 舆论争取

除了在组织上争取华侨的支持外，革命派和保皇派还在舆论上拉拢华侨，而舆论阵地的争夺战主要体现为对华侨报刊的争夺。据初步统计，当时亚、美、欧、澳等几大洲约有80多家华侨报刊先后卷入论战。① 革命与保皇论战的发源地在日本，这是因为两派的首脑人物流亡海外时，都将日本作为第一站，并先后在这里创办各自的机关报。1902年2—7月，梁启超在《新民丛报》上发表长达十万言的《新民说》，把清朝的腐败昏庸归结为人民的愚昧。同年9月，康有为也在这家报纸上发表《辩革命书》，攻击以孙中山为首的革命派："谈革命者，开口必攻满洲，此为大怪不可解之事，夫以二百年一体相安之政府，无端妄引法美以生内讧，发攘夷别种之论，以创大难，是岂不可已乎？"② 保皇党的言论影响广泛，当时对革命力量的发展构成了极大的威胁。当时革命派的言论机关还不甚成熟，并没有发出实质性的反击。直到1903年孙中山再次抵檀后双方才有了第一次交锋。革命与保皇的论战从日本发起后，迅速蔓延至华侨各侨居地，而美国是二者论战后期的主战场，故在美国有关革命与保皇的报纸杂志也是最多的。

一、保皇派报纸

在20世纪最初几年里，保皇派之所以在海外风行，大有压倒革命派、独占鳌头之势，一个重要原因在于他们一开始就注意到文字宣传、制造舆论、进行思想导向的重要性。保皇派的主要骨干，几乎都投入了

---

① 任贵祥. 华侨与中国民族民主革命［M］. 北京：中央编译出版社，2006：88.
② 孙穗芳. 我的祖父孙中山：上册［M］. 台北：禾马文化事业有限公司，1995：227.

办报刊活动。康有为、梁启超作为饱读诗书的晚清文人,在国内维新运动时期就大力提倡办报。逃亡海外后,仍极重视文字之功。他们一面在华侨中建立保皇会组织,一面创办报刊或改造原有的侨报。仅美洲和南洋地区,保皇派就新办和控制了30多家华文报刊。几家主要的报纸有:《清议报》(横滨)、《亚东报》(神户)、《新民丛报》(横滨)、《中国维新报》(纽约)、《文兴日报》(旧金山)、《世界日报》(旧金山)、《新中国报》(檀香山)、《日新报》(温哥华)、《东华新报》(澳洲)、《南洋总汇报》(新加坡)、《天南新报》(新加坡)。这些报刊和海外各地区保皇会喉舌报刊隔洋遥相呼应,构成保皇派最早的一个党报宣传系统。在保皇派中坚人物欧榘甲、陈仪侃、梁朝杰等人主持笔政下,这些报纸对美加华人社会的舆论产生了积极影响,提高了北美华人对中国政治的认识。起初他们在海外创办报纸的目的,是为了揭露以慈禧太后为首的封建顽固势力的罪行,歌颂清帝变法,实行君主立宪,大张旗鼓地进行保皇和政治改良的宣传,维护清朝皇帝和封建君主制度,同时促进海外华侨民族觉醒,号召华侨支持他们的保皇救国言论。与革命派合作破裂后,保皇派主要将矛头对准革命派,极力反对革命,主张君主立宪。

早在1899年12月,保皇派即在日本横滨创办了《清议报》旬刊,由冯镜如(冯自由之父)名义上担任发行人和编辑,梁启超则为主编。共创办了三年,总发行量在3,000册以上,不仅在国内广为传播,而且行销日本、南洋、朝鲜以及欧美,影响广泛,清朝政府屡禁不绝。以"主持清议,开发民智为主义",其宗旨是"倡民权,衍哲理,明朝局,励国耻",成了维新派宣传改良主张、抨击西太后等封建顽固派、鼓吹君主立宪的主要宣传阵地。梁本人则"以饱带感情之笔,写流利畅达之文",成了"舆论之骄子,天纵之文豪",由他所开创的报章体这一新文体,影响深远,几无与伦比。该报创办伊始就旗帜鲜明地宣传保皇思想，认为"今日议保全中国，惟有一策，曰尊皇而已"，同时不谈"破坏""革命"，但认为"革命者，最险之着，而亦最下之策也"①。1901年12月21日，《清议报》报馆被焚，该报被迫停办。翌年2月，梁启超在当地侨商的支持下，又在横滨创办了半月刊《新民丛报》。梁启超任主编，1907年冬停刊，共出96期。该报开始着重介绍西方社会的政治学说，宣传变法维新，抨击以慈禧太后为首的清政府；积极鼓吹和推进新文体。语言明白流畅，文笔生动犀利，深受读者欢迎。相形之下，革命派方面对舆论导向的认识，就显得较为迟缓了。直到1905年同盟会成立后，才创办《民报》作为其机关报。

1900年1月，梁启超抵檀香山筹办保皇会事宜，趁机创办了《新中国日报》，作为保皇党的言论机关报。经常在报上发表言论攻击革命，敌视共和。其主笔为保皇党人陈仪侃。孙中山1903年抵檀时，《新中国报》与革命派的《檀山新报》曾有过激烈的斗争。该报持续时间较长，民国成立后，代表保皇党的《新中国报》在檀岛还经常撰文反对革命。中华人民共和国成立后，国民党退居台湾，该报新任主笔李大明，还不时发表言论批判国民党，支持中国大陆。②《新中国报》虽然几易立场，但始终是站在孙中山革命派和国民党的对立面，也是保皇派党报系统中寿命最长的一家报纸。

1901年，保皇会在旧金山成立分会之后，保皇会骨干徐勤、梁启田将当地的《文兴》周报改变为保皇会的喉舌，宣传保皇扶满之说，成为北美洲首创的党报。致公党会员何柏如、唐琼昌任《文兴报》的译员。芝加哥保皇会会长谭张孝也曾在康有为的推荐下任《文兴报》的笔政。1902年，康有为门人欧榘甲，来到美国旧金山任《文兴报》

---

① 丁守和. 辛亥革命时期期刊介绍：第一集[M]. 北京：人民出版社，1982：4.
② 苏德用. 国父革命运动在檀岛. 载蒋永敬. 华侨开国革命史料[M]. 台北：正中书局，1989：78.

<<< 第六章 分道扬镳：保皇派和革命派对美国华侨的争夺

记者职。他结识了致公堂领导人物唐琼昌、朱三进、邓干隆等，而向他们建议办报馆。结果朱三进及其他洪门分子集资，创办最早的洪门喉舌刊物《大同日报》（*Chinese Free Press*），由唐琼昌任司理，邓干隆任司事，欧榘甲任总编辑。① 欧榘甲长期控制着这家报纸，权倾一时。该报主要宣扬保皇会的宗旨与致公堂"反清复明"的口号是"实殊途同归"，鼓吹"洪门应与保皇会合力迫朝廷改专制为立宪，以立大同之基础"。② 1904年孙中山抵美后，适逢欧榘甲回国奔丧，《大同日报》遂被革命派夺得。

1903年3月，保皇派在纽约创立了《中国维新报》，作为他们的宣传阵地。该报是保皇党最重要的舆论重镇，保皇派一些重要的大事和决定一般会在此报发布。当时《中国维新报》地址位于纽约埠勿街门牌5号（5Mott St. New York City, New York, U.S.A.），第一册发行于光绪三十四年（1908年）甲辰二月初二礼拜四。《中国维新报》的宗旨主要是倡导保皇救国，在其存在的短短时间里，发表了不少有关"救圣主""救中国"的文章。从现存的《中国维新报》资料来看，当时所发表的内容体裁多样，一些保皇会会员还时常撰写一些古体诗，大多是抒发其忧国情怀，同时也是他们当年在美国华侨社会传播中华传统文化所留下的痕迹。《中国维新报》也是我们研究保皇党当年在美活动时的重要史料。

保皇会在加拿大的报纸有两份：一是在温哥华的《日新报》；另一份是在不列颠哥伦比亚省的《世界日报》（后者为一影响不大的小报，创办几个月便停刊）。《日新报》为保皇会的机关报，存在的时间较长，是当地宣传保皇、反对革命的火力点，曾与冯自由主笔的革命派机关报

---

① 麦礼谦. 从华侨到华人——20世纪美国华人社会发展史[M]. 香港：三联书店有限公司，1992：187.
② 冯自由. 革命逸史：第二集[M]. 北京：中华书局，1981：120.

《大汉公报》有过激烈的笔战。

在保皇派众多的海外报刊中，此处只不过仅列出有代表性的几个，但足以说明保皇派当时在国外所办报纸的盛况。这些报纸为保皇党人抨击慈禧太后顽固派、宣传其保皇思想发挥了重大作用。尤其需要指出的是，这些报纸后期对孙中山革命思想在华侨中的传播起了重要的抑制功效。

二、革命派报纸

康有为在美国建立的保皇会比孙中山建立的同盟会要早得多，因此保皇会首先占领了广大的华侨阵地。当时大部分华侨文化水平低下，加之思想认识先入为主，这就增加了孙中山在美国进行革命活动的难度。

兴中会成立前期，孙中山并没有认识到舆论宣传的重要性，其主要精力放在筹备起义的组织工作上，没有对宣传工作花更多的力量，在认识和行动上落后于保皇派。另一方面，那时革命派也缺乏文人墨士，所用宣传工具，仅有《扬州十日记》《嘉定屠城记》及《明夷待访录》等。而保皇派首领大多是科甲出身，颇具文采，所出版的杂志，风行海内外。相比之下，革命党实属相形见绌。因此原为兴中会地盘的横滨、檀香山两地，"竟为保皇党所夺"。① 与保皇派初次交锋的失利使孙中山认识到："欲成大事，非先唤起民众不可。"② 只有使民众都有爱国心，都有"以死救中国"的精神，革命才能获得成功。而报纸则是进行革命宣传的重要舆论工具，"提倡革命，非藉报馆为喉舌不可"。③ 1899年秋，孙中山派陈少白到香港组织《中国日报》，同年12月出版，"是为革命报纸之滥觞"。④ 然而那时因风兴未开，革命排满思想颇不为人

---

① 冯自由. 革命初期之宣传品［M］//革命逸史. 初集. 北京：中华书局，1981：11.
② 张永福. 南洋与创立民国［M］. 北京：中华书局，1933：9.
③ 冯自由. 中华民国开国前革命史［M］. 台北：世界书局，1954：172.
④ 冯自由. 革命初期之宣传品［M］//革命逸史. 初集. 北京：中华书局，1981：11.

第六章 分道扬镳：保皇派和革命派对美国华侨的争夺

们所重视。1900年以后，自由平等、革命排满渐为世人所接受，各地宣传革命的报纸刊物相继出现，"革命出版物，风起云涌，盛极一时，在壬寅（清光绪二十八年）上海'苏报案'前后，已渐入于革命书报全盛时期矣"。① 当时革命派的报刊主要有：美国，《檀山新报》《民生日报》《自由新报》《大声杂志》《少年中国晨报》；加拿大，《华英日报》《大汉日报》《新民国晨报》；秘鲁，《民醒报》；南洋，《中兴日报》《光华日报》；日本，《民报》《开智录》半月刊等。

梁启超在檀香山成功建立保皇组织后，创办了《新中国报》作为宣传机关。该报由陈仪侃作为主笔，对革命党提倡的革命排满思想大加攻击。对于这种言论，孙中山1903年底再次至檀后，才改组了侨商程蔚南创办的《檀山新报》（又称《隆记报》）作为革命派的党报，与保皇党的《新中国报》大开笔战，其成为革命派在美洲的第一言论机关报。孙中山亲自撰写了《驳保皇报书》《敬告同乡书》等文章，有力地驳斥了保皇言论，传播了资产阶级民主革命思想。夏威夷各岛侨胞自从有此报鼓吹革命，"耳目为之一新，于是前之误受康党诱骗者纷纷脱党、复党，而新会员加盟者亦络绎不绝"。② 孙中山离开檀香山后，该报的革命党人"仍与保皇报继续交战，数载不止"。③

《檀山新报》被改组为革命党机关报后，停顿多年的兴中会也随之复兴。1906年，社长程蔚南因年老力衰，拟将该报社转让给别人。于是革命党人曾长福等将该报重新改组为《民生日报》，社址位于斯密士街1016号，仍由张泽黎主持笔政，与《新中国报》新任记者梁文兴继续开展笔战。1907年秋张泽黎因事辞职，《民生日报》致函东京《民

---

① 冯自由. 革命初期之宣传品［M］//革命逸史：初集. 北京：中华书局，1981：11.
② 冯自由. 华侨与辛亥革命［M］//华侨开国革命史. 北京：中国社会科学出版社，1981：26.
③ 冯自由. 华侨开国革命史［M］//华侨与辛亥革命. 北京：中国社会科学出版社，1981：26.

报》社，请孙中山推荐主笔。孙命前香港《中国日报》记者卢信赴任。卢抵檀后，其言论自由总是遭股东干涉，编辑部没有自由发言权，于是其愤然辞职，打算离檀别就。在曾长福的一再挽留下，卢要求必须另创一报刊，编辑须有绝对言论自由，而股东只有供给经费的义务，不能过问言论权利。曾长福答应了他的要求，随即另行集资，给予卢编辑全权创办新报，即《自由新报》。① 卢信自任社长，黄堃为司理，孙科为译员，曾长福、黄亮、谭遽、梁海、杨广达等为董事。每星期一、三、五等日出版，是为隔日报式。② 该报以"自由"名，即表示名实相符之义。于1908年8月出版，创刊后更是无所顾忌，高谈革命排满。如该报发刊词中指出，"呜呼，神州已矣，痛黄裔其长沉，奴隶甘乎？哀人心之尽死……回观大陆，尽是愁城。千重之毒雾重埋，半角之斜阳有限。新亭未坐，哭已失声；故国濒危，言其无罪。""今者力唱民族，疾呼同魂"。发刊词最后表示："谁鸣警世之钟，独树登坛之帜。先乎言论，继收实行。文字收功日，还我河山；英雄应运之秋，荡平丑虏。"③

《自由新报》出版后，其言论之激烈更使保皇党害怕。清政府"预备立宪"后，在国外基本上认可了保皇党的合法地位，逐渐有联合起来共同对付革命党之势。当时美国移民局规定，只准许中国官吏、商人、教员、学生、游客五种人入境。因卢信所持入境护照为教员凭证，却任报馆主笔，清领事梁国英和保皇党联名向檀埠移民局控告卢信"依法不得在檀居留，应即拨送出境，以免他人效尤"。檀岛移民局即

---

① 冯自由. 华侨开国革命史 [M] //华侨与辛亥革命. 北京：中国社会科学出版社，1981：27.
② 冯自由. 华侨开国革命史 [M] //华侨与辛亥革命. 北京：中国社会科学出版社，1981：28.
③ 冯自由. 华侨开国革命史 [M] //华侨与辛亥革命. 北京：中国社会科学出版社，1981：35-36.

<<< 第六章　分道扬镳：保皇派和革命派对美国华侨的争夺

令卢信离檀。曾长福等非常气愤，立即延请律师向美京工商部抗争。后来美京工商部解释说报馆主笔也属教员一类，应有居留美境之权利，于是卢信获胜诉，"是为中国报馆主笔取得入美国境域权利之嚆矢"。[①] 因为在卢信抗争以前，中国记者没有一人可用本身职业资格留美。梁国英接下来又电请清政府勒令各省禁止《自由新报》入口，并威胁该埠侨商，要查抄《自由新报》股东在粤原籍财产，该报股东有家人在内地的都有所害怕。继之，《自由新报》创办人卢信，复与孙科、许裳等创办《大声杂志》，又先后编印《自由言论》《人道》《革命真理》《扬州血泪》4部反清书籍，侨众思想因而为之一新，逐渐接收了革命派宣传的排满革命理论。民国成立后，《自由新报》改换了报名，又继续支持三十余年。

在华侨较多的美国大陆，保皇派在前期几乎控制了这里的舆论阵地，而革命派其时在美国大陆还没有设立革命组织，更没有自己的机关报。美国较有影响的侨报为洪门致公堂在旧金山的机关报《大同日报》，设于旧金山士坡福街。该报为康有为的弟子欧榘甲所创办。欧抵美后，为了联络拉拢致公堂会员，也以保皇党"名为保皇，实则革命"的宗旨与洪门致公堂的"反清复明"宗旨殊途同归，建议应彼此合作，共同救国。1901—1902年间，欧榘甲游说致公堂各职员创办洪门机关报，大佬黄三德、英文书记唐琼昌、司库员朱三进等措资设立《大同日报》，委任欧为总编辑，唐琼昌任经理及译员。"大同"二字，也是欧榘甲所定。欧榘甲即以"太平洋客"为笔名，大力宣传广东应脱离满清、宣布独立之说，大受侨众欢迎，其后由横滨《清议报》汇编成《新广东》一书出版，风靡一时。孙中山抵美时，适逢欧榘甲1903年

[①] 冯自由. 华侨开国革命史［M］//华侨与辛亥革命. 北京：中国社会科学出版社，1981：29.

11月因奔祖父之丧已经离美返中国。① 致公堂大佬黄三德等请孙中山推荐留日学界同志做主笔，孙中山趁机介绍同盟会员刘成禺前往赴任。革命派夺得《大同日报》作为舆论阵地，使《大同日报》"旗垒为之一新"，这就是有名的《大同日报》易帜事件。在孙中山这次游美成绩中，"实以改组大同日报为最著"。② 其后该报成为反清和驳斥保皇言论的重镇。

易帜后的《大同日报》，宣布了"以驱除勒虏、恢复中华、创立民国、平均地权"为宗旨的致公堂新章程，刊登了孙中山在美国几十个城市向华侨发表的反清革命演说，广泛地传播了革命思想，"革命横议，涤荡全美。华侨受其感化者日众"。③ 一些华侨报刊受其影响，也开始转向支持革命，例如旧金山的《中西日报》。革命党人陈少白、郑贯公为该报驻香港记者，曾翻印了一万多册《革命军》，伍盘照免收排印费，黄三德负责邮费，在美洲和南洋华侨中广为散发，并在美宣传邹容主张的"倾覆专制政体建立新国家后立宪，悉照美国宪法，参照中国性质而定"。④ 华侨得此书后，观念大变，同情革命的力量迅速增长，"全美华侨得此有力宣传品之启导，不及半载，知识为之大进，此书之力多焉。"⑤ 这部书对华侨起到了很好的启蒙教育作用。《大同报》于

---

① 李少陵. 欧榘甲先生传［M］. 台北，自刊，1970：28. 转引自麦礼谦. 从华侨到华人——20世纪美国华人社会发展史［M］. 香港：三联书店有限公司，1992：188. 据冯自由在《革命逸史》中记述，事情原委是这样的：孙中山在旧金山登岸后，欧榘甲撰文攻击孙中山，并指责致公堂招待礼遇孙中山为不智。黄三德、唐琼昌等刚开始努力劝说欧榘甲同孙中山合作，欧固执不从，反而变本加厉，恣意攻击孙中山，引起黄三德等人的不快，遂革除欧的职务，被致公堂首领驱逐出报社。麦氏在其书中说，曾经考证过前说的正确性，故取前说。
② 冯自由. 大同报之改组［M］//革命逸史：第二集. 北京：中华书局，1981：112.
③ 冯自由. 大同报之改组［M］//革命逸史：第二集. 北京：中华书局，1981：112.
④ 孙中山全集：第一卷［M］. 北京：中华书局，1981：226.
⑤ 冯自由. 办党及筹饷之成绩［M］//革命逸史：第二集. 北京：中华书局，1981：105.

<<< 第六章 分道扬镳：保皇派和革命派对美国华侨的争夺

1912年改称《中华民国公报》，1914年仍改为《大同报》，数年后停刊。

1908年，旧金山华侨李是男、黄伯耀等人组织少年学社，并出资创办《美洲少年周刊》。《美洲少年周刊》所刊载的许多小品文，"类多提倡革命，攻击清政之作"。[①] 该报对祖国的灾难深重十分痛心，充满了忧患意识，深刻地揭露清政府对内压榨汉族人民，对外腐败无能，招致列强侵略；唤醒人民奋起，主张用武力革命推翻清政府封建专制，进而驱逐侵华列强。孙中山到美国后，认为该周刊"是适合少年阅读的，但对于一般华侨则论，好像还有一些不够普遍。最好还是把《美洲少年》改组成为一间每日出版的日报，这样方负起大张旗鼓尽力宣传的义务。……扩大少年学社，公开为中国同盟会是体，扩大《美洲少年》，改组为日报是用，有体有用，我们党的宗旨和作用才发挥出来"。[②] 在孙中山的建议下，李是男等人招股集资，组织股份有限公司，把《美洲少年周刊》更名为一家日报——《少年中国晨报》，成为旧金山革命党人的重要喉舌。当时各报多在午间出版，独该报为清晨出版。报纸面目一新，编辑力量强，成为美洲宣传三民主义的重要阵地。该报经营较好，"营业日隆，获利甚丰，置有大厦一所，及今犹巍然矗立，为清季革命党机关报之唯一寿命最长者"。[③] 民国成立后不久，临时大总统孙中山特给予优等旌义状："《少年中国报》于中华民国开国之始，宣扬大义，不遗余力，特给予优等旌义状，奕代后民，永多厥义。此旌。"[④] 在当时孙中山颁发的众多旌义状中，颁给国内外报刊是很少的，该报能享此殊荣是当之无愧的。

在保皇会的策源地加拿大，由于保皇势力强大，革命势力渗透到这里比较晚。保皇会的机关报《日新报》在这里已开设多年，其主笔为

[①] 蒋永敬. 华侨开国革命史料 [M]. 台北：正中书局，1989：170-171.
[②] 与李是男黄伯耀的谈话：孙中山全集：第一卷 [M]. 北京：中华书局，1981：429.
[③] 冯自由. 华侨革命组织史话 [M]. 台北：台湾正中书局，1974：77.
[④] 陈旭麓，郝盛潮. 孙中山集外集 [M]. 上海：上海人民出版社，1990：674.

梁文兴，即康门弟子汤觉顿的妻弟。1909年夏，革命派经历多次起义失败，南洋、香港等地同志大伤元气，供给财源不足，"颇有一蹶不易复起之象"。① 同时报馆财政也受军事失败的影响，维持异常困难，革命派打算派员到美洲开辟新的财源。其时加拿大温哥华致公堂组织《大汉日报》作为洪门宣传机关，冯自由自告奋勇赴加任《大汉日报》编辑。到任后，冯开始鼓吹"反清复汉"作为《大汉日报》宗旨。致公堂大佬陈文锡、先锋李寿、书记许昌平等，也都赞同冯的做法，而加拿大"各埠侨胞翕然向风，报务进步，一日千里"。与保皇派的机关报《日新报》的主笔梁文兴展开笔战，《大汉日报》毫不示弱，对之"迎头痛击，口诛笔伐，义正词严"，主笔冯自由撰文"揭发历年康梁棍骗罪状"，加之保皇会内讧，使当地保皇会势力有所削弱。曾任保皇分会会长的黄孔昭、叶恩及《日新报》前任记者何卓竞均先后服膺革命真理，"而保皇党徒皈依吾党者尤络绎于道"。② "自是保皇会在加拿大之势力，遂一落千丈而不可收拾"。③ 而革命派再次在加拿大取得了胜利。"由是革命思潮澎湃于加属，骎骎乎有万马奔腾之势"。④ "彼此驳论至二百余续，为海外两党最持久之文战"。⑤

革命派创立的这些报刊，首先"竭力打击保皇毒焰于各地"，使人们对"革命保皇之是非，如豁然领悟"；其次，在海内外大力宣传三民主义和建立民主国家的思想；其三，连保皇派也不得不承认"数年以

---

① 冯自由.黄花岗一役旅加拿大华侨助饷记［M］//革命逸史：初集.北京：中华书局，1981：230.
② 冯自由.〈大汉日报〉宣传之收效［M］//革命逸史：初集.北京：中华书局，1981：232-233.
③ 冯自由.革命逸史：第三集［M］.北京：中华书局，1981：324-325.
④ 冯自由.华侨开国革命史［M］//华侨与辛亥革命.北京：中国社会科学出版社，1981：78.
⑤ 冯自由.华侨开国革命史［M］//华侨与辛亥革命.北京：中国社会科学出版社，1981：105.

第六章 分道扬镳：保皇派和革命派对美国华侨的争夺

来，革命论盛行于国中……其旗帜鲜明，其壁垒森严，其势力益磅礴而郁积，下至贩夫走卒，莫不口谈革命而身行破坏"①；最后，对清政府媚外卖国、腐朽透顶的行径进行了揭露批判。许多革命派知识分子，以丰富的文学形式编写革命宣传品，流传到各地的学校和清政府编练的新军内部，学生和士兵争相传诵，"一唱百和，如饮狂泉"②，形成近代中国伟大的思想解放潮流，为辛亥革命的胜利开创了先声。

南洋和日本也是革命派和保皇派争夺华侨的重要阵地。康、梁在1898年逃亡日本后，即筹资开办第一家海外报馆《清议报》。1901年12月21日，《清议报》报馆被焚，该报被迫停办。翌年2月，梁启超在当地侨商的支持下，又创办了《新民丛报》。这时革命派的力量还很弱小，没有建立起自己的舆论机关。1905年8月20日，兴中会联合华兴会、光复会等革命团体，组成了中国近代史上的第一个资产阶级政党——中国同盟会。同盟会在孙中山的领导下，提出了"驱逐鞑虏，恢复中华，创立民国，平均地权"的政治纲领，并在东京设立了自己的机关报——《民报》。该报1905年11月在日本东京创刊，为月刊，设论说、时评、选录栏，先后由胡汉民、章太炎等任主编。撰文者均为重要的革命党人，如陈天华、朱执信等。孙中山在《民报》发刊词中第一次提出"三民主义"的主张，即民族以排满为中心、民权以建共和政体为中心、民生以土地国有为中心三大主义。《民报》共出26期，另有《天论》等增刊。从此，革命党以《民报》为阵地，宣传同盟会的革命纲领，同时与保皇派的《新民丛报》展开笔战。

两派在海外参加论战的报纸由于记载不全已经很难了解全貌，现根据所知材料制成简表如下：

---

① 与之.论中国现在之党派及将来之政党［M］//辛亥革命前十年间时论选集：第二卷.北京：生活·读书·新知三联书店，1960：607.
② 请平满汉畛域密折［M］//辛亥革命：第4集.上海：上海人民出版社，1981：45.

1898—1910年两派创办报纸简表（包括香港地区，不含国内）

年份	革命派			保皇派		
	报纸名称	创刊日期	创刊地点	备注	报刊名称	创刊日期	创刊地点	备注
1898					《天南新报》《清议报》	1898.5—6月间 1898.12	新加坡 横滨	1899年南洋分会机关报，1905年停刊 1902年停刊，共出100期
1899					《日新报》	1899	温哥华	保皇派机关报
1900	中国日报 中国旬报 开智录	1900.1 1900.1 1900.11	香港 香港 横滨	1913年被迫停刊 1901年停刊	《新中国报》	1900.4	檀香山	
1901	国民报	1901.8	东京		《大同日报》《文兴报》	1901 1901	旧金山 旧金山	美洲致公堂机关报，1902年由保皇派控制 保皇派机关报
1902	自由新报	1902.6	檀香山		《新民丛报》	1902.2	横滨	保皇派最重要报纸

210

第六章 分道扬镳：保皇派和革命派对美国华侨的争夺

续表

年份	革命派			保皇派			
	报纸名称	创刊日期	创刊地点	备注	报刊名称	创刊日期	创刊地点	备注
1903	檀山新报（隆记报）	1895—1896年间	檀香山	1903年起为檀香山兴中会机关报1907年易名《民生日报》				
	世界公益报 广 东 报 有所谓报	1903 1903 1903	香港 香港 香港					
1904	图南日报	1904	新加坡	1905年因资金缺停刊	《仰光新报》	1904	仰光	仰光保皇会机关报，1905年倡言革命
	大同日报	1904	旧金山	初为保皇党把持，1904年倡革命	《商报》《维新报》	1904 1903.3	香港 纽约	
1905	南洋总汇报 槟城新报 民 报	1905 1905 1905	新加坡 新加坡 东京	1906年保皇派夺得，言论温和，中立 同盟会机关报				
1906					《笔政报》	1906.2	洛杉矶	

清末康梁改良派在美国活动研究 >>>

续表

年份	革命派			保皇派		
	报纸名称	创刊日期	创刊地点	备注	报刊名称	创刊日期	创刊地点	备注
1907	中兴日报	1907.8	新加坡				
1908	少年中国晨报 光华日报	1908 1908.8	三藩市 缅甸	1909被保皇派购买	《世界日报》	1908	旧金山

资料来源：冯自由：《华侨开国革命史》、《革命逸史》初集、第四集等。

212

<<< 第六章 分道扬镳：保皇派和革命派对美国华侨的争夺

　　1905年，同盟会建立后，明确提出了"驱除鞑虏、恢复中华、建立民国、平均地权"的十六字方针。清政府惊恐万状，迫于形势，派出载泽、端方等五大臣前往欧美及日本"考察政治"，不得不打算"预备立宪"。清朝官吏中最早奏请立宪的驻法公使孙宝琦在奏折里就说：只有将仿行立宪政体的宗旨"先行宣布中外"，才能"团结民心，保全邦本"，"不然则外侮日逼，民心惊惧相顾，自铤而走险，危机一发，恐非宗社之福"。① 端方在一个密折里先是惊惶失措地报告了孙中山革命派的活动和革命影响的扩展："无知青年，惑其邪说，十而七八。逆党孙文演说，环听辄以数千，革命党报发行，购阅数逾数万"，"一唱百和，如饮狂泉"。继而忧心忡忡地指出了问题的严重性："窃以为今日中国，大患直在腹心，纵任之则溃决难收，芟夷之则全局糜烂。"最后无可奈何地提出了解决问题的"善后之策"，"今日欲杜绝乱源，惟有解散乱党；欲解散乱党，则惟有于政治上导以新希望，……夫所谓政治上导以新希望者，则奴才等前此所谓宣布国是，定十五年实行立宪是也"。② 端方的这一段议论，颇具有代表性，类似的话，在当时的许多奏折里也时常出现。

　　1906年9月，终于颁发了"设立资政院"的上谕，"奉上谕：朕钦奉慈禧皇太后懿旨，立宪政体，取决公论，上下议院实为行政之本。中国上下议院一时未能成立，亟宜设资政院，以立议院基础，着派溥伦、孙家鼐充该院总裁，所有详细院章，由该总裁会同军机大臣妥慎拟订，请旨施行，钦此"。③ 这就是所谓的"预备立宪"闹剧。康梁保皇派对于清政府预备立宪的态度，与革命派完全不同。预备立宪的上谕一颁

---

① 东方杂志：1904年第7期.
② 请平满汉畛域密折[M]//辛亥革命：第四集.上海：上海人民出版社，2003：39-44.
③ 光绪三十三年八月十四日《申报》，载丁文江，赵丰田.梁启超年谱长编[M].上海：上海人民出版社，1983：389.

213

布，他们便立即为之兴奋雀跃，自以为出头之日已到，在中国建立君主立宪的政治理想即将到来。梁启超在给蒋智由的一封信中天真地写道："今夕见号外，知立宪明诏已颁，从此政治革命问题可告一段落，以后所当研究者，即在此过渡时代之条理如何。"① 康有为等一面上书清廷设国会，一面于1906年12月9日，在纽约保皇党机关报《中国维新报》上发表文告，通知海外170余埠的保皇会："顷七月十三日明谕，有预备行宪政之大号，以扫除中国四千年之批政焉。薄海闻之，欢腾喜悦，民权既归，兆众一心，吾民同治，中国从兹不亡矣。"文告形容保皇党人听到预备立宪之后的心情，是"从心所欲，天从人愿，大喜欲狂"，"不知手之舞之，足之蹈之也"。② 同时宣布保皇会于丁未新年（1907年元旦）改名为国民宪政会（也称"帝国宪政党"）。③ 康有为认为，"非保皇圣主，不能保中国，故立会以保皇为义。今上不危，无待于保，会务告蒇，适当明诏。举行宪政，国民宜预备讲求，故今改保皇会名为国民宪政会，以讲求宪法，更求进步。"康有为的目标是要把国民宪政会变成"中国最先最大之政党"，并"将改定之会名、会章禀呈御前大臣载泽、商部贝子载振、两江总督端方及两广总督周馥存案，然后分设支会于内地各省、各府、各县"。④ 在这之前一个星期，梁启超在日本东京发表演说，其中道："今朝廷下诏，克期立宪，诸君子宜欢喜踊跃。"⑤ 看来，他们确实是踌躇满志、兴高采烈了。

同盟会的成立和清廷宣布预备立宪，使革命派和保皇派双方更加明确了自己的行为宗旨，两大政治阵营的界线更趋分明，革命与改良的斗

---

① 王勋敏，申一辛. 梁启超传[M]. 北京：团结出版社，1998：118.
② 辛亥革命：第二集[M]. 上海：上海人民出版社，2003：84-85.
③ 丁文江，赵丰田. 梁启超年谱长编[M]. 上海：上海人民出版社，1983：367.
④ 中华民国史事纪要编辑委员会. 中华民国史事纪要：初稿[M]. 台北：台湾中央文物供应社出版，1906：589.
⑤ 章太炎. 政闻社社员大会破坏状[M]//辛亥革命：第二集. 上海：上海人民出版社，2003：416.

<<< 第六章 分道扬镳：保皇派和革命派对美国华侨的争夺

争更加尖锐、激烈，如梁启超所说："今者我党与政府死战，犹是第二义，与革命党死战，乃是第一义。有彼则无我，有我则无彼。"① 此后，立宪派以《新民丛报》为言论机关代表，革命派以《民报》为代表，二者再一次展开了针锋相对、壁垒森严的斗争。梁启超则亲自披挂上阵，在《新民丛报》上发表了《开明专制论》中第八章第一节《论今日中国万不能行共和制之理由》和《申论种族革命与政治革命之得失》。此外，此时期梁启超所作辩论的文章还有《驳某报之土地国有论》《答某报第四号对于新民丛报之驳论》《暴动与外国干涉》《杂答某报》《中国不亡论》《现政府与革命党》《再驳某报之土地国有论》等文。② 另外保皇会会员徐勤、欧榘甲、黎研诏、伍宪子、梁伯鸣等也是主要参与者。革命派这边以孙中山、章太炎、汪精卫等为首，田桐、黄兴、居正、胡汉民、陶成章等也是革命的主力。在南洋，保皇派在其机关报《南洋总汇报》上，先后发表了《革命不能行于今日》《革命召瓜分论》《满洲本我同种论》《论革命不可强为主张》《论今日时局只可立宪救国万无可革命之理》等评论文章，继续宣传其保皇主张。《中兴日报》则撰文一一反驳，旗帜鲜明地为推翻清朝统治、建立民国大声疾呼。孙中山以"南洋小学生"的笔名，在《中兴日报》上先后发表了《论惧革命召瓜分者乃不识时务者也》《平实尚不肯认错》《平实开口便错》等文章，对保皇派的观点进行了有力的驳斥。

双方在笔战的同时，甚至还发生了小规模的武力冲突。1907年10月17日，梁启超又在日本东京组织成立政闻社，欲宣传君主立宪制度。成立当日，革命党人张继、金刚、陶成章等多人前往，与梁启超等保皇会会员发生激烈冲突，后在当地警方的协助下才得以平息。"后来日本

---

① 丁文江，赵丰田.梁启超年谱长编[M].上海：上海人民出版社，1983：373.
② 丁文江，赵丰田.梁启超年谱长编[M].上海：上海人民出版社，1983：377.

名流及报纸颇赞美梁先生之有'政治德量'"。①

如上所述，保皇派与革命派在国外和国内都创办了大量报纸。办报一方面是为了在舆论上争取华侨的支持，另一方面针对在中国是行君主立宪还是行民主共和，二者之间也进行了针锋相对的辩论。这场持续了多年之久的大论战随着清王朝的覆灭逐渐结束了。革命与保皇两派在国内外二十多种报刊上先后交锋，毫不相让，留下的论战文字超过100万言。其规模之大、问题之多、时间之长都是前所未有的，也是中国报刊史和海外华文报刊史上光辉灿烂的一页。

第三节　保皇会的终结

其实在1906年11月，保皇会改名"帝国宪政会"后，梁启超曾通过同党友人徐佛苏向革命党人表达停战求和的意向，宋教仁当时在日记中记下了这一细节："四时，至徐应奎寓，坐良久。谈及梁卓如。应奎言：'梁卓如于《民报》上见君文，欲一见君，且向与《民报》辩驳之事，亦出于不得已。苟可以调和，则愿不如是也。《民报》动辄斥其保皇，实则卓如已改变方针，其保皇会已改为国民宪政会矣。君可与《民报》社相商，以后和平发言，不互相攻击可也。'余答以将与《民报》社诸人商之，改日将有复也。"② 日记中所记的徐应奎即徐佛苏，梁卓如即梁启超。同时《新民丛报》该年第11期刊载了徐佛苏《劝告停止驳论意见书》，正式呼吁停止论战。但革命派方面，孙中山、胡汉民等均不以为然，梁启超只好先自收兵，欲结束论战。1907年4月，

---

① 徐佛苏. 梁任公先生逸事. 载丁文江, 赵丰田. 梁启超年谱长编 [M]. 上海：上海人民出版社, 1983：418.
② 王勋敏, 申一辛. 梁启超传 [M]. 北京：团结出版社, 1998：123.

<<< 第六章 分道扬镳：保皇派和革命派对美国华侨的争夺

《新民丛报》报馆及上海支店连遭火灾，加之书刊市场萧条，所营书局不景气，难以为继，8月，《新民丛报》停刊。再加上天灾人祸，一些重要的报纸被迫停刊，梁启超等人才打算结束与革命派的笔战。或许保皇派此时认为，清朝颁布了"预备立宪"，其君主立宪大业终于有了实质性的进展，不需要再和孙中山等人继续那些无谓的笔战。

1908年11月，光绪皇帝和慈禧太后相继"驾崩"，造成了保皇组织"无皇"可保，为此在美国华侨中引发了一场保皇派与革命派更加激烈的斗争。当地清领事馆接到帝、后"驾崩"的消息后，与中华总商会联名刊登启事，宣布11月19日为"国丧日"，商店休业一天，学校放假三天。保皇派和革命派对于光绪和慈禧的死反应截然不同。保皇派虽然对慈禧之死非常高兴，但对光绪之死又非常悲痛；而革命派对于光绪和慈禧之死都表示一样的兴奋。二者因之在美国乃至海外华侨社会中展开了一场小小的战争。保皇派极力号召当地各界华侨都要遵行"国丧"；而革命派则散发传单和小册子号召抵制"国丧"，商店照常营业，学校照常上课。但毫无疑问，帝、后同时归天，对保皇派来说不啻于当头一棒，对康、梁多年来所从事的保皇事业也是一个沉重的打击。对许多美国华侨保皇会会员来说，以后的路该怎么走，相信他们此时也感到很迷茫。

特别是保皇派在海外创办的商业公司接连倒闭后，其内部产生了严重的内讧，本来就人心大为动摇的保皇会，顷刻间更是土崩瓦解，其保皇事业也走到了穷途末路。康有为在1909年1月（十二月十五）给梁启超的信中，即表达了他对自己多年在海外经营保皇事业濒临绝境的担忧："藩篱一撤，本会不复能保，汝意云何？权利竞争，人心日坏，事变日甚，内乱日多，思之怒甚。今彼已明叛自立，应如何对付之？"[①]

[①] 康有为.与任弟书.载丁文江，赵丰田.梁启超年谱长编[M].上海：上海人民出版社，1983：482-483.

康有为认为，其党徒为了一己私利，背师叛党，终至保皇事业有大厦将倾的危险。而他们在海外"所集银行商务等资本数百万全无着落，人心大为瓦解。康梁知人心已去，将陷穷途，故尽力运动北京满人，以图诏还"。① 但早已腐朽至极的清政府，更是回天乏术。

双方论战的前期，革命派势单力薄，保皇派却阵容强大。即使孙中山一再宣传鼓动其革命排满思想，由于害怕国内的亲友遭到株连，也鲜有华侨支持革命。1905年同盟会在日本成立后，孙中山曾多次派遣同盟会会员赴美建立分会，但由于当时美国移民律苛刻以及清领事的阻挠，难于入境。1908年，为了阻挠孙中山到夏威夷及其他地方从事革命宣传，清政府外务部密函夏威夷中国领事曾海（任期1907—1909年），要求领事"随时派员常与华侨商董等推诚联络，……务使华侨晓然于利害是非，不再资助"孙中山及其他反对清政府的组织②，所以在1909年10月前，美国各地尚无同盟会分支机构。

光绪皇帝的驾崩和保皇会内讧给孙中山革命派提供了契机。1909年春，孙中山因历年发动国内粤、桂、滇三省起义相继失败，南洋华侨筹饷之力日趋枯竭，其决计再游欧美，另辟财源，以谋再举。同年5月赴欧，11月抵美国纽约。抵美后不久，孙中山发觉美国华侨对保皇党的态度，已由支持转变为失望，其高兴地写信给旅居比利时的革命党人说："华侨商界学界已陆续相见，人心颇有动机……此处各埠向为保皇党之巢穴，今因康梁等所集银行商务等资本数百万，全无着落，人心大为瓦解。"③ 因此在纽约、芝加哥及旧金山很快成立了同盟会组织。

初期，美国各地同盟分会会员多为少数青年华侨，为数众多的致公

---

① 孙中山年谱［M］. 北京：中华书局，1980：103.
② 清政府外务部：《开导华侨勿资助孙康案》，《清末民初驻美使馆档案》，藏于台北"中央研究院"近代史研究所. 转引自张希哲，陈三井. 华侨与孙中山先生领导的国民革命学术研讨会论文集［M］. 台北："台北国史馆"，1997：539.
③ 张其昀. 国父全书［M］. 台北：台湾新闻出版公司，1963：362.

<<< 第六章　分道扬镳：保皇派和革命派对美国华侨的争夺

堂成员均没有加入，多数致公堂组织严格限制职员入会，甚至对同盟会抱有偏见或敌视态度。"会员（致公堂职员）均以革命老前辈自命，一向鄙视视后起之革命小子。"为了改变这种状况，孙中山认为，"倘海外同志及洪门能联络为一团体以赞助革命"，"有此一臂之助，不患大事不成矣"，①故孙中山决定全体同盟会会员一律加入致公堂。旧金山同盟分会会长李是男等人一时想不通，经孙中山解释劝说，同盟会会员按照孙中山的指示全体"入闱"，以表示合作诚意，双方各在自己的机关报《大同日报》和《少年中国晨报》发布布告。革命派将美国华侨中势力最大的会党终于争取到了革命阵营中来。孙中山欣慰地看到了美国华侨日益高涨的革命形势，大受鼓舞，"现时美洲各埠华侨渐有归心革命之趋势，望各同志务要乘机鼓舞，使革命思潮日进不已，则将来联络之事当易易也"。②

到1910年11月，孙中山与同盟会会员黄芸苏遍游美国数十余埠，所到之处，必集会发表演说，论述革命对华侨的切身关系，号召侨胞参与革命，推翻专制腐败的满清政府，痛斥保皇党的欺骗和谬论。孙中山的演说受到侨胞的热烈欢迎，"一般老农老圃，均辍耕来听"，"往往座为之满，听者鼓掌不已，继以顿足"；而保皇党人，则"垂头丧气，目瞪口呆"。③如孙中山在1910年3月1日《致邓泽如等函》中所说："美洲华侨前时多附和保皇，今大为醒悟，渐有倾向革命之势，不日当可联成各埠为一大团体，以赞助吾党之事业也。弟今在美拟一面谋所志之大目的，一面联络华侨。现已在纽约、芝加哥并金山大埠三处设立同盟分会，人心甚为踊跃，他日进步必有可观，足为告慰者也。"④在孙

---

① 冯自由. 革命逸史：第六集[M]. 北京：中华书局，1981：210-211.
② 致纽约同盟会员函：孙中山全集：第一卷[M]. 北京：中华书局，1981：555.
③ "中华民国"史事纪要编辑委员会. 中华民国史事纪要[M]. 1911年. 台北：台北国史馆，1973：166.
④ 孙中山全集：第一卷[M]. 北京：中华书局，1981：447.

219

中山坚持不懈的努力下，同盟会分会最终于同年12月在美国各地相继成立，革命力量和影响不断壮大。民国成立时，同盟会在美国已有49个分部。①

同盟会在美国三藩市成立后，同盟会员和保皇会会员在办教育上还发生过争执。1906年梁庆桂赴美劝学时，曾在三藩市、砵仑（Portland）、舍路（Seattle）、芝加哥、纽约、波士顿各华会馆设立中华学堂，教授华侨子女国文和普通科学，聘朱兆莘、程祖彝、张蔼蕴、黄芸苏等为教员，因张、黄主张革命，不久即辞职。后来，张、黄二人与程祖彝、黄超五等又组织金门学堂，借用三藩市保皇总会会所为校址。自同盟会成立后，张蔼蕴在教育上宣扬革命，当时校董为保皇党人，大为愤怒。同事教员也有人说，"革命当在同盟会，不当在绝对的相反之保皇会会所"。张蔼蕴答道："君等以保皇会为主体，而金门学堂为客体；我则以金门学堂为主体，而以保皇会为客体。吾人所教育者学堂也，保皇会不过校址耳。"② 保皇党遂召集非常会议议决，把张蔼蕴驱逐出校门。而另一同盟会员黄芸苏与之争辩无果，也一并被驱逐出去。因该校学生保皇会子弟约占十分之一二，余下的大部分学生也随之退学。革命与非革命教员，从此分裂开来。后来黄芸苏与张蔼蕴另外租校址创办以革命为号召的求是学堂。

檀香山兴中会自1903年复兴后，一直没能改组为同盟会。1910年4月，孙中山从美国大陆重抵檀岛，着手改组这里的兴中会。4月4日，孙中山出席在火奴鲁鲁荷梯厘街华人戏院举行的欢迎大会。"侨众列席者千余人，座无余隙。"当晚，在《自由新报》楼上召集会议，建议将当地的中华革命军改组为同盟会分会，"众无异议"。盟书的誓词为

---

① 肖飞. 孙中山与美国华侨 [J]. 求索，2000（3）：134.
② 廖平子. 辛亥前美洲之革命运动. 载华侨与辛亥革命 [M]. 北京：中国社会科学出版社，1981：290.

<<< 第六章 分道扬镳：保皇派和革命派对美国华侨的争夺

"消灭鞑虏清朝，创立中华民国，实行三民主义"十八字，加盟者二十余人。① 随后孙中山又赴茂宜、希炉两岛，建立了同盟会分会。孙中山看到檀香山华侨"人心极为踊跃，大非昔日之比，自开欢迎会后，每晚在自由新报馆楼上开会联盟，争先恐后，以足证人心之进步，可为革命前途贺也。……以一晚过百人入会，亦为他处向来所未有也"。②

孙中山离开檀香山之后，革命党人卢信也在1910年底离檀香山到日本，由旧金山来的温雄飞负责主持同盟会的活动。这时候清政府委任梁国英为檀香山领事，经常和《新中国报》总编辑陈仪侃商量政事。大概出于陈的献议，不久领事馆发出布告，要求华侨举行总注册，每个侨民需交注册费美金一元二角五分，并声明此款全部拨来举办明伦学校。同盟会觉得这是保皇会办的学校，主要目的是和同盟会创办的华文学校相对抗。所以革命派机关报《自由新报》公开发表了反对意见，指斥此举为非法敲诈，而且散播谣言说注册可以把资料给人拿在手上，随时有被人抄家的威胁。大部分华人因此不敢注册。后来领事馆再出布告催促华人注册，但华人依然裹足不前，使领事馆下不了台。于是梁国英恼羞成怒，暗中诬告檀香山商人许广为革命党，说他阻挠华人注册，请示两广总督到香山县抄家。③ 消息传开，激愤的华人聚集在当地亚喇公园召开大会，公推邝良为主席，攻击领事馆，一致拒绝交纳侨民注册费，决定驱逐梁国英出境。④ 同时发电给美京华盛顿中国公使，要求派员来檀香山查案，不久梁国英被调离他职，梁"因之气馁，而其藉名

---

① 冯自由.华侨开国革命史.载华侨与辛亥革命[M].北京：中国社会科学出版社，1981：37.
② 张其昀.国父全书[M].台北：台湾新闻出版公司，1963：424.
③ 麦礼谦.从华侨到华人——20世纪美国华人社会发展史[M].香港：三联书店有限公司，1992：194.
④ 冯自由.革命逸史：第六集[M].北京：中华书局，1981：189.

敛财之计划竟成水泡"。① 梁国英成为革命派和保皇派斗争的一个牺牲品。

同盟会分会在美国各地建立后，美国各地革命运动发展很快，保皇党人感到深深的危机，于是很多人加入了秉公堂。秉公堂也是洪门的一个支派，在美西一带势力很大，常结交省长及其他高级官员。该堂会员雷祝三曾加入同盟会，保皇会会员得知后将其殴打一顿并驱逐出去。直到1911年雷祝三再赴美经檀香山时，檀岛国民党对之殷勤招待。秉公堂得知后，向三藩市移民局告其曾充当堂号打手，后被判拨回原籍，旅美三藩市国民党总支部派黄伯耀交涉无效。雷祝三成为革命派与保皇党斗争的另一个牺牲品。

革命势力的发展一日千里，保皇派气势锐减，保皇党之登报退会者络绎不绝。一些原来支持保皇派的华侨转而支持革命派；一些原来持保守立场的报刊，也纷纷倒戈，转而采取同情革命的立场；一些保皇派报刊，在大势已去的情况下难以再维持下去，宣告停刊。1905年8月前，革命派刊物不到30种，报纸10多种，辛亥革命前夕，革命派刊物达到40多种，报纸则增加到60多种。双方论战后期，革命派在组织上也得到了迅猛发展。辛亥前在檀香山《自由新报》召集的一次会议上，一晚上就有100多人要求加入同盟会，与几年前美洲、南洋一带"还没有革命派组织，当地侨胞'咸视革命党如蛇蝎'，革命党人'不敢以真面目向人'的情况，形成了明显的对比"。②冯自由对辛亥前革命发展的良好势头惊喜地感叹道："凡有华侨所到之地，几莫不有同盟会会员之足迹。"③ 到1911年黄花岗起义前夕，孙中山到美洲大陆筹款，在加拿大

---

① 冯自由. 华侨开国革命史. 载华侨与辛亥革命［M］. 北京：中国社会科学出版社，1981：29.
② 方汉奇. 中国近代报刊史. 太原：山西人民出版社，1981：472-473.
③ 冯自由. 中华民国开国前革命史［M］. 台北：世界书局，1954：231.

<<< 第六章　分道扬镳：保皇派和革命派对美国华侨的争夺

和美国分别成立"洪门筹饷局"，从此，美洲华侨捐款如雪片般纷纷而至，黄花岗起义和武昌起义基本上依赖此项筹款。至此，美国的保皇势力已穷途末路，革命力量最终压倒了保皇势力，康有为、梁启超也逐渐淡出政治舞台。

小　结

双方合作破裂后，孙中山为建立革命组织和获得华侨的支持，不断向报界、工商界、致公堂等处游说，但因孙中山当时不是什么知名人士，只不过是"受了点教育的中国人"①，在中国和西方都没什么地位，而且他也不是三邑和四邑人，没有乡党关系可以利用，其言论也不能为华侨所接受，故当时收效甚微。而康、梁俱为科甲出身，抱澄清天下之志。大多数华侨认为一旦光绪复辟，其支持者必位极人臣，故从之者众多，在当时的美洲风靡一时，致公堂会员也多加入。但是，康梁保皇派幻想通过腐朽得已无药可救的清政府在中国实行开明的君主立宪制，发展资本主义，显然是不合时宜的。革命派的主张尽管还不够成熟，但却代表了历史发展的总趋势，也是符合人心的。随着光绪皇帝的驾崩和后期内讧事件保皇会日趋没落，其追随者们纷纷倒戈，投向孙中山革命派一边，保皇派的队伍日益缩小。

---

① ［美］史扶邻.孙中山与中国革命的源起［M］.台北：谷风出版社，1986：43.

结　语

　　康有为苦心经营保皇事业十多年，却没能挽回清王朝的统治。辛亥革命，结束了两千多年的封建帝制，康梁保皇派已无皇可保，保皇会因之声名狼藉。曾经一度盛况空前、势不可挡的保皇会缘何几年之间就分化瓦解，直至最后销声匿迹？其原因是非常复杂的。

　　有学者认为，康梁改良派在国内变法时的政治主张是进步的，而戊戌变法失败以后，他们逃到国外继续坚持保皇，继续宣扬在中国建立君主立宪的资本主义制度，却是反动的。此种行为被很多学者前辈斥之为"守旧""反动""历史的绊脚石"，更被政治家说成"与革命为敌的反革命"，最后将康、梁的行为归结为不能认清当时的社会形势，其政治主张在中国行不通，因而最后的失败也是必然的。至于康有为为何坚持保皇，论者多归结为他"与光绪的特殊感情"。

　　不可否认，康有为对光绪皇帝的确有特殊的感情，但他坚持保皇，绝不仅仅是出于私人感情，而是有着更深的政治学及哲学思想作指导。就中国而言，在中国几千年来的封建制度高压统治下，中国老百姓只知服从"天子"的意志，绝大多数人对西方的民主政治一无所知，即民智未开。虽然孙中山革命派在国内对此有所宣传，但并不像他们所宣称的那样"民主""共和"思想早已深入人心。民主共和是一个循序渐进的过程，需要很长时间才能被人们认可、接受。所以，康有为等人认为，在这种国情下，中国只能按历史渐进的方式，由"据乱世"而"升平世"，再到"太平世"，由君民共治而以民为政。如果没有作为集中大一统象征的君主，而是超越某一发展阶段，中国就会大动乱，辛亥后数十年军阀混战的历史就是很好的证明。这就是康有为等人主张君主立宪的哲学思想基础。这样看来，在当时情况下，康梁维新派主张君主立宪而反对革命共和是有其合理成分和积极因素的。所以，保皇派所宣扬的保皇思想并不是毫无道理，而且这种理论有其很深的思想基础。康、梁的保皇活动以及君主立宪的主张与政变前的变法维新运动是一脉相承的，如果肯定其前期变法维新运动，那么就不应否定其后期思想实践的进步性和积极性，更不能说成是退步和落后。

戊戌变法失败后，康、梁在海外各侨居地建立保皇会，表明其改良思想在广大华侨社会中仍然具有思想基础和群众基础。在国外深受帝国主义压迫和歧视的广大侨胞，普遍存在着中国封建式的"忠君报国"传统思想，他们关心祖国命运，希望祖国强大起来提升他们在居住国的政治地位。而康、梁在国内发动的维新运动，影响深远，在华侨中尤其是美国华侨同乡中有很高的声誉，给海外华侨留下了很好的印象。他们把皇帝看作国家的象征，对支持变法的光绪皇帝充满了幻想。在保皇派多次鼓动和宣传下，华侨们深深同情他们的遭遇，在爱国激情的激发下，给康、梁个人和保皇会组织巨额捐款，对保皇派寄予了很高的期望。这样一来，康梁保皇派在海外以内救圣主、外护身家相号召，便得到了广大华侨的响应。尤其是康有为流亡海外后，所到之处，向侨胞们声称他随身携带着光绪帝命他救驾的密诏，具有更大的鼓动性；向华侨鼓吹只有光绪帝复位，才能救中国，"救圣主"也就是救中国。这种把"忠君"和"救国"紧密联系在一起的宣传，使华侨深受感染。保皇会以保皇形式出现，使得它有广泛的社会基础。把维新变法与光绪帝看成中国的新希望是他们的共识，海外数百万爱国华侨"怀忠君爱国之心，创保皇会以救圣主而救中国,各埠莫不踊跃争先举行","欧美旅民奔走来归,入会者数百万人,开会者凡数十埠地"。保皇会因而在北美就建有总会11个,支会86个,这种人心倾向不可一概认为是康有为、梁启超等人进行欺骗宣传的结果。不少华侨很敬佩和崇拜康、梁的爱国壮举,纷纷解囊慷慨相助。保皇会所宣扬的忠君、爱国、救种,揭示了保皇会是以保皇形式继续进行维新变革的进步性质。

另一方面,广大华侨积极支持康、梁,纷纷参加保皇会组织,踊跃捐款,毁家纾难,完全是出于爱国的至诚,是为了挽救濒临危亡的祖国,使中华民族摆脱屈辱挨打的地位,这一点也是应该肯定的。如康有为在叙述自己最初流亡海外宣传保皇思想得到华侨的拥护时说:"邦人相爱至此,非惟爱吾也,爱变法也;非爱变法也,爱其国也,忧其国也",康有为这话说得是不错的。无疑,亡国灭种的威胁,民族的歧视与压迫,是海外华侨自觉参与和支持保皇救国的主要动因之一,也即是为救国而保皇。以往把广大华侨支持或参与保皇活动说成是"上当受骗"的结论是没有根据的。当戊戌变法运动达到高潮,在国内外造成很大影响时,孙中山领导的革命运动刚刚兴起,革命理论尚未形成,华侨对革命的重要性和必要性还不甚了解。保皇和革命两种救国方法,孰是孰非,奏效与否,是要经过一个时期的实践检验才能见分晓的。就当时华侨的思想状态来说,他们还不能接受革命排满的救国方式,再加上康、梁掀起的保皇运动在先,广大华侨自然选择的是和平改良救国方式,这是正常的。

20世纪初的中国,中华民族面临着太多的深重危机。保皇派和革命派作为挽救中华民族危机的两股政治势力,尽管其政治主张不同,但都是具有进步意义的,都是值得赞赏和肯定的,这是无可厚非的。君主立宪和民主共和这两种政体本身都是把中国引向资本主义制度,建立资本主义制度后要不要在中国保存一个皇帝并不是主要的问题,民国成立初也曾一度允许在中国暂时保持皇位。与孙中山革命派相比，改良主张和革命都是为了挽救危亡的中国，大目标是一致的，只是手段不同而已。改良是想通过自上而下的、不流血的方式达到改造中国的目的；革命是通过自下而上、以暴力革命的手段达到挽救中国的目的。正因为目标一致，所以在戊戌政变发生，康、梁逃亡海外初期，以孙中山为首的革命派曾几次努力，试图和改良派合作救国，其中梁启超等人也一度有过合作的意向。这也说明当时改良派的活动仍有进步性，否则革命派也不会主动与之联合。保皇派在海外创办报刊宣传改良救国，对华侨步入救国道路有很大影响。保皇派在海外大肆宣传的"忠君"爱国主义，起初对于团结教育广大华侨起过一定的积极作用，曾在广大华侨社会中掀起一股不小的波澜，对他们的民族爱国意识是一次最早而且是最初步的发动，使他们开始觉醒，关心祖国的命运。康、梁这种"忠君救国"的宣传迎合了广大侨众的心理，能够为普遍带有皇权主义、拥护皇帝思想的华侨所接受；他们奔波海外不屈不挠的救国精神，曾感动了许多华侨。因此可以说，康、梁等在海外从事的保皇救国活动，在一个时期内，在革命还未被广大华侨接受的以前时间里，至少还有一定的进步性。当革命派势力小于保皇会时，当社会舆论多数仍是倾慕君主立宪政体时，当革命派的主张远没有维新派主张那样被中国人所能接受时，保皇会对团结广大海外爱国华侨的作用是不可低估的。保皇会是近代中国在海外建立最早、以广大华侨为基础并起过重要影响的救国团体。

辛亥以后数十年军阀混战的历史证明，康有为的论证是正确的。毋庸置疑，在近代中国政治舞台上，康有为是最先举起反对封建专制的旗手和勇士。至于建立何种类型的民主制度，人们提出君主立宪和民主共和两种方案，都是无可非议的。这两种方案，从理论上比较，无所谓优劣，亦无所谓进步与落后之分，适合具体国情者为优，不适合具体国情者为劣。

但也必须看到，康、梁宣扬的"忠君爱国主义"又是一种旧的、偏狭的爱国主义，具有较大的局限性。他们把爱国主义死死地局限在保救一个光绪皇帝上面，就必然陷入封建主义忠君报国的泥潭而不能自拔，在思想上不能随时代的前进而前进，成为时代的落伍者。康、梁在海外奔走呼号，动员和组织了海外成千上万的爱国华侨作为助力，企图以此保救光绪皇帝而达到救国的目的。这实际上只不过是他们的美好设想而已，保住了光绪皇帝并不能从根本上挽救中国，因为顽固的封建专制统治阶级一直坚持的是"祖宗之法不可变"，从而决定了在中国建立资本主义制度是根本行不通的。康梁保皇派的做法犹如走进了死胡同，总也看不到出口。

保皇会失去人心的主要原因，一方面是由于那时中国的情况已与以前的典型封建社会不同，清政府长期积弱，国力衰微，国内战乱频仍，国土四分五裂。而日本在19世纪末期能够成功转型到君主立宪式的资本主义国家，这也是由它当时所处的天时、地利、人和等多种因素所决定的。日本不像中国那样被外国侵入者和占领者搞得四分五裂，因为资源贫乏的日本没有什么能吸引他们，而天皇的朝廷成为民族凝聚力的核心。中国自明亡以后就由一个很小的少数民族用武力来统治占人口大多数的其他民族，并日趋衰败，在帝国主义侵略面前无力抵抗，只能屈服。在日本，经济和社会力量已壮大到足以使现存体制向现代资本主义发展，而在中国类似的力量还很弱小，缺乏高层的支持，并且没有取得这一支持的前景，戊戌维新的失败已深刻说明这一道理。可以说，当时的中国已不是发展君主立宪制度的那种历史时代了。

康有为所从事的商业公司相继倒闭，是导致保皇事业衰败的又一主要原因。康有为以保皇会的名义开办公司，最初期望借开办商业公司取得的利润来支持保皇会的政治活动，孰料最后竟闹得师生反目，公司破产，支持者大量流失。康有为作为一介书生，虽然他能够开出解决时政的策略，但是现实永远比他想象得更加复杂。在变法生死关头的一筹莫展和对袁世凯的轻信，将书生误国的可怜和可叹暴露得一览无余；而企图利用封建军阀张勋的军事力量，实现其"君主立宪"的夙愿，又表现了一个理想主义者的异想天开；在组织保皇会时幻想利用商业活动发展其政治事业，更说明了其对政治的无知。殊不知，商场中的争权夺利更能扼杀政治组织中的凝聚力。特别是1908年保皇会上层为争夺振华公司而发生内讧的丑闻，加剧了众多华侨保皇会会员的离心而转向革命。保皇会首领内讧并酿成血案传开后，在华侨中引起大哗，最终使得原来支持保皇派的绝大多数华侨都转向了革命。而就保皇会自身来说，各地章程不一，各自为政，联络困难，组织松弛，党势更为涣散。而老年侨商，逐渐故去，又无青年党员，后继者乏人，保皇会逐渐趋于没落也是自然而然的事。

后　记

这本著作是在我的博士学位论文基础上修改而成。2019年8月至2020年8月，我有幸作为国家留学基金委公派访问学者赴美学习一年，借此机会，走访了美国一些高校和科研机构，搜集到一些新的资料，回国后重新对博士论文进行了修订。

书籍的出版，首先要感谢我的导师暨南大学的高伟浓教授，是他带领我进入华侨华人研究领域！高教授是一位博学多才、温文儒雅、幽默风趣、诗词文史甚至外语无所不精的知名教授。多年来，导师的言传身教使我受益良多，就拿这次书稿来说，高教授曾在百忙中对该书内容进行多次修改，从该书框架的布局到怎样运用史料、分析史料、挖掘论点，事无巨细总是不厌其烦地为我批注，直到他自己觉得比较满意了，才终于答应让我定稿。大恩不言谢，非常感谢高教授的无私付出！

本书的写作得到了暨南大学邱丹阳教授、陈伟明教授以及华侨华人研究院周聿峨教授、潮龙起教授、廖小健教授、张应龙教授、鞠玉华教授、雷春玲老师、凌洁如老师、张坤博士等，厦门大学南洋研究院的庄国土教授、广西民族学院的郑一省教授等许多老师和专家学者多方面的指导与关心；得到了郑州大学吴宏阳教授、于向东教授、王琛教授、田孝荣教授、马达博士、孙建党博士、闫彩琴博士等各位老师和学友的帮助；同时也要感谢陈文博士、石沧金博士、欧志雄博士、万晓宏博士、邵允振博士、向军同学等各位师姐师兄给予的指导和帮助；最后还要感谢我的父母，感谢他们一如既往地支持我的工作！

　　书籍的出版，还要感谢国家留学基金委资助，给我提供公派访问学者学习的资格，使我有机会在美国查阅资料，修改书稿。同时还要感谢广东技术师范大学的领导和同事对我的理解与支持，以及感谢美国沃伦·威尔逊大学韩东屏教授赴美学习的邀请！

　　由于水平所限，本书还存在很多问题，可能难以达到各位同仁的期望。不当之处，请大家批评指正！

秦素菡
2022 年 1 月